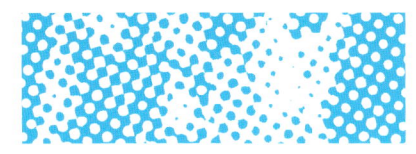

基礎心理学と
統合・折衷的心理療法の
コラボレーション

これからの心理臨床

杉山 崇
前田泰宏
坂本真士
【編】

ナカニシヤ出版

序　本書の刊行にあたって

1. 刊行に至る経緯

　本書のアイデアは，2002年に名古屋で開催された日本心理臨床学会第21回大会の自主シンポジウム「よりよい心理学的相談援助に向けて～折衷と協力の模索」に端を発している。

　このシンポジウムは，「基礎心理学と実践の協同」を模索していた関東在住の3名の心理臨床家／研究者（伊藤絵美，杉山　崇，坂本真士）と，心理療法実践において「折衷的立場・アプローチ」に積極的な意義を見出す関西在住の3名の心理臨床家（東　斉彰，加藤　敬，前田泰宏）との出会いによって実現した。同年の2月頃，両者はそれぞれ独自に心理臨床学会における自主シンポジウムの企画を練っていたのだが，東と伊藤が認知療法学会を通じて知己の間柄であった関係で，互いの企画を知ることになった。双方の企画内容は異なってはいたが，"心理臨床"に対して共通の問題意識を有していることが，幾度かの電子メールの遣り取りを通してすぐに明らかとなった。それは以下のような認識である。

　近年，臨床心理士の活動が社会的に認知され，社会的な専門活動として大きな期待が寄せられるようになった。もちろんこのような現象は，臨床心理士を生業とする人間には大変ありがたく喜ばしい社会的な"変化"ではあるが，私たちの活動に対して向けられる社会の目も厳しくなることを意味している。このような社会からの要請に応えるべく，私たちはよりよい心理臨床／心理学的相談援助に向けた取り組みを今後も続けていかなければならない。そのための重要なポイントの一つは，私たちの援助のあり方の有効性を客観的・実証的に検証していく地道な"科学者"としての姿勢を維持する必要があること，今一つは，クライエントのニーズに応えるべく，援助に役立つものを積極的に取り

入れていく柔軟な"実践家（臨床家）"としての姿勢を維持する必要があること，である。

つまり，以上のような現状認識を表すキーワードとして，伊藤・杉山・坂本の3名は『基礎心理学との協同（協働）』を，東・加藤・前田の3名は『心理療法実践における折衷』を掲げていたのである。

"だったら一緒にやれば，よりいっそう有意義なシンポができるのではないか"と話がとんとん拍子に進み，冒頭で述べた自主シンポジウムの開催に至ったという次第である。そこで意気投合した私たちは，その後も同じく心理臨床学会において「共同自主シンポジウム」を継続して開催することになった。ちなみに，その題目は以下の通りである。

「基礎と臨床の架け橋――よりよい心理学的相談援助に向けて：その2」（2003年）

「心理臨床における折衷と基礎学――よりよい心理学的相談援助に向けて：その3」（2004年）

「基礎学から臨床学へ――よりよい心理学的相談援助に向けて：その4」（2005年）

「基礎学および折衷・統合的臨床学から統合的に事例を検討する――よりよい心理学的相談援助に向けて：その5」（2006年）

「『共感』再考――基礎と臨床の協同の観点から――よりよい心理学的相談援助に向けて：その6」（2007年）

なお，2003年度から「ポスト・ロジャーズの立場」から末武康弘（法政大学）が指定討論者として私たちの仲間に加わり，より厚みと広がりを増したことも付記しておきたい。そして，いつ頃からだったか定かではないが，私たちは自主シンポジウムにおいて事例検討を交えながら議論してきた内容を一冊の書物として世に問いたいと願うようになった。それがこのたび，ナカニシヤ出版のご厚意で本書として実現する運びとなったことをとても嬉しく感じている。

なお，本書の読者層は，主として心理臨床の専門家として育っていく途上にある大学院生やその指導教官の先生方，並びに様々な臨床現場で真摯に心理臨床実践／心理学的相談援助を展開しておられる臨床心理士の皆さんを想定して

いる。そういった方々に是非とも本書を熟読していただき，忌憚のないご意見とご批判を賜りたいと考えている。

　それでは皆さん……，ようこそ「心理臨床の基礎学と折衷」ワールドへ！

2．臨床心理学の歴史から見た「基礎学」と「折衷」

　この節では臨床心理学の歴史から心理臨床における「基礎学」と「折衷」を考えてみよう。臨床心理学はどのようにして生まれ，どのように発展したかを振り返ることで，今後の臨床心理学にどのような基礎学と折衷が必要なのか紐解くことが目的である。壮大なテーマであるが道標もなしに心理臨床という大海に飛び込むよりは，ここで粗末ながらも何らかの海図を持っておきたい。

　図0-1は欧米で臨床心理学が誕生した過程を図示したものである。ウィトマーが心理学に「臨床（clinic）」という用語を最初に導入したと言われている。ウィトマーの臨床心理学の内容は，今日で言う学習障害児のアセスメントとケアであったが，そこには二つの背景があったと言われている。第一の背景は実

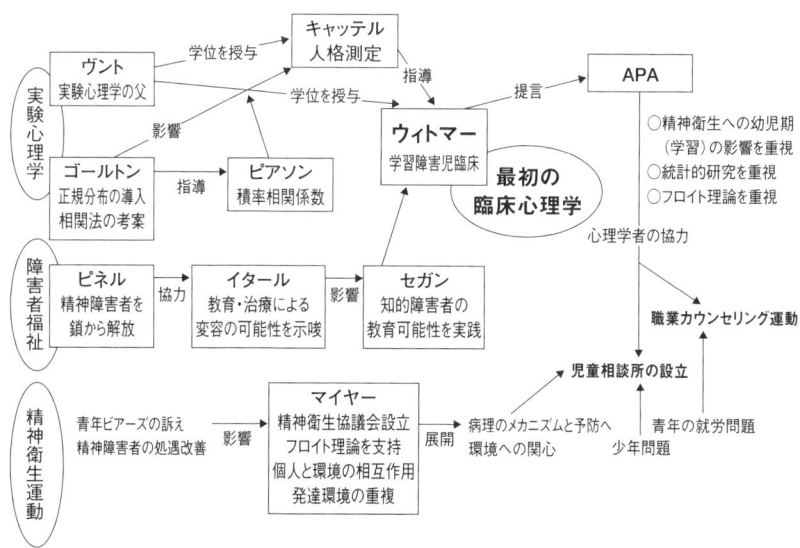

図0-1　臨床心理学成立期の展開

験心理学とその研究方法の確立である。ウィトマーは心理学の父・ヴントのもとで学位を取得し，相関法・因子分析という研究方法で人間のパーソナリティに迫ったキャッテルの業績を引き継いでいる。つまり実験心理学の蓄積に立脚して臨床が始められたと言えるだろう。次に第二の背景は，精神病の患者を鎖から解放したピネルに始まる精神障害者の人権問題，言い換えれば心理的な問題を持った社会的弱者の福祉の問題である。ピネル自身は精神病の治療可能性には懐疑的だったようだが，イタールの野生児の社会化，セガンの精神遅滞者の教育へと活動が展開する中で治療や教育による変容の可能性が浮上し，ウィトマーの活動に至った。その後，精神科入院の惨状を訴えたビアーズに刺激されたマイヤーらが展開した米国の精神保健運動とウィトマーの提言を受けたAPAの活動が"リンク"することで対象が拡大した。図0-1にあるように，青年の就職支援の問題，さらに非行などの少年の問題も扱われ，戦時中には軍事目的にも活用されるようになっていった。

　このように，臨床心理学は人間の福祉や機能を脅かす心理的問題に心理学という実証科学をもって対応することから誕生し，対象や方法を拡大させて発展した。つまり，"臨床心理学"とは心理学を土台として，そこに実際問題への対応力，言い換えれば対人援助サービスの方法論を積み重ねていった"実学"であると言える。実学はその目的にかなうならば，えり好みせずに幅広い見識を取り入れる必要があるが，臨床心理学の場合は対象者の福祉と健全な機能の発揮に貢献することを目的として心理臨床の実践に備えなくてはならない。よって臨床心理学は学派や派閥にとらわれることなく，おのずと折衷的な姿勢を持つことになる。つまり臨床心理学は本質的に折衷であると言える。しかし，折衷はあくまでも手段であり，人間の福祉向上への貢献という目的が首尾一貫している。誤解を受けることも少なくないが，折衷とは決して安易な寄せ集めではなく，実は明確な目的に導かれており，目的があってこその折衷なのである。

　以上のことから，臨床心理学の成立期の歴史を振り返ると心理学的な基礎に立脚すること，折衷的な姿勢を持つこと，この2点の重要性が浮かび上がってくると言えるだろう。本書では前者を強調した議論と提案を第1部「基礎学編」，後者を強調した心理療法論を第2部「よりよい心理臨床のための折衷」にまと

め，さらに実践例から基礎学と折衷の意義を論じた第3部「事例研究編」が配されている。構成上3つに分けられているが，本書ではより充実した対人援助サービスを求める目的とそのための折衷的な姿勢は一貫して保たれているのが特徴である。言うなれば，「基礎心理学」「基礎研究」を素材にした折衷が本書の第1部であり，「心理療法の各論・技法」を素材にした折衷が本書の第2部，そしてその実例が第3部である。

　なお，本書における目指すべき心理臨床のイメージを示したものが図0-2である。この図では「実社会のニーズ」「心理臨床家」「学術（臨床心理学）」の3つの側面から捉えており，臨床家は実社会のニーズと学術を結ぶ存在と位置づけられている。つまり社会から心理学的援助が要請されて，それを受け付ける窓口のような役割をまずは持つことになる。その後，要請に応えて心理療法やアセスメント，コンサルテーションなどの心理学的対人援助サービスを提供することも心理臨床家の役割である。サービスの適切性や妥当性をより向上させるために，基礎研究や心理療法・アセスメントの技法といった臨床心理学が参照され，適用される。そのため常に学術的関心を持ち続けることが必要である。また，この図では学術サイドは心理学研究と心理療法の交流が行われることも重視した。交流には，たとえば一種の技術である心理療法やアセスメントを実証検討して妥当性や有効性を科学的に確認するというように，臨床から基礎へという方向性が考えられる。また逆に，心理学研究の成果に臨床的な妥当

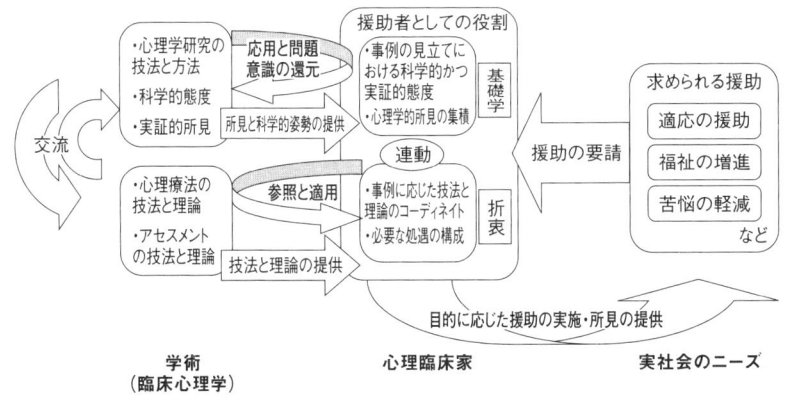

図0-2　本書が目指す心理臨床のイメージ

性があるかを検討するというように，基礎から臨床へという方向性も考えられる。一方向の流れではなく，問題に関して，基礎と臨床でフィードバックし合って解決を模索することが必要である。

　このような心理臨床家の仕事や役割は実に幅が広く，すべてを一人の臨床家が賄うのは不可能に近いだろう。しかし，本書のように複数の臨床家／研究者が協力し，それぞれが縦糸，横糸となって心理臨床という対人援助サービスを織り上げていくことは可能であると思われる。本書は単に新しい知識や技法を伝えるものではなく，複数の専門家が寄り合って全体として"よりよい"サービスの提供に尽力する心理臨床の一つの形を提案するものでもある。

3. 心理臨床の基礎学としての心理学

　第1部では臨床心理学を心理臨床の基礎となる心理学と位置づけて，臨床心理学はどのようにあるべきか，そして心理学はどのように活用されるべきか論じている。臨床心理学の原点と最新の心理学研究の成果の両面から議論されているのが特徴である。ここでは第1部に先立って，臨床心理学の定義をめぐって，特に日本の臨床心理学について，何が足りないのか，何が必要なのか，検討してみよう。

[1] 臨床心理学定義の日米比較

　臨床心理学は実社会の人間福祉のニーズに心理学の成果をもって対人援助サービスを行ったところから始まっている。その発展の歴史では実験室では得られない対人援助の実践的な方法論が蓄積されていった。よって実証科学的に得られる"心"への普遍的な所見と臨床実践の方法論のコラボレーションを臨床心理学とすることができるだろう。アメリカ心理学会（Cullari, 1998）は図0-3aのように臨床心理学を定義しており心理学と実社会のニーズを結ぶ実践学としての意義が明確に示されている。

　一方で日本の臨床心理学のイメージを仮に戸川行男（1971）の定義に基づいて図示し，アメリカ心理学会の定義と比較してみると（図0-3b），諸科学の統合といった意識が強く，心理学も周辺諸科学の一つにすぎない。つまり，基盤

となる学問を特定せず，個人の問題解決という目的のもとに様々な学問を駆使する方法論としての感が強いのではないかと思われる。確かに折衷という意味では諸科学の統合も重要な姿勢だと思われるし，これらの周辺諸科学の中には長年にわたる臨床経験の中で，それぞれの現場の特性や技法に応じて身につい

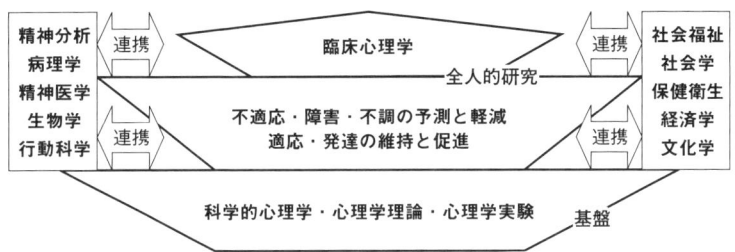

WHAT IS CLINICAL PSYCHOLOGY?
The field of Clinical Psychology integrates science, theory, and practice to understand, predict, and alleviate maladjustment, disability, and discomfort as well as to promote human adaptation, adjustment, and personal development. Clinical Psychology focuses on the intellectual, emotional, biological, psychological, social, and behavioral aspects of human functioning across the life span, in varying cultures, and at all socioeconomic levels.

図0-3a　アメリカ心理学会（division12）の定義する臨床心理学のイメージ
―科学的心理学とその研究に立脚した臨床心理学―

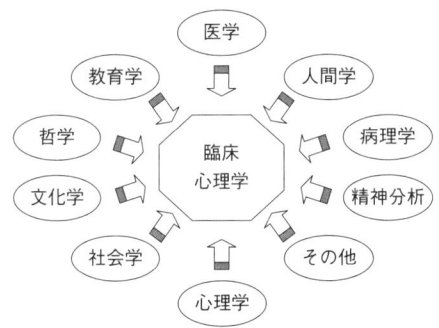

定義：「心理学およびその他の諸科学の知識と技術を総合することによって，特定の個人の生活における障害，困難，悩みなどの実体と原因を解明し，これらの科学的解決をはかるものである。」

図0-3b　戸川行男の定義する臨床心理学のイメージ
―諸科学を統合した臨床心理学―

図0-3　アメリカ心理学会と日本（戸川行男）の臨床心理学定義の比較

ていく（または身につけるべき）ものもある。しかし，臨床心理士の活躍が注目を浴びている時代にあって必要なのは，臨床心理士としての最低限度の質の保証であり，そのためにアメリカ心理学会が提起するように心理臨床に関連する基礎心理学や心理学研究をしっかりと習得し，心理学者としての基盤に実践的方法論を融合させる必要がある。

[2] 第1部のユーザーズガイド

　このように，心理臨床にはどのような心理学の基盤がどの程度必要になるのか，現在のところ多くの議論や考え方があるように思われる。第1部では，心理臨床における心理学の有用性を中心に，基礎的な心理学が心理臨床になぜ，どのように，そしてどの程度必要なのか議論する。3人の執筆者がこの問題について議論を展開するが，3人は心理臨床の最前線で活躍する臨床家／研究者であり，ここ数年は心理臨床と心理学のよりよい関係性について議論を交換し，それぞれの臨床／研究の中で意見を温めてきた。そして，3人は基礎的な心理学を活用すれば心理臨床はもっと有益なサービスを提供できるという点で共通した見解に至っている。

　それぞれの章に進む前に，その内容を簡単に紹介しておこう。1章（杉山論文）では村瀬孝雄の議論を参考に基礎心理学を臨床の基礎とするにあたってのいくつかの提案と今後の検討課題を論じている。2章（坂本論文）では心理臨床における事例の理解や対応方法の検討において社会心理学がもたらし得る有用な視点を提案し，今後の臨床心理学と社会心理学のあり方を展望している。3章（伊藤論文）では認知心理学，特にエキスパートの認知過程の研究がどのように心理臨床に貢献するのか，主に問題解決療法の実際から検討する。各章とも本邦初となる執筆者独自の，しかし多くの臨床家／心理学者から支持を得ている見解で，3つの章を通じて読者に心理臨床における心理学の意義が伝われば幸いである。近年の心理学は実験室で観察できる現象にとどまらず，人間の日常生活の心理的現象へと対象を広げるなど大きく進歩している。社会的認知心理学や臨床社会心理学の発展がその好例として挙げられるだろう。心理学の進歩が臨床心理学，そして心理臨床の進歩へと結びつくことが執筆者らの切なる願いである。

なお，第1部では臨床との関わりが深い発達心理学や生理心理学，神経認知科学などの視点を網羅することができなかった。このことは第1部の3人の筆者が共通して今後の課題と考えている。

4. 心理療法実践における統合・折衷的アプローチ

　第1部の「基礎学編」に続く第2部は「よりよい心理臨床のための折衷」である。第2部では，東・加藤・前田の3名の心理臨床家が自己の研鑽プロセスや臨床経験を踏まえ，3つの立場から統合・折衷的心理療法の理論と実際について論じている。近年の欧米における心理臨床の重要なトピックスの一つに心理療法の統合の動向が挙げられるが，本節ではそれとの関連にも言及しながら，私たちが本書において提示する統合・折衷的心理療法の基本的な考え方と臨床的スタンスについて紹介し，第2部の水先案内人の役割を果たしたい。

[1] 心理臨床の新しい潮流：心理療法の統合の動向をめぐって

　心理療法（psychotherapy）の本質を論じることは至難の技であるが，その定義は，クライエントの何らかの心理的な問題（主として情緒的，行動的問題）の解決を目指して行われる心理学的な専門行為である，と考えて大きな間違いはないだろう。これまでに膨大な数の心理療法が，援助を求めるクライエントや問題に対するアプローチとして編み出され，実践されてきた。因みにアメリカのある調査によるとその数は250とも400とも言われている（Karasu, 1986）。しかし，近年，欧米の心理療法の世界ではこのような様々な心理療法の理論や技法の整理・統合に関する論議が活発に行われるようになった。これがいわゆる「心理療法の統合」の動向と呼ばれる現象である。このような現象の背景について中釜（2004）は，心理療法の発展史やポストモダニズムという社会的思潮の台頭との関連，心理療法の実証的な効果研究の成果などの観点から考察しているが，要は心理臨床サービスの担い手として，心理臨床家には実効性のある心理療法を提供することが期待される，そういう時代に入ったということなのであろう。

　ところで，クライエントの問題の概念化や治療目標に対する考え方，用いら

れる技法などが学派によって異なるのは仕方がないとしても，フロイト以来の心理療法の歴史を振り返ると，異なる学派間での対話はあまりにも乏しく，それぞれが互いの違いを強調して対立や相互無視を繰り返してきたことは明らかである。そのような経緯が，各学派の独自の文化，つまり学派を特徴づける理論と技法の発展に貢献したことは否定し得ないが，どのような優れた理論や技法であっても実践において完全なものはあり得ず，それぞれ効用と限界を持つことも明らかである。加えて，近年の臨床現場における事例のニーズや問題の多様性，さらには事例を取り巻く状況の複雑性（事例が事例として成立するには，そこに様々な要因とプロセスが関わっているのが通例である）などを考慮すると，単一の理論や技法を信奉しそれに固執しているだけでは，臨床家は実効性のある援助を提供できない可能性が大きくなってきているように思われる。心理臨床家はこのような現状を十分にわきまえた上で，多次元的な視点から事例のアセスメントや介入が行える，"柔軟な"臨床的枠組みを持つことが今後ますます要請されてくるだろう。すなわち，自分が好む臨床理論や技法に依拠するだけでなく，常日頃から様々な理論や技法に関心を抱き，それぞれの中から良いものを取り入れ，オーダーメイドな心理療法的アプローチをクライエントに提供できる準備を整えておかねばならない。そのための有用な視点と臨床的スタンスを提供してくれる枠組みのことを，私たちは「統合・折衷的立場からの心理療法的アプローチ」もしくは「統合・折衷的心理療法」と概念規定しておきたいと思う。

　なお，ここで言う「統合」の意味であるが，私たちは何か新しいまとまりを持った1つの心理療法を提唱しようとしているわけではなく，明確な目的と一定の枠組みをきちんと備えた「折衷的心理療法」を目指していることを示すために「統合」という言葉を冠していることを付記しておきたい。一方，「折衷」について付言すると，その辞書的定義は「取捨選択して適当なところを取ってくる」（広辞苑），「二つ以上の考え方や事物から，それぞれのよいところをとって一つに合わせること」（大辞林）である。読者の中には，「折衷」という言葉に否定的なニュアンスを読み取る方もおられるかもしれない。しかし，「折衷」とは本来，現状に甘んじることをせずに，2つ以上の物の中からそれぞれの良いところを取捨選択して1つに合成することで，さらによりよいものを構

築していこうとする肯定的な意図や試みが含意された言葉である，と私たちは考えている。その意味において「折衷」は，心理臨床サービスの提供を目指す心理臨床家にとって重要なスタンスの一つになり得るものであろう。加えて，このような「統合・折衷的立場」という枠組みは，現場の臨床家にとっては決して目新しいアイデアではなく，臨床的妥当性と有用性を持つ"臨床家のあり方"のモデルの一つとして潜在的に共有されていた，と私たちは考えている。

［2］統合・折衷的心理療法の分類：第2部のユーザーズガイドに代えて

ところで，心理療法の理論や技法の整理・統合の分類の仕方として有名なのは，アーコウィッツ（Arkowitz, 1991）が提唱した「技法的折衷」「理論的統合」「共通要因の抽出」の3分類であろう。わが国では，岩壁（2003）が同様の分類を試みているが，比較的最近になって「同化的統合」（Messer, 1992）と呼ばれる方法も提唱されている。しかし，これは基本的に「理論的統合」に属するものであるとの意見もある（Davison & Neale, 1994）。いずれにせよ，上記のいずれの立場からも，学派や流派を超えた心理療法の「新たな枠組み」を再構築していこうとする熱意や意気込みが伝わってくる。さらに，それらはいずれも学派の理論や教義に基づくのではなく，実証（エビデンス）に基づく（evidence based）アプローチを基盤にしていることも大きな特徴である。詳しくは，アーコウィッツ（1991）や岩壁（2003）を参照されたい。ちなみに，本書の第2部で取り上げる3つの統合・折衷的心理療法の名称は，彼らの分類名を踏襲していることを予めお断りした上で，以下に第2部各章の内容を簡単に紹介したい。

1章（東論文）は第2部の総論に当たる章である。まず理論と技法論の観点から心理療法の歴史を振り返り，統合・折衷的心理療法へ至る流れについて概説している。次いで，本書で紹介する3つの統合・折衷的心理療法の概要について論じ，さらに新たな統合・折衷の分類モデルについても言及している。読者はまず本章を熟読され，統合・折衷的心理療法の展望を手に入れた後に2章から4章に至る各論に進んでいただきたい。

2章（加藤論文）は「理論統合アプローチ」に関するものである。代表的な理論統合アプローチのいくつかの紹介に続いて，クライエント理解のベースに

は精神分析理論を，クライエント援助のベースには治療関係を重視した認知行動理論を据える，著者独自の理論統合アプローチが紹介されている。

3章（東論文）は「技法折衷アプローチ」に関するものである。技法折衷アプローチの概念規定に続いて，アーノルド・ラザラス（Lazarus, A.）が創始した「マルチモード療法（Multimodal Therapy）」が「技法折衷」の代表的なアプローチとして詳しく解説されている。そして，本アプローチを適用した事例提示の後，技法折衷アプローチの方法とブリーフセラピーの基本理念を統合した「ブリーフ・エクレクティック・セラピー（Brief Eclectic Therapy: BET）」と称する，東の新しいアイデアが紹介されている。

4章（前田論文）は「共通要因アプローチ」に関するものである。効果的な心理療法には学派を超えた「共通治癒要因」が存在していることが近年の「効果研究」によって明らかにされてきた。その「共通治癒要因」の考え方を心理療法実践に取り入れて成果を挙げているスコット・ミラー（Miller, S. D.）らのアプローチについて詳述し，共通要因アプローチの具体的な指針について論じている。

以上の4つの章を通して，心理療法実践における統合・折衷的アプローチの基本理念と具体的な方法を理解することができるだろう。そして，私たちの提案が，それぞれの臨床現場に適合したアプローチを創意工夫されていく上で何かお役に立つことがあるとすれば，私たちにとって望外の幸せである。

5. 読者に向けて

第1部，第2部の議論を受けて，本書では第3部でその実例が示されている。伊藤が提供した事例に，本書の執筆陣が各章で論じたテーマに沿ってそれぞれの視点でコメントし，伊藤がさらにリコメントするという形で進んでいるが，さながら紙上事例検討会またはスーパーバイザーが複数いるグループスーパーバイズのような趣で読むことができるだろう。このような事例を素材にしての学習や研究は，それだけでは限界があるものの，心理臨床を支える重要な基盤であると本書では考えている。読者も事例への一種の客観的視点を持つという意味で，スーパーバイザーであると思われる。この事例とそれへのコメント，

リコメントについてご意見をいただけるとありがたい。

また，すべての議論を尽くしたのち，終章では心理臨床の今後の方向性や臨床家教育をめぐって課題と展望を示している。よりよい心理臨床の追求は永遠の課題であり，自らの仕事に満足した時点で，心理臨床は後退しユーザーに取り残されると思われる。読破してくださった読者には，よりよい心理臨床に向けた本書への意見や批判，今後への提案をいただいて，今後の活動の糧としたい。そのような姿勢で本書にお目通しいただけると心から幸いである。

文　献

Arkowitz, H.　1991　Introductry statement: Psychotherapy integration comes of age. *Journal of Psychotherapy Integration*, **1**, 1-3.
Cullari, S. (Ed.)　1998　*Foundations of clinical psychology.* Boston: Allyn & Bacon.
Davison, G. C., & Neale, J. M.　1994　*Abnormal psychology* (6th ed.) Wiley.（村瀬孝雄監訳　1998　異常心理学．誠信書房．）
岩壁　茂　2003　解説．心理療法の構造——アメリカ心理学会による12の理論の解説書．誠信書房．
Karasu, T. B.　1986　The specificity versus nonspecificity dilemma: Toward identifying therapeutic change agents. *American Journal of Psychiatry*, **143**, 687-695.
Messer, S. B.　1992　A critical examination in belief structures in integrative and eclectic psychotherapy. In J. C. Norcross, & M. R. Goldfried (Eds.), *Handbook of psychotherapy integration*. New York: Basic Books.
中釜洋子　2004　統合的介入．下山晴彦（編著）　臨床心理学の新しいかたち．誠信書房．
戸川行男　1971　臨床心理学論考．金子書房．

目　　次

序　本書の刊行にあたって ……………………………………………… 1
　1. 刊行に至る経緯　*1*
　2. 臨床心理学の歴史から見た「基礎学」と「折衷」　*3*
　3. 心理臨床の基礎学としての心理学　*6*
　4. 心理療法実践における統合・折衷的アプローチ　*9*
　5. 読者に向けて　*12*

第1部　基礎学編

1章　村瀬孝雄の基礎学論再考：心理臨床における「基礎」はいかにあるべきか？ …………………………………………………… *21*
　1. はじめに　*21*
　2. 問題の所在と背景　*22*
　3. 基礎学のオーヴァーヴュー　*26*
　4. 基礎医学との比較から見た基礎学　*33*
　5. 要　約　*37*

2章　基礎学としての社会心理学 ……………………………………… *40*
　1. 社会心理学とは　*40*
　2. なぜ，社会心理学的な視点か　*46*
　3. まとめ　*56*

3章　基礎学としての認知心理学 ……………………………………… *58*
　1. 認知心理学と臨床心理学のインターフェース　*58*
　2. 認知心理学における問題解決研究　*64*

3. 協同的問題解決としての認知行動療法　68
4. おわりに　73

第2部　よりよい心理臨床のための折衷

1章　心理臨床における統合・折衷とは……79
1. はじめに　79
2. 心理療法の歴史的概観：理論・技法論の観点から　80
3. 心理療法の統合・折衷とは　82
4. 統合・折衷の分類モデル　87
5. 統合・折衷の切り口　90
6. おわりに　93

2章　理論統合アプローチ……95
1. 心理臨床での理論統合とは　95
2. 現場で働く根拠としての理論的統合を考える　98
3. 理論的統合の素描　100
4. 発達を大切にした統合・折衷的アプローチ　107
5. まとめと考察　111

3章　技法折衷アプローチ……116
1. はじめに　116
2. 技法折衷アプローチとは　117
3. マルチモード療法（Multimodal Therapy）　118
4. その他の技法折衷アプローチ　122
5. 事例―心身症へのマルチモード療法の適用　124
6. 短期折衷療法（Brief Eclectic Therapy）について　128
7. まとめ　129

4章 共通要因アプローチ ………………………………………………… *132*

1. はじめに　*132*
2. 心理療法の効果研究と共通要因アプローチ　*134*
3. 共通要因アプローチの実践としての統一言語アプローチ　*138*
4. 統一言語アプローチからコンテクストモデル・アプローチへ　*146*
5. おわりに―共通要因アプローチの有用性　*147*

第3部　事例研究編

ケース提示　心身症患者に対する認知行動療法 …………………… *153*

経　過　*153*
面接初期（第1回〜5回面接）：アセスメントと目標設定　*153*
面接中期（第6回〜12回面接）：各種技法の導入　*154*
面接後期（第13回〜15回面接）：効果維持と再発予防教育　*155*
考　察　*156*

コメント1　基礎学探求の立場から ………………………………… *158*

1. 症状中心のアプローチと治療的意義　*158*
2. 心理職アイデンティティとしての「パーソナリティ」という治療仮説　*159*
3. セラピスト対応の的確性・有効性　*160*
杉山氏へのリコメント　*162*

コメント2　「対人認知」からの解釈：自己開示と自己意識 ………… *164*

1. 概　略　*164*
2. 事例の解釈　*165*
坂本氏へのリコメント　*167*

コメント3　折衷的心理療法とブリーフセラピーの観点から ……… *169*

1. 折衷的心理療法の観点から　*169*
2. ブリーフセラピーの観点から　*169*

3. 短期折衷療法（BET）の観点から伊藤のケースを読む　*170*
　　4. ま と め　*172*
　　東氏へのリコメント　*172*

コメント4　理論的統合の立場から ……………………………… *174*
　　1. 心理発達的観点から　*174*
　　2. 心身症と症状へのアプローチ　*175*
　　加藤氏へのリコメント　*178*

終　章 ……………………………………………………………… *181*
　　1. 読者の方々への感謝と本書の意義　*181*
　　2. 心理臨床家のあり方について　*185*
　　3. 心理臨床家教育とこれからの心理臨床のあり方について　*187*
　　4. おわりに　*192*

図書紹介 ……………………………………………………………… *195*
グロッサリー ………………………………………………………… *201*
索　引 ………………………………………………………………… *227*

第1部

基礎学編

1

村瀬孝雄の基礎学論再考：
心理臨床における「基礎」はいかにあるべきか？

杉山　崇

1. はじめに

　第1部では心理学に基づいた心理臨床の基礎学の考え方を提示しよう。
　心理学は対象とする「心」の側面ごとに（または応用する分野ごとに）領域が分かれており，その中でさらに個別の研究テーマに細分化されている。個別の研究テーマはすべて広い意味で実社会に貢献する可能性を持っているので，心理学の応用の可能性は広く捉えることができる。本書の第1部では心理学の幅広い応用の可能性の中でも，特に心理学的対人援助を心理臨床の中核と捉え，社会（2章），認知（3章）の各心理学を活用した対人援助サービスを提案している。この章ではそれらに先立って心理学を心理臨床の基礎学とするための基本的な考え方，特に基礎学の枠組みと留意点を明らかにすることを目指す。
　また，この章は村瀬孝雄（1988）の論文「臨床心理学にとって基礎学とは何か」および同じテーマを扱った2つの論文（村瀬, 1966, 1985）を参考に議論を進めた。村瀬孝雄（1930-1998）とはE. H. エリクソンおよびC. ロジャーズの理論や思想，フォーカシングや内観療法の紹介で有名な臨床心理学者である。1998年に他界するまで70年代から90年代の臨床心理学を主に理論面で引っ張るリーダーの一人であったと言える。村瀬は60年代の臨床心理学会を中心とした資格化の動きを「日本の臨床心理学の思春期」と位置づけ，以来1998年に没するまで30年余りにわたって職業としての心理臨床の基礎となる学問のあり方を検討していた。よって村瀬の論考は今日の心理臨床における基礎学探求の原点と位置づけることができるだろう。心理臨床の原理・原論や基礎心理

学との関係は河合（1995）や下山（2001），大塚（2004）など既に複数の大家によって議論されているが，この章ではその原点に立ち返って基礎心理学の活用を再考してみたい。また第1節で詳述するが今日の心理臨床を取り巻く社会的な状況も変化しており，社会の変動に対応するためにも改めて原点から見直しを図ることが重要であると思われる。

　また，第1部では各章を通じて"科学者－実践家モデル"を重視している。心理臨床家には実際に人と出会って専門サービスを提供する実務家としての側面と，対象となるクライエントやその状況の情報を専門知識に照らして必要なサービスを検討する理論家（科学者）としての側面があるが，前者よりはむしろ後者の側面が心理臨床家を他の関連職種との差別化を図るためのアイデンティティとして重要であると言われている（森野, 1995）。たとえば心理臨床家と同じく相談やカウンセリング業務を行う職種には，医師，ソーシャルワーカー，教師，保健師など多くの職種がある。心理職が他職種と区別される重要なポイントは，心理学（科学）を背景に目には見えない心の変化や動きを推測しながら業務を行うことにある。心理臨床家（臨床心理士）は基本的に心理学者（psychologist）であって，英語表記は"clinical psychologist"となっている。医療領域では実際に"サイコロジスト"と呼ばれることもある。他職種との連携の必要性は今後もさらに広がると思われるが，確固たる職業的アイデンティティを持って的確に役割を果たすためにも，科学者－実践家モデルの重要性が増してくると筆者らは考えている。

2. 問題の所在と背景

[1] 社会の動向と職業としての心理臨床

　近年，心理臨床は社会的に大きな関心が寄せられている。臨床心理士はさらに活躍の場を広げると予想され，社会が期待する水準もそれに伴う責任も高まると考えられる。たとえば財務省主計局（平成16年度『予算執行調査資料』：財務省のWebサイトで閲覧可能）は臨床心理士が担当しているスクールカウンセラーについて「問題の発生件数」を従属変数として，有効性を検討する調査資料を公表した。この調査の結果自体は公表されている資料に不鮮明

な点が多く，設定された従属変数の適切性にも疑問があるので結論自体は再検討する必要がある（たとえば，"問題が多いから臨床心理士が優先派遣されるのではないか？""そもそも問題はどのようにカウントされたのか？"など）。ただ明らかなことは"費用対効果"という基準で臨床心理士の業務上の成果を見ようとする姿勢が明確に示されていることである。この資料の背景を考えると，その一つに内閣府の公表する政府の改革方針（『規制改革・民間開放推進3か年計画』：内閣府のWebサイトで閲覧可能）との関連が浮上してくるように思われる。ここ数年，政府が進める一連の改革では"活力ある競争社会"が標榜され，成果の重視と労働者の頻繁な異動を前提とした雇用契約の拡大を図る方針が示されて，労働市場の変化が進んでいる（杉山, 2005a）。心理臨床家は活動する職域が基本的には限定されていないので多様な雇用形態があり得るが，労働市場では専門技能の労働者と位置づけられる。よってスクールカウンセラーは，専門技能の成果を示すことを要求されても不自然ではないだろう。逆に労働者から，雇用者が何を期待し，成果をどのように評価するのか明示を求めることも不思議ではない。

　これまで心理臨床の成果や効果は「人間の人生に関与するので限定された側面から言及するのは適切ではない」という考え方から安易に示すことは慎まれる傾向があったと思われる。しかし，今後は効果をわかりやすく示すことが求められるだろう。上述の学校での問題発生件数という効果の指標は専門的な見地からは疑問の声もあるが，心理臨床家の雇用者（スクールカウンセラーの場合は教育行政サイド）やユーザー（同じく学校サイド）から見ると，わかりやすく，もっともらしい指標なのかもしれない。雇用者やユーザーから専門的に疑問のある指標で成果を評価される前に，自ら適切な指標を設定して社会が納得する心理臨床の効果を示していく必要があるのではないだろうか。

　また，一般には基礎心理学と臨床心理学の違いはよく知られていないので，心理臨床家は「心理学」の専門家として期待されることが多い。「心理学にもいろいろあるから」「心理療法の流派ごとに考え方が違うから」という姿勢は対外的には職業的アイデンティティを自ら否定するように見られてしまうこともある。ユーザーにも混乱を招くかもしれない。心理学も心理療法も日進月歩なのですべてに精通するのは事実上困難だが，幅広い臨床心理サービスを提供

するために，専門的な見識を広げる努力の姿勢は常に必要であり，この姿勢も職業的アイデンティティの一つかと思われる。なお，この問題は心理職の雇用の問題にも関わっており，常勤・非常勤に関わらず，勤務先から最低限は研修（時間，費用）の保証を受けなくては研鑽ができない。研修の保証は雇用者側には負担になるので，成果を認めてもらう努力が重要になってくるだろう（第2部，終章参照）。

以上のことから，心理療法の効果・成果の評価，および幅広い専門的見識の必要性から，改めて心理臨床の基礎としての心理学を検討することが急務であると言えるだろう。

［2］実務への対応力の問題

次に，心理臨床に関与する実社会の要因の多さ，複雑さを考えてみよう。

心理学にも心理療法にも多くの理論や方法があるが，1つの理論や治療法にこだわることには危険性がある。1つの理論や治療法は事例の重要な部分に光を当ててクライエントの福祉の向上に貢献すると思われるが，実社会で進展する事例は多くの要因が複雑に絡み合っており，光を当てにくい死角が存在することは否定できない。

たとえば，「人が多い電車で急に目眩がして，息苦しく，汗も止まらないので，自分がこのままどうなるのか怖くなって……」というようなパニック発作を経験したクライエントを想定しよう。クライエントはその後，対人恐怖のような状態になり，家族や友人関係など社会への不信感と自己嫌悪に葛藤しながら引きこもり，周囲に支援を希求しつつも身動きが取れない状態が続いているとする。このようなクライエントがやっとの思いで来談したときに，どのような対応ができるだろうか？　初期の他者関係の問題と考えて修正感情体験を目指した深い治療関係を作ると，これまで不問にしていた家族や友人への不信感や自信のなさ，セラピストへのしがみつきを高めてより不適応的になるかもしれない。パニック障害と考えて破局的な認知（侵入思考）の検討と対処方法を中心に治療関係（治療同盟）を結ぶこともできるが，事態に戸惑う心細さから誰かに甘えて安心感を回復させたいクライエントの自我との協力関係を結べないかもしれない。対人関係や対人認知の問題と考えて対人スキル向上に向けた

アプローチでは，「問題」をクライエント自身に帰属するかのような印象を与えて，秘められていた周囲への"怨み"に寄り添いにくくなるかもしれない。この他にもパーソナリティの問題，行動療法の適用など，多くの観点から多様なアプローチの可能性がある。おそらく，いずれのアプローチも一定の妥当性はありそうに見えて，しかしクライエントと関係者の福祉が劇的に向上する，といった確信は持ちにくいのではないだろうか。その意味で，基礎学を考えるにはそれぞれの理論（心理学領域）の意義や成果を重視しながらも，その適用の限界を考慮して，把握できるところ，対応できるところはどこか，逆にできない部分は何か，それはどの理論や方法でどこまで補えるのか，という観点から心理学の諸理論や領域を吟味し，体系化する必要があると言えるだろう。

[3] 村瀬孝雄の危機感

ところで村瀬孝雄は早い段階から現代社会が認めるような効果や成果を明示すること，基礎として心理学を身につけることの重要性に言及していた。筆者は1995年から実質3年間の指導を受ける機会を得たが，当時村瀬は，大学・大学院の指導体制が不十分なこと，効果研究のコンセンサスが得にくいこと，基礎心理学との関係，流派ごとに独自の活動が目立つ当時の状況，など日本の臨床心理学の将来を憂慮し，危機感を表すことも少なくなかった。また，村瀬は"物事は理屈どおりにいかないのではなく，間違った理屈どおりにいかない"という考え方に基づいて（村瀬, 1991），結果をもとに理論や方法を精査する視点を持っていた。この視点は現代社会の要求とも合うように思われる。

その村瀬の基礎学（心理臨床の基礎となる心理学）への論考が88年の論文である。その後，20年近い歳月があり，臨床心理学だけでなく基礎的な心理学も進歩した。たとえば，社会的認知（日常認知）研究の発展から実生活のさまざまな場面における人間の情報処理や情動過程が模式的に示されるようになり，潜在的記憶（認知）研究ではこれまで実証研究が困難であった無意識にも言及できる資料を得ることができるようになっている。これらの心理学が直接的に心理臨床に活用できるわけではないので，より臨床に近づけた発展が必要であるが，ここでは近年の心理学の動向も踏まえて，村瀬の見解を参考に今日的な基礎学を追求してみよう。

3. 基礎学のオーヴァーヴュー

　はじめに，村瀬が考えていたと思われる基礎学のコンテンツを見てみよう。3つの文献を整理すると村瀬の基礎学を考える枠組みは以下の5点にまとめられるだろう。

　1）心理臨床の諸問題（主に心理療法とアセスメント）に有益な示唆を与え，臨床家を導くこと。
　2）パーソナリティや発達の心理学を含むこと。
　3）現象学的視点を含むこと。
　4）心理学の「理論化センス」を含むこと。
　5）医学教育における基礎医学に対応するものであること。

　1），2），3）は臨床心理学や心理臨床の原理・原論を扱った論考で既に議論されているので（e.g., 下山, 2001; 大塚, 2004），ここでは村瀬独自の視点を紹介し，考察を加えよう。
　また，5）は大学院の指導の中でそのような趣旨の発言が繰り返し聞かれたので筆者の判断で加えている。医師が患者に臨む前に最低限備えておくべき学問が基礎医学ならば，心理臨床家がクライエントに臨む前に最低限おさえておくべき内容が基礎学になる，という意味で「基礎医学」と対比させたもの思われる。これまでほとんど強調されてきたことがないように思われるので，3.で独立させて検討してみよう。

[1] 心理療法とアセスメントへの示唆

　心理療法とアセスメントは1960年代に資格問題を議論した当時から臨床心理の中核に考えられており，職業的アイデンティティを象徴する技能の一つであると言えるだろう。この技能を高い水準で有することは専門職として必須の事柄と思われるが，村瀬は単に技能を型どおりにできるだけのことを危険視していた。村瀬によると，心理療法もアセスメントの技法も治療的な妥当性や説

明理論が十分に検討されていない場合が多い。ここで言う妥当性の検討とは，今日的には心理療法の効果研究やアセスメントの予測的妥当性，説明理論の実証検討のことを意味していると思われる。これらの基礎研究が十分ではないため，心理療法もアセスメントも実は多くの不確実性をはらんでいると言う（効果研究は3.［3］「介入と作用」も参照のこと）。

　臨床家は心理療法や投影法などの心理検査を臨床心理の業務として日々活用しており，経験的にその妥当性や有効性は検討しているので，やたらに技法を乱用しているわけではない。また，学会や研究会などで臨床の先達の経験を共有し，さらに各自の経験を公表して検討するなどして集団的な経験から妥当性を検討する場や習慣もある。しかし，村瀬の指摘は多くの主観を含む経験的な検討ばかりでは客観的で科学的・学術的な根拠が曖昧だということを説明している。村瀬は学術的な根拠のない心理臨床を「技師が解釈するレントゲン写真」にたとえている。技師が解釈をしてはいけないわけではないし，経験豊かなコメディカルが若手の医師以上に的確な判断をすることもある。しかし，診断の責任に耐えるために学術的な専門教育を受けているのは医師であり，技師には，経験的な根拠はともかく，学術的な根拠と責任性は保証されず，さらには社会的なコンセンサスもない。つまり，責任を持つためには豊かな経験だけではなく，専門的で確実性の高い学術的根拠と社会的コンセンサスを持つことが必要である。杉浦（2002）によると欧米では，学術的根拠に裏付けられた臨床介入には説明理論・実験研究・効果研究・実践研究がセットになっていることが必要とされていると言う（図1-1-1）。このような基礎研究はこれから積み重ねるべき課題である。

　なお，現在の心理療法・アセスメント教育に目を向けると，その方法と理論が誕生した背景および創設に関わった人々の人物史，人間性を含めた"深みのある理解"を促す傾向があるように思われる。確かに，このように学習することで，その背景や文脈に沿って創設者の目線で心理療法とアセスメン

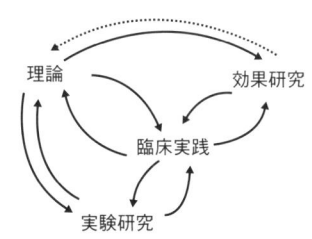

図1-1-1　臨床的介入の研究（学術的裏づけ）デザイン（杉浦，2002より）

トを学ぶことができて，適切な実施に近づけるだろう。また，クライエントの立場に身をおく"共感的理解"が今日の心理臨床では基本とされているので，このような学習が"臨床的な"学習ということなのかもしれない。しかし，ここに心理学的な裏づけを加えることで，心理職としてのアイデンティティはより明確になり，「共感的学習と客観的学習」というように，よりバランスのよい心理療法・アセスメントの習得につながると思われる（図1-1-2）。一例だが，認知行動システム療法（Cognitive-Behavioral Analysis System of Psychotherapy: CBASP）を紹介したマカロフ（McCullough, 1999）のテキストには，この方法が成立した背景から妥当性の実証研究に至るまで共感的理解も客観的理解もできるように書かれている。このように共感と客観のバランス感覚をつかめることも心理臨床では重要であると思われる。

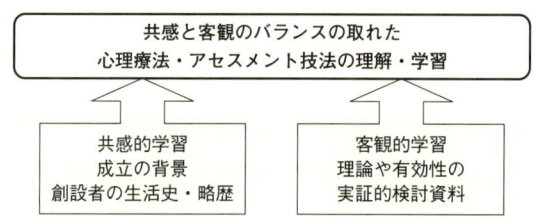

図1-1-2　心理学アイデンティティに基づいた臨床的技能の学習
共感と客観のバランスのよい学習が，臨床的なバランス感覚を支える

[2] パーソナリティと発達の心理学

村瀬によるとパーソナリティと発達の心理学は基礎的な心理学から発展したものと，「臨床から基礎へ」という形で発展したものがあり，後者は臨床的な観点を健常者も含めた範囲に拡大したものであると言う。また，ここで言うパーソナリティと発達は単なる個人差や認知機能ではなく，たとえば精神分析で言う自我や心的装置のような適応のためのメカニズムがどのように機能しているか，といった理論のことを意味している。いわゆる個人差としてのパーソナリティや認知機能の成熟過程の発達心理学は直接的に臨床に関わるものばかりではない。たとえばピアジェの認知の発達段階の理論は"子どもにはこのように世界が見えている"といった子どもの目線への理解を促して，子どもの心に

寄り添うのを助けてくれると思われるが，この理論そのものから直接的に治療的な示唆を得るのは難しい。

　ただ，村瀬はこれらの理論を学ぶ際に，理論成立の背景や目的，そして何を説明するための理論か，またその一般法則性と病理は何か，を深く理解することを強調している。一般法則性とは人間の健全な状態や成熟にあたるもので，病理は健全な機能や成熟のエラーとして捉えることができる。適応的で健全な機能や成熟のメカニズムを正確に把握することができていれば，病理というエラーがどのような段階でどのように生じ，そしてどのような支援から健全性を回復できるのか，かなり的確に理解するための基礎を持つことができ，治療への示唆が得られると思われる（図1-1-3）。

　村瀬はこのような適応機能のメカニズムを解き明かす心理学として，ラザルスのストレス・モデルを高く評価していた。村瀬によると，このモデルの背景にはフロイトの防衛機制の考え方があり，防衛機制が本来的には自我の機能を守って適応を維持するメカニズムであるように，ストレス状況の中でストレス・コーピングという方略をとって適応を維持しようとするメカニズム（一般

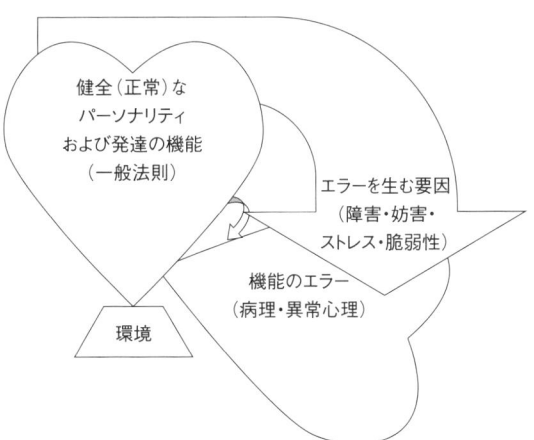

図1-1-3　健全な機能（一般法則）と機能のエラー（病理）
環境に適応（環境への立脚）するための健全な諸機能が，何らかの要因で不適応的になり，不適応な状態（環境に立てない状態）のまま，不適応的に機能しつづける。

法則）とその失敗としての不適応的なストレス反応（病理）が1つの理論体系で理解できる。日本の心理学研究でこの条件を満たすものとして，筆者が坂本（1994）の自己注目による抑うつ研究を紹介したことがある。この理論は自己注目という適応プロセス（＝一般法則）の内容が偏るというエラー（＝病理）の結果として抑うつを説明する。村瀬は臨床活用にはさらに条件があることを指摘しながらも病理のわかりやすい説明に興味を示していた。なお，この理論の臨床活用の試みは杉山（2005b）を参照されたい。このように一般法則と病理がセットで理解できるパーソナリティと発達の心理学が心理臨床の基礎学として重要な地位を占めると言える（3.［4］「異常」の項も参照のこと）。

［3］現象学的心理学

次に現象学的心理学の意義と問題点について考えてみよう。現象学は本書で言う基礎心理学ではなく，臨床心理学における"いわゆる基礎心理学を基礎にしない部分"の代表格であるために，知的な側面を主に扱う第1部の中ではやや趣を異にする。いわゆる"臨床的なセンス"と呼ばれるものに近く，要はクライエントなど事例に関わる人々の心理的な"現象"を"ありのまま"に直観的に感じ取る力と言い換えられよう。

筆者は現象学的心理学が重要な理由として2つのことを考えている。まず，臨床的に重要になってくる"現象"を言葉にすると，たとえば，非常に深刻な苦悩，根深い喪失感，空虚感，怨み，怒り，恐怖，戦慄，嫉妬，羨望，心細さ，甘え，……などとなるだろう。これらは通常の日常生活では常識的には頻繁に生起するものではないので，仮に強く生起したとしてもクライエントは言語化にこまるかもしれない。しかし，これらの"現象"の存在を見逃すと，たとえば臨床家が抑うつ（苦悩，喪失感，空虚感，心細さ……）を説明する素晴らしい理論に精通していたとしても，抑うつに気づかずにその理論を活用する機会を逃すだろう。クライエントが置かれている状況や間接的に表現される言動から，クライエント内部で生じている"現象を察する"ことで適切なときに，適切な理論を活用することができて，"効果的な手立て"が示唆される。現象学の方法と助け合うことで基礎学をより効果的に活用できると言える。

また，人間の心は実に複雑で心理学という科学で捉えにくい，つまり理論化

困難な部分もある。理論になっていない部分も紛れもなくクライエントの"心"であり，事例によっては臨床家が扱う必要性が高いものもあるだろう。現象学的な姿勢をもつことでこのような理論になっていない部分に少なくとも共感的なアプローチをすることができる。共感的な理解だけでもかなり治療的なのでこの効果は小さくない。

　現象学的心理学を基礎学とするには，特に基礎研究者から賛否が予想されるが，基礎というよりはより実践的な価値で考えるべきであり，また臨床家が現象学者になる必要もないだろう。車の構造を知らなくても運転ができるように，その方法を有効に活用できればいいのではないだろうか。仮に現象学の方法抜きで臨床を行うと"心"の理論化困難な部分を置き去りにしてしまうリスクが高まり，逆に現象学的な心理学だけに基づいて臨床を行うと心理学の成果が提供する"効果的な手立て"が活用できないのでクライエントの利益を損ねるかもしれない。心理学的な基礎に現象学の方法を重ねることで，より応用力と実践力の高い臨床が可能になると言えるだろう。

[4] 理論化のセンス

　心理学研究と心理臨床の共通点の一つには，どちらも直接観察しにくいものを扱う，ということがある。心理学研究の場合は既に言われていることだが，心理臨床でも臨床家が直接観察できるのは面接室におけるクライエントと心理検査へのクライエントの反応に限られる場合が多く，事例という時間的にも社会的にも深みのある現象の大部分は推し量らざるを得ない。また心理臨床家がクライエントの「何に」，「どのように」アプローチしているのかも推し量らざるを得ない。対象が直接観察しにくいという意味で，心理学研究と心理臨床は同じ課題を持っている。つまり，心理臨床には「事例に対する心理学研究」という一面があると言える。

　ここまで述べてきた内容に加えて，村瀬（1988）は臨床の基礎として，"「心理学的に理論化する」とはどういうことかという感覚"と"心理学的に観る目と考える力"の重要性を強調している。筆者はこの指摘を「見立て」の問題と考えている。「見立て」とは心理臨床では事例に対する仮説であり，妥当な治療方針を検討しながら進めてゆく作業である。これは心理学研究における仮説

の立案と実証的検討の作業に他ならない。たとえばパーソナリティのアセスメントはクライエントがどのような刺激にどのように反応するかといった「治療仮説」であり，症状のアセスメントはクライエントの機能がどの程度維持されていて，苦悩がどのくらい深いか，適応の状況はどうか，といった仮説である。

　これらの仮説は検証されなければならない。心理臨床では治療方針の妥当性と関わるので特に重要と言えるだろう。つまり臨床では，得られた情報（クライエントの発話，反応，アセスメントの結果など）から，見立てという仮説を立てて，諸々の治療刺激とクライエントの反応や事例の進展・経過などをいわゆる"資料"として，常に仮説検証する"研究者"の態度も治療的態度と同じく重要である。つまり，一見すると臨床に役立たないかのように見える心理学研究の基礎が，実は臨床で最重要の一つとされる「見立て」に深く関わるのである（図1-1-4）。

　事例の実際ではクライエントの成長や発達，家庭環境，関連する行政制度や社会保障，家族の問題，経済的な問題，さらに職域によっては事例に中心的に関与する医師，保健師や教師の意向や立場など配慮すべきことが実に多くて，臨床家自身が戸惑うこともあるだろう。複雑な要因の中では，たとえば，大学院で心理学実験や調査に向けた仮説の立案，説明変数・目的変数の設定や検証法を検討する授業で，教員と院生が侃々諤々と議論する中で身につける考え方（要因統制，変数の設定や検証方法，どのような資料から何が言えるか言えないか）が頼もしく感じられるのではないだろうか。よくセラピストの基本とされるサリヴァンの"関与しながらの観察"をより詳しく心理臨床を想定して言

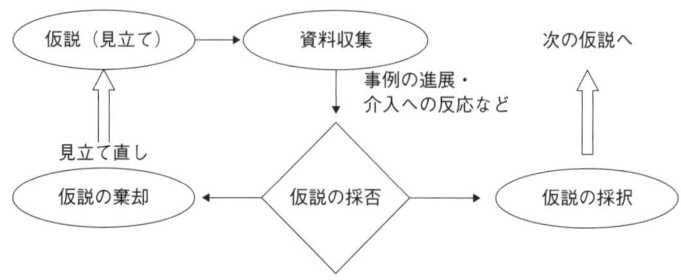

図1-1-4　仮説（見立て）の検証と臨床

い換えると"治療的な態度（たとえば受容的態度，共感的理解，自己一致）をとって治療関係に浸りつつ，心理学的理論化のセンスを駆使した観察を行う"となるのかもしれない。

村瀬（1988）はさらに，理論化のセンスが言動の端々ににじみ出る……言い換えると理論化のセンスがパーソナリティの一部として機能するくらいに身につくことを強調している。治療的な態度や技法が心理臨床家のパーソナリティの一部のように自然に機能するくらい訓練する必要があることは既に示されているが（e. g., Egan, 1986），理論化のセンスにも同じことが言えると思われる。

4. 基礎医学との比較から見た基礎学

[1] 基礎医学の項目と心理学の対応

最後に心理臨床の基礎学が医療の基礎医学に相当すると考えて，基礎医学を参考に考えてみよう。試みにいくつかの基礎医学テキストの目次を参照し，さらに精神科ではない臨床医にも意見を求めたところ，「細胞の構造と機能」「解剖学」「生理学」「生化学」「分子生物学」は必須項目であり，さらにやや専門的な基礎として「薬理学」「病理学」といった項目が挙がるようである。これらの項目を整理して言い換えると，人体の「（健全な）構造と機能」「介入とその作用，予後」「異常」に関する知識ということができる。医療と心理臨床は

表1-1-1　基礎医学の項目と心理学領域の対比

基礎医学の項目	内容	該当する心理学の領域
細胞の構造	構造と機能	人格心理学
解剖学		人格発達の心理学
細胞の機能		知覚・認知心理学
生理学		学習心理学
生化学		社会心理学
分子生物学		社会的認知心理学
薬理学	介入とその影響	心理療法学（特に効果測定と説明理論の検証）
病理学	病理	異常心理学

＊精神分析学は心の構造，機能，病理さらには介入にまでわたる壮大な学問体系であり，この表ではほぼすべての内容に該当する。この章では実証性を重視する心理学領域のみを対象としたので狭義の精神分析学は含めなかった。

同じではないが，人間の苦悩の軽減と適応の増進を図る点では共通した目的を持っており，参考にできるだろう。仮に人体を「心」に置き換えてみると，「心の構造と機能」「心への介入と作用」「心の異常」となる。暫定的に現代心理学にあてはめると表 1-1-1 のようになると思われる。以下，この表にしたがって検討してみよう。

[2]「構造と機能」

　ここでは「構造と機能」に当たる心の正常な状態に関する心理学を考えてみよう。なお，統合，複合という用語が登場する。統合は第2部でも登場する用語で，複合も折衷とイメージは近いが，ここでは第2部とは異なり，「心理学の理論モデルの統合と複合」を想定しているので注意してほしい。

　心の構造と機能に該当するものとして知覚，学習，社会，認知など様々な領域が挙げられる。これらを基礎学として重視する必要性が浮上してくる。3章で論じられている問題解決療法の議論は正常で適応的な問題解決の基礎研究がうまく活用されている好例と言えるだろう。

　ここでは仮に基礎医学には基礎研究が吸収されているという前提のもとに考察してみよう。これは，医学の専門家には多くの意見があるとしても，今日の日本における基礎心理学と臨床心理学の関係よりは成果の交流が行われていると思われるからである。まず，研究領域が「○○学」「□□学」と細分化されている意味を考えてみよう。基礎医学の項目は生命体をそれぞれの領域ごとに細分化して研究の対象として扱っていると思われる。細分化することで研究の対象がより明確になり実証的な所見を集めやすくなる。その一方で全体像が見えにくくなるため研究成果を再び全体に当てはめる作業が必要になる。医学では各領域の研究成果を解剖学などの人体の地図にあたる知見をもとに，生命体の全体として再び統合しているようである。

　心理学の研究でも人間の心の全体を扱うのではなく，領域ごとに細分化して扱っている。このことを心理学領域における観点や人間観と呼ぶこともある（Benson, 1998）。各心理学は細分化された範囲内の「心」を学問に変換した（言語化またはモデル化した）ものであり，心の全貌を知るには多様な人間観に基づいた心理学の諸領域を実務家のなかで統合する必要があると言えるだろ

う。しかし，心理学では医学と異なり「地図」にあたるものを明確に提示することが難しい。ことさら心理臨床では事例で顕在化した問題はクライエントの「人生」をも象徴していることが多く，人生さえも含めて心の地図を定めることは容易ではないと言えるだろう。

　たとえば，乱暴な言葉遣いや不適切な言動が目立つ児童を考えてみよう。行動主義や新行動主義の学習という観点から見ると，特に学校など集団生活の場面ではこの児童は適切な言葉遣いや望ましい言動に適切な強化がなされていない，という視点で見ることになるだろう。発達心理学の視点からは道徳性の発達という視点から見ることもできるだろうし，児童の場面や状況の認知とそこにおける動機づけ・情緒から見ることもできるだろう。また，一方で小さい子どもが大人は通常しないような逸脱的な言動をとることは大人から容認され，場合によっては一種のトリックスターとして"子どもらしい"と喜ばれることもあること，生活史や生活環境の状態や将来像などまで考慮するとなると，複数の側面を複眼的に見なくてはならないだろう。

　このような問題において，筆者は近年，理論の"複合"という考え方を重視している。表1-1-1にあるように心理学には多くの領域があって，たとえば心理療法への活用可能性については2章，3章でも検討している。理論はそれぞれに臨床への活用可能性のある視点を提供しているので，統合して一本化するのは難しくとも，一つの事例を複数の視点から捉えて，それぞれの視点が提供する治療的示唆の中から最も現実的なものを選んで活用することはそう難しくないだろう。選ぶという行為に価値観の問題があると思われるが，事例（クライエントとその関係者の意向や福祉の問題など）が必要とする事柄を中心に選ぶことができるので，理論そのものを統合させるよりは価値観や人間観の問題が小さいだろう。

　このような心理学の成果は直接的に活用できない場合もあるが，「この研究は，臨床のこのような問題に活用できる可能性がある」という視点で臨床家と基礎系研究者の双方がお互いに関心を向け合って，人の心の諸側面に対する多角的で体系的な基礎を構成することが必要であると言えるだろう。このような臨床家と研究者の「腹を割った対話」の必要性を村瀬（1988）も強調している。

[3]「介入と作用」

　薬理学に相当すると思われる心理療法とその効果研究および説明理論に関しては今日的には以下の二つの問題があると思われる。一つは図1-1-1に示した基礎研究の充実である。もう一つは何をもって心理療法の効果とするか，という従属変数設定の問題である。心理療法は本来，クライエントの福祉の向上が目的であり，心理療法の効果もここから考えるべきであると言える。しかし，この従属変数の設定が筆者の知る限り容易ではないように思われる。たとえば，村瀬孝雄が発展に関与していたフォーカシングや内観療法は効果研究を行っていたが，従属変数として設定されているのは体験過程やセッション中の情緒体験などであった。これらは心理療法の背景にある哲学や人生観および理論上の重要性はあるが，クライエントの実生活との直接的な関係がわかりにくいだけでなく，各心理療法間の相互の関係もわかりにくくなっている。また，非専門家には効果がどの程度のものなのか理解しにくいかもしれない。このように変数の設定そのものに多くの検討が必要であると言える。しかし，これは従属変数の設定に関するコンセンサスがあれば解決できる問題であり，心理療法を実施する臨床家，測定に詳しい研究者，ユーザーがお互いに対話を重ねることが重要であると言えるだろう。

[4]「異常」

　病理学に相当する異常心理学は特に日本では遅れていると言われ，心理臨床では精神医学や精神病理学が異常心理学に代用されているように思われる。実際，優れた精神病理学者，精神医学者が多いので，精神医学・病理学を有効に活用できるのが日本の心理臨床の特色と言えるのかもしれない。

　異常心理学は正常ではない心理について"正常と異常の境界線（適応－不適応，規範－逸脱，平均－偏り，の境目）はどこか？""異常心理のメカニズムは正常な心理と何が異なるのか？""理論の適用範囲や妥当性はどの程度か？"などを探求するが，精神医学・病理学と扱う内容は極めて近い。違いとしては，異常心理学は，心理学が蓄積した正常な心の機能と構造の理論の延長線上に精神病理や異常心理を位置づけて理論化・実証検討することであると思われる。2.[2]で紹介した図1-1-2のような図式が適合できるだろう。

たとえば，近年の強迫性障害の研究では強迫観念を経験することは，かなり一般的なことであることが明らかになっており，障害（disorder）と正常（order）を分ける重要なポイントは強迫観念への対処であることがわかっている（サルコフスキス，2002）。ここから「どうして強迫観念を覚えるのか」を検討してもあまり有効ではなく，「強迫観念とどうつきあっているのか」を考えることが有効であることが示される。また，うつ状態では自己の否定的なところを繰り返し考えて（反芻；抑うつ的自己注目），自尊心が低下し，他者が冷淡に見えるだけでなく，他者を不快にさせることは，精神医学・病理学からは古くから指摘されていたが，近年の異常心理学はそのメカニズムを予防・軽減方法も含めて実証的に明らかにしてきた（e.g., 杉山，2005c）。このうつ状態に関する一連の所見は複数の研究者がお互いの研究の関連と異同を論じ合うことでセットにして活用できるようになってきた。このように，異常心理学の研究がさらに積み重なれば，臨床で重視するべきポイントや有効な介入方法がさらに明確になっていくものと思われる。

以上，この節では基礎医学との比較から基礎学を検討してきた。基礎医学に相当するものとして心理学を活用するには，今後，臨床家と研究者が今以上の対話と協力を重ねる必要があると言えるだろう。

5. 要　約

ここまで村瀬の論考をもとに「基礎学」の枠組みと現代的課題について検討してきた。ここまでの議論を要約すると，①：臨床的介入のための基礎研究（効果研究を含む）（1.[1]，2.[1]，3.[3]），②：方法・理論の「共感的学習と客観的学習」のバランス（2.[1]），③：心の健全な機能と構造の心理学的理解（2.[2]，3.[2]），④：③と連続性のある病理の心理学的説明（異常心理学）（2.[2]，3.[4]），⑤：心を理論化するセンスの習得（3.[4]），とすることができるだろう。本章の冒頭で表したように科学者‐実践家モデルは臨床の各現場において心理職に職業的アイデンティティをもたらす点で非常に重要であるが，心理臨床家の心理学者としての側面は臨床の実務力を高める上でも，実は非常

に重要な基礎であると言える。このことは2章以降の各論でさらに詳しく論じられている。

基礎学の検討も非常に重要で困難な問題だが，その基礎学に基づいた心理臨床の実現も，また重要だが困難な問題だと言える。しかし，これらの問題に取り組むことが，社会から期待されている臨床心理サービスの提供において重要だと考えられる。今後はここで浮上した問題を一つ一つ解決してゆくことが必要だろう。

文　献

Benson, N. C.　1998　*Introducing psychology*. Cambridge: Icon Books Ltd.
Egan, G.　1986　*The skilled helper: A systematic approach to effective helping*.（鳴澤　實・飯田　栄訳　1998　熟練カウンセラーをめざすカウンセリング・テキスト．創元社．）
河合隼雄　1995　臨床心理学概説．山中康裕・森野礼一・村山正治（編）臨床心理学1 原理・理論．創元社．
McCullough, J. P.　1999　*Skills training manual for diagnosing and treating chronic depression: Cognitive behavioral analysis system of psychotherapy*. New York: Guilford Press.
森野礼一　1995　臨床心理学の歴史．山中康裕・森野礼一・村山正治（編）臨床心理学〈1〉原理・理論．創元社．
村瀬孝雄　1966　思春期を迎えた日本の臨床心理学．サイコロジスト，**21**, 7-9.
村瀬孝雄　1985　日本の臨床心理学．内山喜久雄・河合隼雄・村瀬孝雄（編）心理臨床家と精神療法．金剛出版．
村瀬孝雄　1988　臨床心理学にとって基礎学とは何か．心理臨床学研究，**5**(2), 1-5.
村瀬孝雄　1991　統合性を求めての旅．東京大学退官記念冊子．
大塚義孝　2004　臨床心理学の成立と展開1．大塚義彦（編）臨床心理学全書1　臨床心理学原論．誠信書房．
サルコフスキス・ポール　2002　不安障害の認知行動療法―サルコフスキスのワークショップ．堀越　勝・杉浦義典・毛利伊吹・森脇愛子・佐々木　純・菅　弥生・小堀　修・竹下賀子（訳）丹野義彦（編）認知行動療法の臨床ワークショップ．金子書房．
坂本真士　1994　抑うつ者の性格特性の自己評価におけるネガティビティ・バイアス．心理学研究，**65**(2), 156-161.
下山晴彦　2001　臨床心理学とは何か．下山晴彦・丹野義彦（編）講座臨床心理学1 臨床心理学とは何か．東京大学出版会．
杉浦義典　2002　サルコフスキスはどのような臨床研究をしているか．丹野義彦（編）認知行動療法の臨床ワークショップ．金子書房．
杉山　崇　2005a　社会階層の分断化とキャリア発達カウンセリング．山梨英和大学紀要，**4**, 1-8.

杉山　崇　2005b　心理療法における社会心理学の視点．ストレス科学, **19**(4), 11-16.
杉山　崇　2005c　抑うつの対人関係．坂本真士・丹野義彦・大野　裕（編）　抑うつの臨床心理学．東京大学出版会．

2

基礎学としての社会心理学

坂本真士

1. 社会心理学とは

[1] 社会心理学とは何か

　社会心理学を一言で定義するのは非常に難しいが，安藤（1995）を参考にしながらあえて一言で言うと「人間が日常生活の中で互いに影響を与え合って生きている，その人と人との相互作用のあり方を研究する学問領域」と言える。社会心理学は，表1-2-1のように「個人内過程」「対人関係」「集団・組織」「集合現象」「文化」の5つの領域に分けることができる。それぞれについて見てみよう。

1）個人内過程

　人と人との相互作用のあり方を社会心理学では研究しているが，この相互作用のあり方を考える際に，個人の心理に焦点を当てることが可能である。我々は日々五感を通して様々な情報を得ている。そして五感を通して得た情報を統合的に理解し，理解した内容に沿って行動する。このとき，どのような情報に注目するか，どのように統合的に理解して記憶するかといった認知の仕方については，個人差があることが知られている。たとえば，自己概念の内容によって自己に関する情報の認知の仕方が異なったり（例：自己確証），ある対象に対して既に持っている態度（例：偏見とかステレオタイプ）によっても情報の認知の仕方が異なることが知られている。個人差だけでなく，状況による差もあり，その人の感情や動機によって認知が影響を受けることもある（例：気分一致効果）。このように人と人との相互作用を個人の心理から調べることができる。

表1-2-1 社会心理学の研究テーマ分類例（大橋, 2002, p.14を改変）

I．個人内過程
 1．自己・パーソナリティ：自己概念，社会的自己，自己開示・自己呈示，パーソナリティと社会行動
 2．感情・動機
 3．認知：社会的認知，対人認知，印象形成，社会的比較，偏見・ステレオタイプ，帰属
 4．態度・信念：態度構造，態度変容，説得

II．対人関係
 1．社会的相互作用：対人的コミュニケーション，協同・競争，援助，攻撃，対人魅力，社会的スキル
 2．身近な人間関係
 3．ソーシャルサポート
 4．対人葛藤・対人ストレス
 5．被服行動・化粧行動

III．集団・組織
 1．集団：社会的アイデンティティ，社会的交換，社会的ジレンマ，集団内過程（同調と逸脱，リーダーシップなど）
 2．社会的勢力・統制
 3．集団間関係
 4．組織
 5．産業

IV．集合現象
 1．集合行動：流言，普及，流行
 2．コミュニケーション：電子ネットワーキング，マスコミュニケーション
 3．消費・生活意識：消費行動，ライフスタイル，広告
 4．政治行動：政治参加，投票行動，世論過程，政治意識

V．文化・社会問題
 1．社会化
 2．文化・比較文化：異文化適応，宗教
 3．社会問題・社会病理：高齢化社会，犯罪・非行，いじめ・学校内問題，性役割，都市化
 4．環境

2）人間関係

　次に，ある社会的な文脈のもとでの（たとえば周囲に他者がいるときの），対人相互作用や人間関係を研究するという方法がある。つまり，ある社会的な状況で，人が特定の他者に対してどのような行動をとるかを調べるやり方である。たとえば，援助行動をするかしないかに関わる要因として個人内過程に注

目すると，普段から人助けしやすいかどうかという個人差や，ある人の感情や動機づけの状態を考えることができる。これらの個人内の要因と同じくらい重要であるが，しばしば見過ごされがちなのが状況的要因であり，援助行動については周囲に見知らぬ人が多くいると援助行動をとりにくくなることが知られている（傍観者効果）。

人間関係についての研究では，他にも，身近な人間関係，ソーシャルサポートや社会的スキル，対人ストレスなど，臨床心理学と関連するテーマについても研究している。

3）集団・組織

人の相互作用に影響する要因には集団もある。人間の行動は，ひとりきりでいるときと，複数の人が周囲にいるときで異なることは簡単に思いつくだろう。たとえば，周囲の人の意見が一致している場合，それと異なる自分の意見を表明しづらくなり意見を変えてしまうとか（同調行動），他の人と一緒に一つの仕事をしていて，誰が一生懸命働いているかわからない場合に要領よく手を抜くとか（社会的手抜き）は，集団の影響と見ることができる。このように，集団との関係における人の行動に注目して，相互作用のあり方を研究することもできる。

4）集合現象

人から受ける影響は，上記のような目の前の人や集団からの直接的なものだけに限らない。たとえば，人は誰が流したかわからない噂に影響されたり，流行に左右されて商品を買ったりする。そして噂や流行に左右されて行動した人たちの行動が，今度は他の人の行動に影響を与える。このようにお互いに面識がない集まりの中でも，人々が互いに刺激を与え合って，ある方向に全体的な行動が向かうことがある。このような「集合現象」も社会心理学における研究のテーマである。

5）文　化

最後に，人は社会や文化の影響を受けて行動している。これはある社会の中で，人によって育てられ，人として生活していく以上，避けられないことである。このような文化や社会の影響についての研究も社会心理学で行われている。また，犯罪・非行，高齢化社会といった社会問題についても，社会心理学で研

究している。

　このように社会心理学は個人から文化全体まで非常に幅広い領域をカバーしているが，社会心理学は，心理学的な視点から個人に焦点を当ててアプローチする立場（心理学的社会心理学）と，社会学的な視点から社会全体にアプローチする立場（社会学的社会心理学）に分けることができる。臨床心理学の基礎としては前者の方がより重要であり，本章でも前者に絞って論を進めていくことにする。

[2] 社会心理学的視点からの現象の整理

　上記で説明した社会心理学の概念から，臨床心理学で扱われることの多い現象を見てみる。表1-2-2では「いじめ」を例にして，社会心理学の視点からの整理を試みた。いじめの関係者を分類すると，いじめる側，いじめられる側，傍観者の三者に大きく分けることが可能であり，表1-2-2ではこの三者に分けて記載している。

　読者の中には「社会心理学の概念から整理しても問題は解決しないし，現象の表層しか捉えていない」と思われる方もいるかもしれない。しかし，これらの社会心理学的視点からの研究が進めば，いじめの解決や予防についての示唆が得られる。スクールカウンセラーや教員などは個々の現場で迷いながら日常の問題に接しているが，その個々の問題を公共性のある言語（すなわち定義された専門用語）で記述し，問題を客観的に捉え共有することの意味は大きい。そしてその問題が発生する仕組みを明らかにすることは，問題の解決に向けての第一歩となる。

　社会心理学の概念から整理することによって，まず，現象は複雑な要因が絡み合って起きているということを再確認してほしい。介入を考える際には，限られたごく少数の要因にだけ目が向いてしまいがちであるが，それ以外にも現象に関連する要因があることを念頭に置きたい。表1-2-2にあるように，個人と社会をつなぐ様々なレベルにおいて問題の発生に関わる要因を考えることが必要だろう。そして，それらの要因と介入する要因との関係も考え，介入の効果が実際に上がるかどうかを検討したい（たとえば，その子どもの不適応を変えるためには，家族や学級，生活環境まで介入する必要があるのかも考えた

表1-2-2 いじめ現象の社会心理学からの整理

	いじめる側	いじめられる側	傍観者
個人内過程	偏見・ステレオタイプ 原因帰属 自己呈示 感情コントロール，パーソナリティ	偏見・ステレオタイプ 原因帰属	偏見・ステレオタイプ 原因帰属 自己呈示
対人関係	攻撃行動 自己正当化 社会的スキル	社会的スキル，ソーシャルサポート	自己正当化 援助行動
集　団	同調 スケープゴート		同調 スケープゴート 社会的ジレンマ
集合現象	マスコミ・インターネットの影響		
文　化			集団主義

個人内過程レベル：いじめる側や傍観者は，いじめられる側の属性に対して何らかの偏見やステレオタイプをもっており，そのためにいじめたり傍観していたりする可能性がある。また，いじめられる原因をいじめられる側の安定的な要因（例：性格，容姿）に帰属する場合，いじめが継続するかもしれない。いじめる側には，自分の勢力を誇示したり内面の脆弱さを隠したりするための自己呈示が，傍観者には巻き込まれないために目立ちすぎないようにするという自己呈示が働く。いじめる側には，感情コントロールの欠如やパーソナリティの問題があるかもしれない。
対人関係レベル：いじめは攻撃行動の一つと見なせる。いじめる側，傍観者双方に，いじめることや傍観することの自己正当化の心理が働く。いじめには，する側，される側双方に社会的スキルの問題があるかもしれないし，いじめられる側にはソーシャルサポートの欠如が問題となる。傍観者の行動は，援助行動の躊躇（傍観者効果）という点から考察が可能である。
集団レベル：いじめには同調の側面があろう。つまり，いじめに加わったりいじめを傍観したりするのは，いじめを好む友だちやいじめを止めない周囲の人に同調しているのかもしれない。個人個人が「いじめは悪い」と思いつつも，「周囲がいじめ撲滅に協力しないだろうから自分が率先して行動するのはやめよう」と考える傍観者が多いと，いじめはなくならない（これは，社会的ジレンマ状況である）。ほんの些細なことがきっかけとなって，スケープゴートにされた人が，いじめられることになる。
集合現象・文化レベル：マスコミやインターネットの影響は大きいし，最近ではインターネット上での誹謗中傷という形のいじめもある。個人主義よりも集団主義において同調が起こりやすいとされることを考えると，いじめに集団主義という文化的背景が関わっているかもしれない。

い）。

　次に，このことから臨床家として理解しておいてほしいのは，1つの入り口から関わることの限界である。学校，医療現場，企業，地域など，臨床心理士

の活躍する場は多方面にわたるが，そのような現場でクライエントによりよい援助サービスを提供するためには，その現場で働く他の領域の専門家と協働する必要がある。これらの専門家は，臨床心理学とは異なったレベルや入り口（概念）から現象を捉えているであろう。そして，その人たちと協働するために，それら他領域と共有可能な視点から現象を見てみることが必要であり，これは，場合によっては心理臨床で慣れ親しんでいる視点とは異なった見方をすることにもつながる。このような視点の転換は急に身につくことではなく，普段からの頭の訓練が欠かせない。

　また，クライエントの問題解決のためには，専門家・非専門家を問わず，クライエントの周囲の人々と協働していく必要がある。その人たちと話をする際，社会心理学的な概念は，無意識などを用いた臨床心理学的な概念よりは理解されやすい。こちらがいくら説明しようとしても，用いている言葉が難解であれば理解されず，よって協力も得られにくいと思われる。社会心理学では無意識のような概念を持ち出すことは稀で，比較的明確な概念を採用している。社会心理学の専門用語を用いて会話はしていないものの，一般の人でも「○○のせいだと思う」（原因帰属）や「外見で判断する」（ステレオタイプ）など，社会心理学の概念から現象を見ることはよくある。したがって，社会心理学の概念に精通すれば，日常の対人的な現象を社会心理学の概念で記述することが可能である。非専門家の関係者へ説明し，協力を仰ぐためには社会心理学の概念にも精通し，（たとえ表層的であっても）事態を説明していく試みが必要である。

　もちろん，臨床心理学で用いられているすべての概念を社会心理学の概念で言い換えられるわけではないし，臨床心理学的な説明にも意義があろう。また，日本では臨床心理学と社会心理学の接点ができてきたのは近年のことであり，社会心理学の概念を用いて臨床現場で出会う現象をどう説明するのかについては今後の発展を待つこととなるが，そのためには，臨床心理士の教育において社会心理学の持つ重要性を認識してもらう必要がある。以降，臨床心理学の基礎学としての社会心理学の重要性について述べていきたい。

2. なぜ，社会心理学的な視点か

　社会心理学はどのような点で心理臨床の基礎となり得るのだろうか。心理臨床の現場は，クライエントとセラピストという2人の人間の相互作用の場であり，社会心理学の研究から得るところが多い。つまり，クライエントとセラピストとの相互作用は特別な人間関係における相互作用であるが，社会心理学で指摘されているような人間同士の相互作用に関する研究の知見が役に立つことが多い。

[1] クライエントの理解のため

　クライエントとその訴えをよりよく理解するために，社会心理学的な視点は役に立つ。心理臨床では，クライエントとの間にあたたかな雰囲気を作り，クライエントの話に傾聴し共感することでクライエントがセラピストに受容されていると感じ（被受容感），安心して相談内容について語る（自己開示）。セラピストはクライエントの発話や心理テストの結果などからクライエントの精神状態を見立て，適切な介入方法を考え実行する。

　確かに，傾聴，共感，被受容感，自己開示，臨床的介入といったクライエントとセラピストとの相互作用を「感覚として覚える」ことは，臨床的スキルを高めるために必要であろう。しかし，臨床現場で起きているメカニズムについて知的に理解しておくこともまた重要である。なぜならば，感覚的な理解は主観的なものであるため，後述するように，クライエントとの相互作用を認知する際にセラピストの独善的な理解が働く危険性があるからである。これを防ぐためにはクライエントとの相互作用を客観的に理解しておくことが必要であり，対人相互作用に関する社会心理学的な知識が有用である。

1）対人認知における誤り

　クライエントとセラピストの二者間における相互作用を社会心理学の視点から整理してみる。治療場面においては，クライエントが発話し，セラピストはその話に傾聴しながら（注意），クライエントから発せられた情報を記憶にとどめる（対人記憶）。セラピストは言語的な情報のみならず，クライエントの

しぐさ，表情，外見といった非言語的な情報にも注意を払う。これらの言語的・非言語的情報から，クライエントがどんな人だろうかと考えその属性を推測し（帰属，特性推論），クライエントに対する印象を形成する（印象形成）。この際，心理テストの結果などを参考にすることもある。

このように，セラピストがクライエントの内面について考える際，注意，対人記憶，帰属，特性推論，印象形成などの対人認知が介在しているが，対人認知は必ずしも正確に行われるわけではない。すなわち，注意を振り向け記憶にとどめる情報を選択したり，情報からクライエントの属性を推測し印象を形成したりする際に誤りが存在するのである（表 1-2-3 参照）。対人認知における誤りは人間一般に認められるものであるが，訓練を積んだ臨床家も例外ではない（詳しくは Leary & Miller, 1989 を参照されたい）。

臨床場面においては双方向的に対人認知がなされる。したがって，クライエントに対し誤った対人認知をセラピストがすると，その影響はクライエントにも及ぶことになる。たとえば，セラピストがクライエントに対しある一定のイメージを抱いてしまうと，それが誤ったものであってもそのイメージにそった行動をクライエントに期待してしまい，意図的・無意図的にその行動を引き出すような働きかけをしかねない。結果としてクライエントはイメージに合うような行動をとってしまうことになり，誤ったイメージであっても当初持っていたセラピストの期待が「裏づけられる」ことになる。自己成就的予言と呼ばれるこの現象は，教育場面での教師と生徒の関係において見出されており教師期待効果やピグマリオン効果などと呼ばれることもある。

対人認知を正確なものたらしめない原因は，クライエントの側にも存在するかもしれない。すなわち，クライエントの発する情報についても偏りやゆがみが存在し得る。クライエントは情報の一部しか言わないし，クライエント自身の認知の影響を受けているため，発話内容が事実と異なっているかもしれない。また，特定の印象をセラピストに与えるため，偏った一部の情報だけが誇張して言語的・非言語的情報として示されているかもしれない（自己呈示）。クライエントの発話内容を疑っていてはセラピーにならないが，上記のような認知の問題についても脳裏にとどめておく必要はある。

表1-2-3 心理臨床場面で生じ得る認知の誤り（リアリー&ミラー，1989を参考に独自に作成）

誤り	説明
セラピストの要因	
ステレオタイプ的判断，専門家の先入観	クライエントの外見や社会的情報（性別，職業，出自など）からクライエントに対し知らず知らずのうちに先入観を持ってしまう（ステレオタイプ的判断）。また，スーパーバイザーなどの専門家の情報もクライエントの判断に影響する。
光背効果	他者がある側面で望ましい（もしくは望ましくない）特徴を持っていると，その評価を当該人物に対する全体的評価にまで広げてしまう。
投影	自分の考え方や体験にそって，クライエントからの言語的・非言語的情報を解釈してしまう。
直観的意思決定	セラピストは多様なデータ（心理テスト，査定面接，デモグラフィック要因，自己報告など）から，主観的・直観的にクライエントに対する判断をするが，この判断は統計的な意思決定よりも不正確である。
根本的帰属錯誤	他者の内的属性が，その人の行動に与える影響を過大に評価する傾向。クライエントの内的属性のために，問題が生じていると判断しやすく，クライエントのおかれた状況の影響を軽視する。
印象維持帰属バイアス	印象と一致した行動についてはその人の属性に，一致しない行動については外的要因に帰属することで印象が維持される。
停泊効果	最初に印象を形成してしまうと，それと異なった情報が後から与えられても，その情報を活用せず，最初の印象を維持してしまう。ひとたび判断を下すと，それと合致しない情報に注目しなくなる。
信念への固執	ひとたび判断を下すと，そのような立場の基礎となる証拠が全く妥当でないことがわかった後でさえ，最初の印象が捨てきれずに維持されてしまう。
誤った関連づけ	実際には無関連であったり，自分が認める方向とは反対の方向に関連している事象の間に，もっともらしい結びつきを認知してしまう傾向。
事後解釈と「やっぱりそうだったのか」効果	事態が進展した後で，その事態について事後に解釈し，「やっぱりそうだったのか」と，その事態がまるで予測できたかのように考え，実際以上に自分が知識を持っていた（持っている）と考えてしまう。
記憶の改変	記憶想起の誤りや記憶の「ねつ造」などで記憶を修正することで，現在の状況に見合う統合された記憶を作り出す。
ユニークさの尊重―例外を作る	個人のユニークさを尊重して，臨床家は統計データを個人のケースに適用したがらないが，頻繁に例外を許すことで結局は多くの誤りを許してしまう。統計的な確率よりも自分の直観に信頼を置いて，あまり頻繁に「ユニークなケース」を考えることで多くの誤りを犯す。
セラピストとクライエントの相互作用	
自己成就的予言	カウンセリングについての期待が，心理実践に影響を与えてしまう。他者に関する誤った判断に基づいて行動することによって，自分が期待している行動を他者から引き出してしまう。
クライエントの要因	
自己呈示	クライエントの言動は，クライエントについての特定のイメージをカウンセラーにもたらすために行われることがあり得る。

2）臨床場面での認知の誤りを防ぐには

　臨床場面で起こり得る認知の誤りについて述べてきたが，このことで臨床家を責めるつもりは毛頭ない。重要なのは，臨床家自身が認知の誤りに自覚的になることと，それを防ごうと努力することである。以下にリアリーとミラー（Leary & Miller, 1986, 安藤ら訳, 1989）をもとに5つの方策を挙げる。

　(1) 対人認知の誤りを自覚し，それを修正するための言葉を銘記しておく（例：「独善的な判断に注意し，客観的・実証的に考えること。直観ではなく，事実をもとに考えるよう努めること」「根本的な帰属の誤りに要注意」）。

　(2) 例外を多く作り独自の判断で誤りを犯さないために，確率や統計的なものの考え方も取り入れる。

　(3) 対立する立場にあるもっともらしい説明を考え出し，臨床家が持つ信念への固執や自信過剰を補正する。

　(4) 主観的，直観的に行われる自動的な判断を避けるため，臨床的判断を下す際に，そう判断する根拠を考え書き出す。

　(5) 第一印象が形成されるとそれがその後の情報の解釈に影響するので，判断をあえて遅らせることも考える。

　上記の方策はいずれも意識的な注意を払わなければ行うことができない。臨床家が「心の専門家」であるためには，対人認知の誤りに気づき，意識的努力を払って欠点を克服することが求められよう。

　臨床場面ではしばしば「参照枠」を用いてクライエントを理解しようとするが，これは，特定のスキーマにそってクライエントを認知するものであり，対人認知の誤りが発生し得る。だからこそ，どの参照枠を用いるかの判断に際しては，直観ではなく客観的な事実を用い，現場では仮説検証的な働きかけもする必要がある。また，既に実証的なデータをもとに提案されている社会心理学的な病理モデルについて知り，そのモデルとの当てはまりなどを考えていくのも，クライエントとその問題を客観的に捉えるための一助となる。

[2] 専門家の視野狭窄の回避
1）臨床心理士の教育プログラムの問題

　詳しいことは後に述べるが，人間の心を扱う専門家にとって人間に対する視

野が狭くなること，すなわち1つの視点（代表的なのは精神内界に入り込む臨床心理学的視点）だけから，クライエントの心の問題や悩みについて考えていくことは危険である。そして，この視野狭窄を避けるためには，社会心理学的な視点からバランスをとることが一つの解決策として考えられる。臨床心理士の資格を得るためには，臨床心理士養成の指定校認定を受けている大学院の修士課程を修了していることが最低要件となっている。大学院における臨床心理士の教育プログラムでは，臨床心理学の他にも，認知心理学や社会心理学，発達心理学などについても修得するようになっているが，それらは必修ではなく，基礎心理学領域の修得については十分とは言えない。心理臨床の仕事が人間に関する仕事である以上，人間の心理について広く知識を有していることは専門家として必要とされることであるが，現在の教育プログラムでは十分にカバーしているとは言い難い。専門家としてのスキルを向上させるためには，資格取得後の教育で各自がカバーしていくしかない。

　しかし，臨床心理士を取得した後の教育となるとさらに貧弱である。たとえば，2005年に開かれた日本心理臨床学会第24回大会のワークショップを見てみる。医療領域，学校臨床，産業領域，学生相談という4つの活動領域で他職種との協働をテーマにしたワークショップが開かれたり，「基礎コース」として研究，倫理，法律，薬物などのワークショップが取り上げられている点は評価できるが，これらはごく一部であり，心理臨床に関する内容が多数を占め，こちらの方が受講できる人数も桁違いに多い。確かに，新しい相談技法を身につけたり，心理検査の技術を向上させることは心理臨床の専門家としてのスキルを向上させるためには必要である。専門性が高くなれば，現象を理解するための枠組み（スキーマ）が精緻化し，素人では捉えることのできない情報を捉え処理し，適切な反応をとることができるようになる。しかし，専門性が高まるということが，スキーマの硬直化につながり，現象を捉える作業の自動化と視野狭窄につながるとすれば，人間の心を扱う専門家としては問題がある。

2) 専門家のコメント

　一つ例を挙げる。表1-2-4に，ある事件についての専門家のコメントを載せた。この事件は，小学校6年生の女児が同級生（1学年1クラスであったため同じ学級）の女児を学校内で刺殺したというショッキングな事件であり，心理

表1-2-4 事件に対するコメント (朝日新聞, 2004年6月2日, 朝刊)

高橋紳吾・東邦大助教授（精神医学）	小学校6年生の女子は思春期特有の心の乱れが原因で、突然反目し合うことがある。（中略）心の乱れを解消するのに、（中略）、女子は陰口を言うなどするのが普通で、刃物を取り出すのはかなり異例だ。よほど耐えきれない衝動があったのだと考えられる。
国立教育政策研究所指導研究センター 滝充総括研究官	今の子どもは、人が死んだり殺されたりする情報に頻繁に接し、知識としてわかっているが、意味を実感する体験が欠けている。その点で、今回の事件はいつどこで起きてもおかしくないと思う。（後略）。
「学級担任手帳」の著者で、東京の東大和市立第一小教員 白須富夫氏	高学年の女子児童はグループ化しがちで、小さなきっかけでトラブルも起きやすい。学年1学級の狭い人間関係では、一度こじれたら修復は難しい。（中略）。こうした集団づくりがこのクラスでどこまで進んでいたのかなどが知りたい。

　臨床の専門家ならずともなぜこのような事件が起きたのか，考えざるを得ない出来事であった。表1-2-4のコメントは，この事件の翌日に掲載された新聞における専門家のコメントの要約である。ご覧のように，同じ事件であっても専門家による分析は見事に異なっている。すなわち，精神医学や臨床心理学のようにおもに個人の心理や精神内界を扱う学問の専門家は，刺殺した女児の心理に焦点を当てたコメントをしている。個人に焦点が当てられたため，おそらく「刺殺した女児」と「大勢の無関係な児童」との対比がなされ，結果として「刺殺した女児」が特異な存在であり，「異例のこと」という解釈になったのだろう。一方，社会学的な見方をする専門家にとっては，ひとりの児童の心理に焦点を当てるよりも，児童や学校を取り巻く社会的な環境に注目する方が自然なことであろう。その場合，刺殺した女児ではなく，この事件を生み出した社会的な環境が問題視されることとなる。社会的な影響は多くの個人に広く及ぶと仮定すると，その女児は特異な存在ではなくなり（いわゆる氷山の一角），同様の出来事は「どこでも起こり得る」と考えられることになる。また，小学校の教員では，特定の児童にも目を向けるであろうが，むしろ担任をしている学級全体のマネジメントに関心が向くであろう。その視点からすると，その学級全体で何か問題があったのではないか，学級運営がよければ問題を防ぐことが可能であったかもしれないと考えても無理はない。

　無論，新聞にコメントを載せられた専門家が視野狭窄になっていると言いたいわけではない。「○○の専門家として」コメントを求められたためそのよう

なコメントをしたのかもしれないし，記者が「○○の専門家」らしいコメントだけ抜き出して記事にしたのかもしれない。ここで言いたいのは，専門家になることには，専門家として現象を捉えるための枠組みの精緻化を伴うが，よりよく見えてくることがある反面，見えなくなることがある可能性も生じるということである。

3）臨床家を待つ「危険な陥穽」／臨床家自身が持つ「危険な陥穽」

　心理臨床の専門家となると，程度の差はあれ，クライエントの心理にまず第一に注目を払うことになろう。場合によっては，クライエントの精神内界に注目し，クライエントがうまくいっていない理由をクライエントの内部に求め，クライエントの「問題」の解決を図ろうとする。

　個人の内部に原因を求めるこの考え方は，旧来日本で行われてきた代表的な臨床心理学的な現象の捉え方であり，それなりの意味を持つかもしれない。しかし，この考え方に偏るのは危険である。心理臨床の専門家になっていく際の危険な陥穽にはまらないようにしたい。また，専門家自身が落とし穴を持っており，それがクライエントに被害を及ぼすことにもなりかねない。では，何が「危険な陥穽」なのだろうか。

　話を先ほどの事件に戻す。確かに，少女には強い衝動があったかもしれないし，人間関係や心の乱れには何らかの親子関係の葛藤が隠れているかもしれない。生育歴を遡れば，親との確執の1つや2つはおそらくどこの家庭でも出てくるだろうし，それが子どもの無意識に影響を与えなかったことを証明することはできない。同様に，社会に問題があるという議論も可能である。確かに死の意味を身近に体験する機会が減っていることはよく言われることであるし，これが事件の背景にあるという意見もあり得よう。このように両者の視点はわかりやすいが，それだけで十分説明できるだろうか。はたして，我々は常に自分の精神内界の衝動に動かされて行動したり，あるいは社会の影響を受けて多くの人が同じ指向性を持って行動したりするのだろうか。

　社会心理学では，上記の2つの折衷的な見方をする。すなわち人の行動は，状況と人の特性の相互作用で決まると考える。たとえば先ほどの事件では，友だちに嫌悪感を持っていたとしても，凶器や無人の教室という状況的要因がなければ凶行には及ばなかったであろう。「あたりまえだ」と感じる人が多いだ

ろうが，このあたりまえの要因を我々は見過ごしがちである。人間の行動や感情は，その人の特性（個人的要因）によっても決まってくるが，状況の影響も大きく寄与しているのである。

　一般に人は「状況の力」を軽視しがちで，特に他者の行動については，その原因をその人の内的属性のせいにしやすいことが知られている（根本的帰属錯誤）。もし，セラピストがクライエントの行動の原因をその人の性格や無意識に原因があると考え，「状況の力」を軽視しているとしたら，クライエントの問題をより正確に把握していると言えるだろうか。クライエントの悩みや問題は，クライエントの内的属性だけが原因ではなく，彼／彼女が置かれた状況との関係で発生してくるものである。よって，人と状況の両方の要因を考えるという社会心理学的な視点が，クライエントの訴えについて偏りなく理解するためには必要である。人は，常に周囲との関係や状況を考慮に入れながら行動するわけで，その人の内面に深く入っていくだけでは，重要な側面の1つしか見ていないことになる。クライエントの内面に焦点を当てる必要があるときには，以下の点に留意し，クライエントが不利益を被らないよう留意すべきである。

・クライエントの内面に過度に焦点を当てると，社会から切り離してクライエントの内部に原因を求めることにもなりかねない。クライエントを悩ます環境にこそ問題がある場合もあり，その可能性を排除すべきではない。

・精神内界へのこだわりは，クライエントに偽りの記憶を作らせてしまい，かえって問題を複雑にさせてしまう危険性も秘めている。たとえば，幼少期の親との葛藤に問題を求め過ぎるために，ありもしなかった「虐待の記憶」をクライエントに作らせてしまい，訴訟にまで発展したケースが米国では報告されている（例：Klerman, 1990）。

・臨床心理学や精神医学の周辺領域では，無意識についてさほどの関心を示していない。確かに，精神内界からの考察は臨床心理学の専門性を示すためには必要かもしれないが，他の領域からすると難解で取っつきにくい。したがって，精神内界への過度のこだわりは他領域との連携を妨げ，セラピストが孤立する危険性がある。

　精神内界を扱うことの効用はあるだろうが，過度にこだわった場合の副作用を認識されたい。だからこそ，精神内界を扱うことにこだわらず他の技法との

折衷を図ることも重要なのである。

[3] 時代の要請：エビデンスと説明
1）メンタルヘルスに対する意識の高まり

　次に考えなければならないのは，時代の流れである。まず，心の問題に関する一般の人の意識が上がってきており，一般の人が持つメンタルヘルスについての知識も以前に比べて豊富になってきている。例としてメンタルヘルスに関する教育について見てみる。高校の「保健体育科および体育科」については，平成15年度から新しい指導要領に移っているが，その解説書の中で改善の基本方針として，「生活習慣の乱れやストレス及び不安感が高まっている現状を踏まえ」と，メンタルヘルスに関する社会の変化を受けた改訂であることを述べている（文部省，1999）。そして，保健科について「近年の成育環境，生活行動，疾病構造等の変化に関わって深刻化している心の健康，（中略）に関する問題等について対応できるようにする」と改善の基本方針を述べ，具体的事項の中で「心の健康に関する内容については，自己の可能性を最大限に生かして自己を高めていくことの大切さや欲求，ストレスへの対処に重点を置く観点に立って，内容の改善を図る」としている。

　実際，以前は中学・高校の保健体育の教科書には，心の健康に関する内容はほとんど掲載されていなかった。しかし，新しい学習指導要領のもとで作成された教科書では「現代社会とストレス」「ストレスへの対処法」（いずれも高校生用教科書『明解保健体育』（石川ら，2003）），「欲求やストレスへの対処」（『中学保健体育』（森ら，2003a）），「不安やなやみをかかえたとき」（小学5，6年生用教科書『みんなの保健』（森ら，2003b））などの項目をたてて説明が行われている。

　人々のメンタルヘルスに関する知識は以前より確実に増えているが，このことは，クライエントがカウンセリングを受けることに自覚的になり，よりよい心理療法を受けるための行動へとつながってくるだろう。身体疾患の治療に関しては，身体の病気や健康に関する情報が行き渡ったり，医療ミスが報道されたりしたことで患者の意識が高まり，実証（エビデンス）に基づく医療が志向されるようになり，医師によるインフォームド・コンセントやカルテの開示が

進んだという流れがある。同じことが，心理療法において起こらないはずがない。現在のところ，心理療法の内容が間違っていたということでクライエントがセラピストを訴えた例は，筆者の知る限り日本では存在しないが，米国では前例がある（Klerman, 1990）。クライエント自身が，メンタルヘルスに関する知識を持つようになってきており，今後日本でもクライエントがよりよい心理療法を求めて行動することは考えられる。

　「よりよい心理療法」とは何か定義することは難しいが，クライエントの立場から考えると，身体疾患における治療と同様，治療における「インフォームド・コンセント」と「治療効果のエビデンスの参照」は最低要件であろう。すなわち，まず，どのような技法を使って，どのような方針で治療を進めていくか，どのくらいの費用がかかるかなどをあらかじめクライエントに伝えておくことが求められる（インフォームド・コンセント）。もちろん，クライエントの問題を解決するために最良の治療を行うことは，治療契約を結ぶ際の暗黙の了解事項である。したがって，クライエントの問題を解決するためにどの技法が効果的であるかをセラピストは知っておかなければならない。そして，ある技法が効果のあることがわかっている場合，その事実をクライエントに告げ，その技法を用いることを話し合うことになる。もし，クライエントの状態を考え，その技法に代わる技法を用いた方が適切だと判断した場合は，なぜそう考えるのかを説明する必要がある。このような手続きをせず，セラピストの興味本位で治療を行うとしたら，クライエントを蔑ろにした行為と言わざるを得ない。クライエントのことを真に尊重するのならば，今述べたようなインフォームド・コンセントの手続きは欠かせない。

2）認知行動療法と社会心理学

　現在のところ，心理療法の効果が多く出されているのは認知行動療法である（丹野，2001を参照）。そして認知行動療法を習得する際には，社会心理学的な考え方が重要である（Beck, 1991; 伊藤，2007）。認知行動療法では，環境・他者と個人（クライエント）との相互作用，およびクライエント内部での相互作用（すなわち感情・行動・認知・身体の相互間での作用）を検討するが，この考え方はこれまで述べたように社会心理学の考え方と共通する。

　さらに，どのようにして精神疾患になったのか，どうすれば抜け出せるのか，

といった病理メカニズムの説明と研究が社会心理学から多数なされており（例：Kowalski & Leary, 1999, 安藤・丹野訳, 2001; Snyder & Forsyth, 1991; 坂本ら, 2005; 丹野・坂本, 2001），中にはたとえば原因帰属に焦点を当てた介入方法のように心理療法に活かされているものもある。社会心理学モデルは，明確に定義された概念を用いており一般の人にもわかりやすく，したがってクライエントへの説明にも適している。クライエントがどのようにして精神疾患になったのかを理解することができれば，どうすればそうならないのかについて自分自身で考え，結果として回復や再発への方略も立てやすくなるだろう。また，どのようにしてそうなったのかについて，クライエントとセラピストの間で共通理解ができれば，回復に向けてともに努力する関係を作ることができ，治療への動機づけも高まるだろう。クライエントのセルフコントロールを重視したこのような考え方は，クライエントの無意識をセラピストが解釈するというやり方では難しいであろう。自己や対人関係についての有用な概念や理論がたくさん提出されている社会心理学が，力を発揮するケースである。

3. まとめ

本章では，心理臨床において社会心理学における知見を基礎的な知識として持っておくことの重要性について述べた。社会心理学と臨床心理学とは別々の領域であるが，ともに対人的なことを扱う領域であり，協力していく潜在的な可能性は大きいと思われる。最近ではこの2つの領域に懸かる書物が出版されているが（巻末の図書紹介参照），日本ではまだこの2つの領域の間には大きな隔たりがあるように思える。その一つの理由として，臨床心理学において社会心理学が重要視されていないという点があろう。社会心理学からの働きかけは既に行われているが（例：坂本, 1997），今後は臨床心理学専攻者からのアプローチを盛んに行う必要がある。

文 献

朝日新聞　2004年6月2日朝刊
安藤清志　1995　社会心理学の視点．安藤清志・大坊郁夫・池田謙一（著）　現代心理学入門〈4〉社会心理学．岩波書店．pp.2-14.

Beck, A. T. 1991 Cognitive therapy as the integrative therapy. *Journal of Psychotherapy Integration*, **1**, 191-198.
石川哲也ら 2003 明解保健体育．一橋出版．
伊藤絵美 2007 臨床心理学からみた臨床社会心理学―認知行動療法の実践から考える．坂本真士・丹野義彦・安藤清志(編) 臨床社会心理学．東京大学出版会．pp.205-213．
Klerman, G. L. 1990 The psychiatric patient's right to effective treatment: Implications of Osheroff v Chestnut Lodge. *American Journal of Psychiatry*, **147**, 409-418.
コワルスキ, R. M., & リアリー, M. R. 1999 安藤清志・丹野義彦(監訳) 2001 臨床社会心理学の進歩．実りあるインターフェイスをめざして．北大路書房．
リアリー, M. R., & ミラー, R. S. 安藤清志・渡辺浪二・大坊郁夫(訳) 1989 第8章 臨床的推論．不適応と臨床の社会心理学．誠信書房．
文部省 1999 高等学校学習指導要領解説 保健体育編 体育編．東山書房．
森 昭三ら 2003a 中学保健体育．学習研究社．
森 昭三ら 2003b みんなの保健 5・6年．学習研究社．
大橋英寿 2005 第15章 臨床社会心理学へ向けて．大橋英寿・細江達郎(編) 改訂版 社会心理学特論：発達・臨床との接点を求めて．放送大学教育振興会．pp.269-285．
坂本真士 1997 自己注目と抑うつの社会心理学．東京大学出版会．
坂本真士・丹野義彦・大野 裕(編) 2005 抑うつの臨床心理学．東京大学出版会．
Snyder, C. R., & Forsyth, D. R. 1991 *Handbook of social and clinical psychology: The health perspective*. New York: Pergamon Press.
丹野義彦 2001 エビデンス臨床心理学―認知行動理論の最前線．日本評論社．
丹野義彦・坂本真士 2001 自分の心からよむ臨床心理学入門．東京大学出版会．

3

基礎学としての認知心理学

伊藤絵美

1. 認知心理学と臨床心理学のインターフェース

[1] 認知心理学の最近の動向

　心理学において，20世紀前半は行動主義が研究をリードしてきたが，1970年代に，強化の随伴性への気づき（すなわち認知）が学習効率に影響を与えることが実験的に確かめられた頃より，実証主義心理学の焦点は，行動から認知にシフトした。また1950年代に生まれた情報処理アプローチが，1970年代には"認知科学"という新たな学問領域として確立された。認知科学の誕生は，コンピュータ科学の発展に負うところが多い。つまり認知科学では，人間をコンピュータ同様に"情報処理システム"として捉え，様々な認知構造や認知過程をモデル化し，これをコンピュータで再現しようとしたのである（コンピュータ・メタファー）。認知科学は学際的学問であるが，その一端を担うのが認知心理学である。以上をまとめると，認知心理学とは，情報処理アプローチに基づく実証研究を通して，人間の心をモデル化しようとする学問であると言える（伊藤, 1993；Mandler, 1985）。
　コンピュータ・メタファーを用いての情報処理アプローチによって飛躍的な発展を遂げた認知心理学であったが，そこで扱われた認知は，固定的な構造を有する自己完結的な中央制御システムとしての認知であり，研究が進めば進むほど，認知をそのように捉えることによる自己矛盾が認識されるようになり，その結果，当初のコンピュータ・メタファーや情報処理アプローチを超えた新しい認知心理学研究が生み出された。実験室ではなく日常生活での認知を直接

扱おうとする"日常認知研究"や，現場での学習や仕事における実践を直接支援するための"実践支援研究"がそれである。

日常認知研究は実証的な視点を保ちながらも，社会に生き，普通に生活する人間の有りようを，生きたモデルとして表現しようとするものである。つまり，より生態学的妥当性の高い研究を目指すのである。海保（1997）は，日常認知活動に関与するのは，計算論的な"冷たい認知"ではなく，知情意が渾然と融接した"温かい認知"であるとして，情動と認知の相互作用を研究する重要性を強調している。また実践支援研究は，実証的に精緻な裏づけが十分でないモデルでも，あえて実践の場で使ってみて，その結果をモデルにフィードバックして精緻化を進めるということを目指すものである。たとえば堀（2004）は，買い物における店員と客の会話といった日常的な場面において創造的認知プロセスが働いていることを確かめ，そのようなフィールドワークから得られた知見を創造活動支援ツールの開発に結びつけるための研究を行っている。このような認知心理学の新たな研究の流れは1980年代半ば以降に起きており，"認知革命の第二波"と呼ばれることもある（都築, 2002）。都築（2002）は，認知革命の第二波の特徴として，コネクショニスト・モデルの発展，認知を創発（emergence）として把握しようとすること，頭の中の処理と外界との相互作用の重視，感情や社会的文脈の重視などを挙げている。1980年代または1990年代以降の認知心理学におけるこのような変化については，他の多くの認知心理学者も同様に指摘している（たとえば，鈴木, 2004a）。

[2] **臨床心理学の最近の動向**

一方，わが国の臨床心理学は，実証主義とは別の視点から展開されてきた。具体的には精神分析的心理療法，ユング派，ロジャーズ派などであるが，特に日本ではそれらのアート的側面が強調されることが多く，現在でもその傾向が強くみられる（丹野, 2001）。しかし1990年代以降，精神医学では「実証（エビデンス）に基づく医療」が欧米でも日本でも提唱され（古川, 2000），欧米ではその動きに応じて，「実証に基づく臨床心理学」が提唱されるようになり，たとえば米国心理学会（APA）の臨床心理部会では，実証的な効果研究の結果に応じて，治療法・援助法に関するガイドラインを作成し，改訂を続けている

(Crits-Christoph et al., 1995)。一方，日本の臨床心理士のほとんどが所属する日本心理臨床学会で，そのようなガイドラインを作成するという話は聞こえてこない。

　しかしわが国でも，ごく少数のユーザーが心理療法を受けていた過去と，社会で幅広く臨床心理学的援助サービスが求められる現在では，状況が異なる。臨床心理士は，自分の提供するサービスについて，社会の人々にわかるような言葉で説明し，その効果を自ら検証していかなければ，社会からの信頼を得ることはできないだろう。また効果が実証的に示されている手法を習得し，現場で実践できるように努めることは，職業倫理という視点からは必須である。したがって臨床心理士は，科学者－実践家モデルに則り，実証に基づく臨床心理学を実践する責任を負うものと筆者は考えるが，上記の通りわが国の臨床心理学領域において，このような考え方は少数派であるらしい。それでも特に若手の臨床心理士を中心に，エビデンスが示されている援助法を習得したいという意欲は，少なくとも10年前に比べればかなり高まってきており，臨床心理士の中でも依然としてアートにとどまり続ける立場と，アートを大事にしつつもサイエンスを重視する立場との二極化が進んでいるというのが，現状であろう。筆者は後者の立場にたっており，認知心理学や社会心理学といった実証的で基礎的な学問領域と，臨床心理学とのインタラクションを今後もっと進めていくべきだと考えている。

　そこで本論では基礎学としての認知心理学と臨床心理学とのインタラクションについて具体的に論じるために，数ある心理療法の中で最も実証性を志向していると思われる"認知行動療法（Cognitive Behavior Therapy: CBT）"をテーマとして取り上げることにする。

[3] 認知行動療法の基礎学としての認知心理学

　認知行動療法（CBT）とは，うつ病の治療から端を発したアーロン・ベックらの認知療法と，学習理論に基づく行動療法から発展したものとの総称である（Beck, 1976；坂野, 1995）。治療効果研究を積極的に行いそのデータを示してきたCBTは，上記の「実証に基づく医療」を重視する傾向もあって，現在世界的に注目されている治療法である。特にうつ病性障害や不安障害に対して効

果的であることが知られており，最近ではインターネットの普及も相まって，クライアント側から「認知行動療法を受けたい」と要望されることも，さほど珍しいことではなくなってきた。

ところで「実証に基づく臨床心理学」としてCBTなどの心理療法を検討する場合，実際には次の3点のそれぞれについて実証的な裏づけが必要であると筆者は考えている。

① 治療理論，治療モデル，治療プロセスといった治療法全体に対する実証的な裏づけ。
② 各疾患モデルに対する実証的裏づけ。および，モデルから導き出される治療技法に対する実証的な裏づけ。
③ 治療効果に対する実証的な裏づけ。

CBTが注目されるきっかけとなったのは，無作為割付比較試験やメタアナリシスといった質の高い治療効果研究によって，③の治療効果に対する実証的な裏づけが示されたことによる。また異常心理学におけるアナログ研究は，②の疾病や症状を認知行動モデルによって説明することにおいて，かなりの成功をおさめていると言ってよいだろう（例：クラーク（Clark, 1986）らによるパニック障害の認知行動モデル）。しかし上記①について，すなわちCBTの理論やモデルやプロセス全体に対する実証的な裏づけは，今現在なおCBTにおいて不足している側面だと筆者は考えている。つまりCBTの全体を包括するような認知行動理論に対する実証的な裏づけや，そこから導き出される全体的な治療モデルや治療プロセスに対する実証的な裏づけを，CBTは現時点で明確に提示しきれていないのである。このことはうつ病に対する認知療法を，臨床的経験をベースにして構築したベック自身が認めていることでもある（Beck, 1991）。

ある体系的な心理療法の効果が実証的に示されていることと，その療法における理論やモデルそのものが実証的に裏づけられていることは，別々に検討されるべきである。そして筆者はそこに，認知心理学や社会心理学，発達心理学といった基礎学の価値があるのではないかと考えている。CBT全体の基礎と

なる理論は，実証的にどのように裏づけられるのか？　CBTが依拠する認知行動モデルは，実証的にどのように裏づけられるのか？　CBTにおける一般的な治療プロセスは，実証的にどのように裏づけられるのか？　CBTにおける主要な技法は，実証的にどう裏づけられるのか？　……といったことについて貢献できるのが，実証的な基礎心理学であると思うのである。そしてクライアントの認知に治療の焦点を当てるCBTの場合，認知心理学を特に重要な基礎学として活用することが，CBT全体の実証的な裏づけの厚みを増すことにつながると考えるのである。

　このときに役に立つと思われるのが"記述モデル descriptive model"と"規範モデル normative model"という概念である。CBTの主要なアプローチの一つである問題解決療法を提唱したズリラは，彼らの問題解決理論と認知心理学における問題解決研究とは別であると述べている（D'Zurilla, 1986）。その理由は，認知心理学の実証研究は，あくまでも実験室研究であり，我々人間の現実的な日常生活に即していないからであるということである。また認知心理学で示しているのは，「人はどのように問題を解決しているのか」という記述モデルであり，問題解決療法で示しているのは，「人はどのように問題を解決すればよいのか」という規範モデルであるので両者は異なる，ということである。

　しかし先述したとおり，認知心理学における研究自体が生態学的妥当性の高い日常認知を志向し始めていること，科学者－実践者モデルに沿って研究や臨床を行う認知行動療法家自身が，CBTは今後さらに実証的心理学とのインタラクションを図るべきだと考えるようになっていること（たとえば，Beck, 1991；Clark & Fairburn, 1997）を考えると，認知心理学の成果をCBTの理論やモデルに取り入れる方向で進めていくことが，両者にとって有益であると思われる。実際，認知心理学研究で示された理論とCBTにおける理論に，決定的な相違点や矛盾点は見当たらない。そうであれば両者の統合を積極的に図ることを検討してみてもよいのではないだろうか。

　また上記のとおりズリラは記述モデルと規範モデルの違いを挙げて，認知心理学とCBTを区別するべきであると主張しているが，筆者はむしろ認知心理学によって示された記述モデルを，CBTにおける規範モデルとして取り入れることを提案したい。なぜならCBTにおいて治療目的としているのは，"自己

実現"といった抽象的な理想像ではなく，"クライアントが日常生活で普通に機能できるようになること"という，ごく現実的で常識的な状態像である（伊藤,1993）。とすれば，認知心理学において描かれる"普通の人間のあり方"がCBTを通じて回復されれば，それで十分であると言える。このように考えると，認知心理学における記述モデルを，CBTにおける規範モデルとして定式化する可能性が見えてくる。図1-3-1に，以上述べてきた認知心理学とCBTとのインタラクションについて示したので参照されたい。

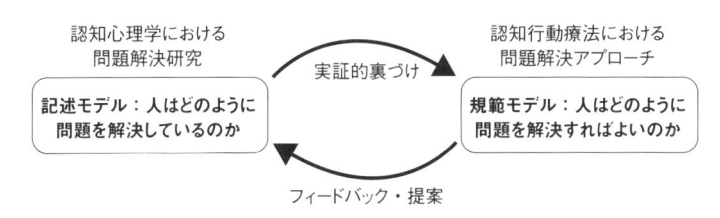

図1-3-1 認知心理学と認知行動療法のインタラクション
※記述モデルは規範モデルに実証的な裏づけを提供し，規範モデルに基づく実践の結果，現場からのフィードバックや提案が記述モデルに提供される。

[4] 問題解決というテーマ：基礎と臨床のインターフェース

認知心理学の研究といってもその具体的テーマは多岐にわたる。その中でも筆者が注目するのは，"問題解決"というテーマである。認知心理学における問題解決研究は，最も研究が蓄積され，成果を上げている領域の一つであり，一般理論と呼べるほどの理論やモデルがある程度構築されている。また後述するように，CBTでも"問題解決"は上位概念として重視されている。そこで本論ではこの後，認知心理学とCBTのインターフェースとしての"問題解決"というテーマについて具体的に論じていくことにする。

まず次節では，認知心理学における問題解決研究について簡単に概観する。そしてその次の節では，CBTの理論やモデルや技法の実証的裏づけとして，認知心理学における問題解決研究をどのように援用できるか，といったことについて述べたい。

2. 認知心理学における問題解決研究

[1] 問題解決の一般プロセス

　認知心理学における問題解決研究は，人間を"問題解決型の情報処理システム"と定式化することから始められ，問題解決のプロセスそのものに研究の焦点が当てられた。その際に扱われたのは，【知識をあまり必要としないが，解決するのに複数のステップを必要とする課題】である（例：パズル解き）。この種の課題は，洞察課題とは異なり，解決の鍵となる唯一のステップが存在するわけではない。したがって問題解決に成功するかどうかは，正しいステップの積み重ねができるかどうか，すなわち問題解決のプロセス全体にかかってくる。このような単純な課題が実験室において集中的に扱われたことにより，人間の問題解決の基本的なプロセスが明らかになった。

　これらの研究は1970年代半ば頃まで活発に行われたが，特に『Human Problem Solving』は，問題解決の心理学の記念碑的な著作と言われている（Newell & Simon, 1972）。ニューウェルとサイモンが構築した理論やモデルは，その後のすべての問題解決研究の基礎となったと言っても過言ではない。彼らの研究によって，問題解決に関わる認知のタイプが区別された。その中でも特に重要なのが，問題解決のプロセス全般を，"問題の理解"と"解決法の探索"という2つの下位過程に区別したことである。そして，"理解"と"探索"にもそれぞれの下位過程があり，それらの連鎖によって最終的に問題が解決されることが示されたのである。

[2] エキスパートに関する研究

　その後，【解決には相当の知識が必要だが，その知識の範囲が明確である課題】に研究の焦点が移行した（例：物理学，チェス）。その結果盛んになったのが，"エキスパート研究"である。具体的には，①エキスパートの問題解決の特徴，②初心者がエキスパートに成長していく過程（熟達化），の2点が主な研究対象であった（たとえば，Chi et al., 1982）。

　その結果明らかにされたエキスパートの問題解決の特徴を以下に列挙する

（伊藤，1993）。：●あくまでも"問題の理解""解決法の探索"という2大ステップを踏む。●問題の理解時に精緻化を行う。●解決法の探索時には，"前進方略"を用いる（初心者は"ヒューリスティックス"や"後向き方略"を用いる）。●メタ認知が非常に効いている。●問題領域におけるスキーマを豊富に持ち，スキーマ駆動型の問題解決を行う。

また，エキスパートになる過程（熟達化）について明らかにされたことを以下に列挙する（伊藤，1993）。：●10,000時間程度の経験時間を要する。●問題解決後の"ルール帰納""教訓帰納"といったフィードバック作業を通じての，学習経験の"正の転移"が不可欠である。●①豊富な宣言的知識，②それが手続き化された手続き的知識，③それらの進行を制御するメタ認知的知識，の3種類の知識が，スキーマとして内的構造化されることが必要である。

[3] 協同的問題解決

人は仕事や生活において，たった一人で問題解決をするよりも，他者と協同して問題解決を試みる場合のほうが多いだろう。生態学的妥当性の高い研究が志向されるにしたがって，認知心理学における問題解決研究では"協同"というテーマに関心が寄せられるようになり，協同的問題解決（collaborative problem solving）については今現在も非常に活発に研究が行われている（植田・岡田，2000）。実際には，"一人で行われる問題解決と，協同的問題解決にはどのような違いがみられるか""どのような条件が満たされると，協同的問題解決はうまくいくか"といった問いに基づく実証研究が行われている。

たとえば白水らは"ある折り方で折り紙を折るように"との課題を，一人の被験者とペアの被験者に与え，その解決過程を比較検討した（Shirouzu et al., 2002）。その結果，ペアの被験者のほうが正答率が高く，その際，"一人が課題遂行するときにもう一人がモニター役を担うという役割分担が起きている""問題解決過程を見て解釈せざるを得ない立場に置かれるモニター役が少しだけ抽象的な解釈を持ち込む""課題遂行役とモニター役が頻繁に入れ替わることにより抽象度の異なる解が複数生み出される"といった現象が起きていることが確かめられた。三宅（2004）は協同的問題解決を促進する条件として，"一人一人が考えていることを外化すること""課題遂行とモニターの役割分担

が起きていること，また役割の入れ替わりがあること""たくさんの解をまとめ上げるきっかけや仕組みがあること"などを挙げている。他にも協同的問題解決場面において，"問題を中心に説明を構築するための対話（理解しがたいと思う点や疑問点を挙げ，それに回答するような説明を考え出す対話）"は，たとえば"自分の考えを確証するための対話"や"既有知識をまとめるための対話"に比べて，仲間同士で新たな理解を構築するといった望ましい結果をもたらすことが確かめられている（Chan, 1996）。

[4] 洞察に基づく創造的問題解決

　生態学的妥当性の高い問題解決研究が志向されるに伴って，協同的問題解決と同じく注目を集めているのが，"洞察的問題解決""創造的問題解決"といったテーマである。当初は神秘的で実証研究の対象とはならないと考えられていた"洞察""創造"といった現象が，実証研究の俎上で扱われるようになり，また実際に研究をしてみると，それらの現象も日常的な認知過程として定式化が可能であるとの認識が，研究者のあいだでは共有されつつある（鈴木，2004a）。

　たとえば堀（2004）は先述のとおり，研究データから構築したモデルを，創造活動支援ツールの開発に結びつけるための実践的な研究を行っている。たとえばそこで見出されたのは，ユーザーのメンタルワールドを再構築させるようなツールが有用であるといったことである。また鈴木（2004b）は洞察的問題解決の初期においては多様なアイディアと試行が有用であるが，その際，多様性が単なるでたらめに陥らないために，ゴール（目標）に基づく評価が重要であること，ゴールが紙などに外化されていると適切な評価が起きやすいことなどを，洞察的なパズル課題を用いて実証的に確かめている。

[5] 日常生活における問題解決

　これまでに述べてきたとおり，認知心理学では1980年代後半以降，生態学的妥当性の高い研究が志向されるようになっているが，これまでに紹介したように，そのような研究においても実際に用いられる課題の多くは，折り紙やパズルといったシンプルなものである。つまり日常生活における人間の問題解決

について，一般理論が構築されるまでには至っていないということである。しかし多くの問題解決研究者は，日常生活を扱う必要性を述べるとともに，その特徴についても指摘している。それらをまとめると，日常生活における問題は，実験室課題と異なり構造化されていないことが多く，解決の際，経験的な手続き的知識が状況に応じて直接働くことが多い。日常生活の問題解決には，外的な制約が課されていたり，割り込み型であることが多いが，逆に他人や道具や書物など，外部から援助を受けて自分の解決能力を補うこともできる。さらに日常生活の問題解決においては，認知システムだけでなく，行動，情動，生理といった他の内的システムとの相互作用がより活発に行われる。また日常生活においては，安定した生活秩序自体を維持することが解決課題として考えられる（伊藤，2000）。

　このように日常生活の問題解決は，これまでの実験室研究と共通する点と異なる点があると考えられるが，異なる点については今後の日常認知研究の成果を待ちたい。ただし，これまでの問題解決研究で実証的に明らかにされた点については，日常生活の問題解決に対しても適用できると考えられている（安西，1982）。

［6］問題解決研究における人間観

　問題解決研究の嬉しい"副産物"として，"ポジティブな人間観"が挙げられる。すなわち人間の問題解決，特にエキスパートだけでなく普通に日常生活を送っている普通の人間の問題解決を研究すればするほど，人間が問題解決システムとしていかに優れているか，ということが浮き彫りになり，それを多くの研究者が指摘しているのである。たとえば安西（1985）は，問題解決者としての人間の機能的な特徴を，次の5点にまとめた。：①生きて働く記憶とイメージ，②原因－結果，手段－目標の関係によって物事を理解する能力，③問題を適切に表現するとともに，問題の表現形式をも創造する能力，④知識のダイナミックス（人間は環境との相互作用のもとで，より広く知識を変化させられる），⑤自己意識を問題解決の中に織り込める能力。

　他にも多くの研究者が問題解決者としての人間の特徴について述べているが，それらをまとめると，"人間は生まれながらの能動的な問題解決システム

であり，環境と相互作用しながら，メタ認知機能をフルに働かせることによりシステムの構造と機能を自ら発達させていく"(伊藤, 1993)ということであり，"人間は目標に向かいながら状況に応じて様々な機能を柔軟にかつ創造的に働かせることのできる有能な問題解決システムである"(伊藤, 2000)ということになる。以上にまとめた人間観を図1-3-2に示す。そもそも問題解決研究自体が，"問題を理解し，目標を設定し，解決法を探索し，未来のプランを立て，解決を試みる"というプロセスを対象としており，非常に目的的である。したがって"過去の原因に現在の有り様が規定される人間"といった因果的見方ではなく，"未来の目的に引っ張られて現在を生きる人間"といった，目的的で前向きな人間観が出てくるのは，当然のことであるのかもしれない。このようなポジティブな人間観が，実証研究から導き出されたことは，非常に重要であると思われる。

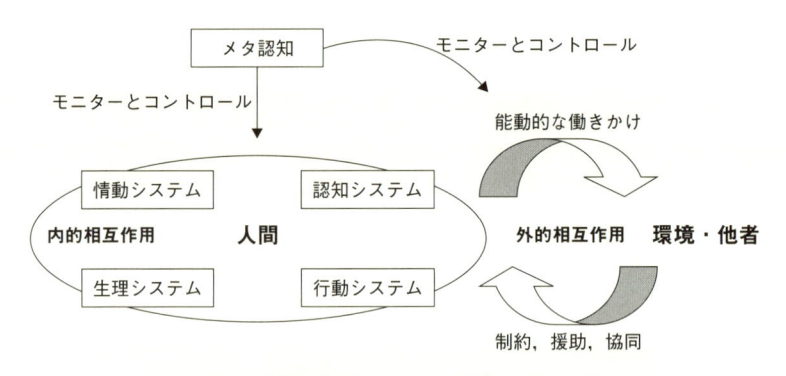

図1-3-2 問題解決研究における人間観（伊藤, 印刷中）
※人間は，内的相互作用と外的相互作用を能動的かつ柔軟に活用する"問題解決システム"である。その全過程をメタ認知機能がモニターし，コントロールしている。

3. 協同的問題解決としての認知行動療法

筆者は認知心理学が専門なのではなく，文献などで認知心理学を学びながら，実際には心理臨床家として日々CBTを実践し，CBTに関わる臨床心理学的研究を続けている者である。

CBTは実証志向を強く有しており，実際に各疾患に対する治療効果や各疾

病モデルについては，実証的な裏づけがそれなりに示されてはいるが，CBT全体の理論やモデルやプロセスを包括するような実証的な議論は不十分であるのが現状である（Clark & Fairburn, 1997）。先述したように，このような議論に貢献できるのが認知心理学などの実証的基礎心理学であると筆者は考える。認知心理学が生態学的妥当性の高い研究を志向してから，まださほどの年月がたっておらず，認知心理学で描き出される人間像（すなわち"記述モデル"）が心理臨床の実践における"記述モデル"としてそのまま活用できるようになるまでには今後の成果を待たねばならないが，現時点までの成果を活用することは十分に可能であるし，CBTの実証性を高めるという点においては必要かつ有益なことであると思われる。その理論や方法が，実は経験的に構築され，事後的にその効果が実証されてきた感の強いCBTに対し（Clark & Fairburn, 1997），現在明らかになっている実証研究の成果を統合することで，より包括的にCBTの実証性を示せると思うのである。

そこで本節では，上にまとめた認知心理学における問題解決研究を通じて得られた知見を，CBTの理論やモデルや技法を検討する際にどのように活用できるかといったことについて簡単に論じてみたい。

[1] 認知行動療法における問題解決の位置づけ

CBTの最も重要な特徴は，問題解決アプローチを取るということであり，このことはほとんどすべての認知行動療法家が指摘している（たとえば大野, 1989）。CBTが目指すのは，クライエントがもともと有する問題解決力を適切

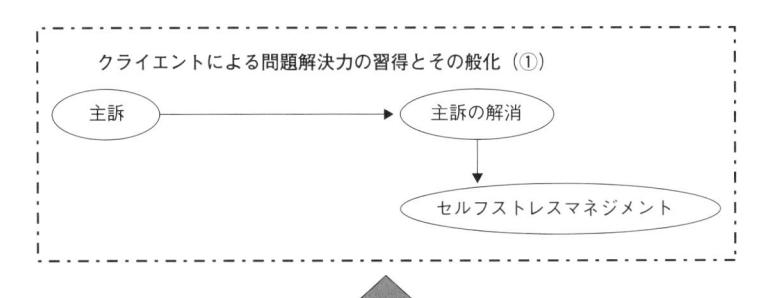

図1-3-3　認知行動療法における問題解決の二重構造（伊藤, 印刷中　一部改変）

に再利用したり，問題解決のスキルを習得したりすることである。そのためにはセラピスト自身が創造的な問題解決者であることを求められ，CBTのプロセス自体も問題解決的な段階を踏む（Meichenbaum, 1985 ; Nezu et al., 2004）。つまりクライアントは，問題解決的なCBTのプロセスを通じて自らの問題解決力を高めていくのである。したがってCBTにおいては，問題解決を二重に見ていく必要がある（①CBTを通じてクライアントが習得する問題解決；②協同的問題解決過程としてのCBT）。以上を図1-3-3に示す。クライアントとセラピストが協同的問題解決過程としてCBTを進めていく中で，クライアント自身が問題解決力を習得していくという，CBTにおける問題解決の二重構造を，図1-3-3は示している。

[2] 認知行動療法の一般プロセス：協同的問題解決

　　CBTは【アセスメント（クライアントの抱える問題の全体像の理解）→ 目標設定 → 技法の選択と適用 → 効果検証】といった過程を経て進められ，クライアント自身によるセルフストレスマネジメントが可能になったと判断された時点で終結となる。アセスメントとは，CBTの基本モデルに沿って，クライエントの体験やクライアントの抱える問題や症状の全体像を理解する過程のことである。筆者は現場でCBTを実践すればするほど，初期段階におけるアセスメント（問題の理解）の重要性を実感するようになり，さらにはアセスメントされた具体的な内容をツールに外在化してクライアントと共有することが非常に役に立つことを日々体験している。CBTは一般的に短期で終結できる心理療法として知られているが，短期の終結を目指すがゆえにこのアセスメントの段階を省略すると，結果的に望ましい効果が得られないことがある（伊藤，2005a）。このことは初期の問題解決研究において明らかにされた，どんな問題解決でもそのプロセスは"問題の理解"と"解決法の探索"という2つの下位過程に区別されるという問題解決の一般理論（Newell & Simon, 1972）に裏づけられると考えられる。実証研究に裏づけられたこのような理論によって，我々CBTのセラピストはアセスメントの重要性を自覚し，解決を焦っているクライアントにも「まずは理解が重要である」と説明ができる。実際，初期の認知療法ではアセスメントはそれほど重視されていなかったが，CBTの適用

が広がった今現在，CBTの実践者たちがこぞってアセスメント＝ケース・フォーミュレーションの重要性を強調するのは，技法を使って解決を目指す前に，クライエントが抱えている症状や問題をよく理解することが不可欠であることを経験的に知ったからであると思われる（Dobson, 2000）。このことは，エキスパートはいきなり解決に入ることをせず問題の理解を精緻化する，という認知心理学の問題解決研究におけるエキスパートについての知見とも整合する（伊藤，1993）。

アセスメントの際に重要なのは，「何をどのようにアセスメントするか」という，アセスメントの対象と方法である。これらについても認知心理学における問題解決研究を援用できる。つまり図1-3-2に示した，生態学的妥当性を志向する問題解決研究によって表現される人間像をCBTの基本モデルとして援用し，それに基づいて目の前のクライエントの体験を理解することができるのである。筆者が実際にアセスメントの際に用いているツールを図1-3-4に示す。このツールを用いてアセスメントを行うようになってから，クライエントが抱える問題を具体的にかつ全体的に把握することができ，そのことによりCBTの効果をより一層上げられるようになったというのが筆者の実感である（伊藤，2005b）。

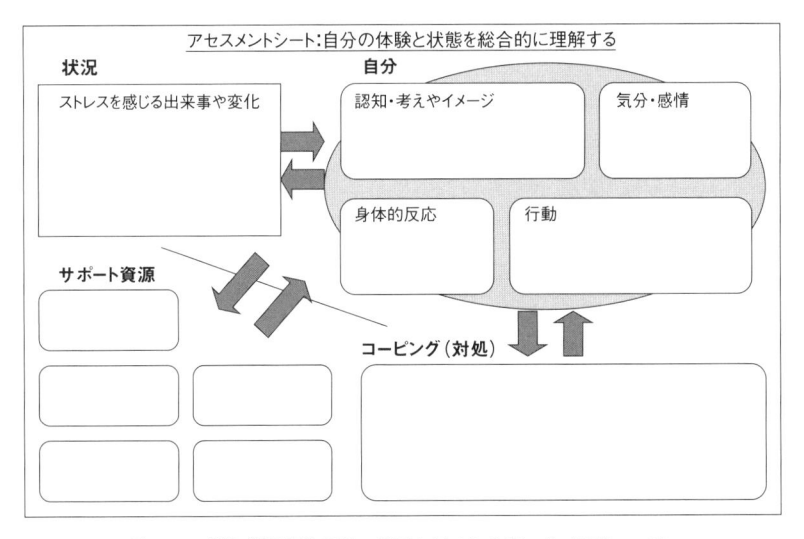

図1-3-4　認知行動療法で用いるアセスメントツール（伊藤，2005b）

また図1-3-4のアセスメントツールは，セラピストとクライエントが対話をしながら一緒に作り上げていくものである。この際，セラピストは"質問をしてクライエントの体験を問う人"，クライエントは"質問に回答するために，自分自身の体験を想起し，報告する人"といった役割分担が生じる。また慣れてくるとクライエント自身がこのようなツールに記入できるようになる。そうするとクライエントは"自分に質問する役"と"質問に回答する役"の両方を担うことになる。そうなると今度は，"自問自答によって導き出された内容を報告する役割"をクライエントが担い，それに伴ってセラピストの役割は"報告を受ける人"というものに変わる。これらの役割分担とその変化は，協同的問題解決の促進要因である"課題遂行とモニターの役割分担が起きていること，また役割の入れ替わりがあること"（三宅，2004）を体現したものであると考えられそうである。さらに，"問題を中心に説明を構築するための対話"が他のタイプの対話に比べて，問題の理解を新たに構築するために役立つとの研究結果があるが（Chan, 1996），アセスメントツールを目の前にして，「クライエントの体験の，一体どこがどのように問題なんだろう？」とセラピストとクライエントが互いに問いながら作業を進めていく対話は，まさに"問題を中心に説明を構築するための対話"であると言えるのではないだろうか。

　また，このアセスメントシートに限らずCBTでは様々なツールを用いて，クライエントの体験やCBTの進行過程を外在化する。ツールを用いた外在化は人間の情報処理能力の制約を補うものとしても有効であるが，さらに重要なのは，ツールによる外在化によって，クライエントのメタ認知機能が促進されることだと思われる。メタ認知は問題解決過程を有効に進めるために不可欠な機能であり，またエキスパートはメタ認知能力が優れていることが繰り返し指摘されている（伊藤，1993）。つまり様々なツールを有効に活用することによってクライエントのメタ認知能力が上がり，それがクライエントの問題解決力の向上につながるのである。外在化の効果はそれだけでない。CBTではセラピストとクライエントが合意した治療目標についても必ず紙に書き留め，折に触れて参照するが（Beck, 1995），このようなゴールの外在化は，創造的問題解決において重要な促進要因であることが明らかにされている（鈴木，2004a, b）。

以上基本モデルやアセスメントを中心としたCBTの基本的なプロセスについて，認知心理学の問題解決研究による知見を適用して考察してみた。他にもCBTで多用される"まとめの作業"や"ホームワーク"などについても，エキスパート研究からの説明が可能であるが，ここではこれ以上は触れない。

[3] 主要技法：認知再構成法と問題解決法

　最後に，CBTにおける主要な技法であり，その効果が実証的に示されている認知再構成法（Beck, 1995）と問題解決法（D'Zurilla, 1986；伊藤，2001）について，認知心理学と関連づけて少しだけ解説したい。認知再構成法は，ある瞬間に頭に浮かぶ自動的な思考を様々な角度から問い直し，別の新たな思考を案出するという技法だが，この技法を成功させるためのポイントは，その瞬間の自動思考をいかにありのままに同定できるか，ということである。クライエントにはこの自動思考の同定作業を繰り返し練習してもらうが，自動思考を正確に同定できると，その後さほど介入しなくてもクライエント自身が自動思考をコントロールできるようになるという現象がよく見られる。これは自動思考の同定練習を繰り返すことで，クライエントのメタ認知力が向上したことによる効果であると考えられる。

　また問題解決法は，ストレスマネジメントのための問題解決法をクライエントに直接教示することから始められる技法であるが，これは一連の問題解決の考え方と方法を一種の外部スキーマとして提示し，練習を通じてそのスキーマが内在化されることを狙った技法であると言える。エキスパートの問題解決がスキーマ駆動型であることを考えると，問題解決法をスキーマ学習によって習得したクライエントは，その過程を通じて，自分自身のストレスマネジメントのためのエキスパートになるべく一歩成長したと見なすことができる。本書第3部に示した事例は，そのような事例として読むことができると筆者は考えている。

4. おわりに

　以上，認知心理学を基礎学として，認知行動療法全体の理論や方法の実証性

を高めるために活用できることについて論考してみた。本論は，認知心理学のレビューとしても，CBTの実証性についての議論としてもはなはだ不十分ではあるが，両者について学習を続けながら，今後も少しずつ論考を広げたり深めたりし，CBTの発展に少しでも役立つよう研究と臨床活動を続けていきたい。またそのためには，CBTや臨床心理学に関わる専門家との議論だけでなく，認知心理学をはじめとする基礎心理学の研究者との議論を活性化していく必要があるだろう。

文　献

安西祐一郎　1982　問題解決の過程．波多野誼余夫（編）　認知心理学講座第4巻　学習と発達．東京大学出版会．pp.59-94.

安西祐一郎　1985　問題解決の心理学．中央公論社．

Beck, A. T.　1976　*Cognitive therapy and the emotional disorders.* New York: International Universities Press.（大野　裕訳　1990　認知療法：精神療法の新しい発展．岩崎学術出版社．）

Beck, A. T.　1991　Cognitive therapy as the integrative therapy. *Journal of Psychotherapy Integration*, **1**, 191-198.

Beck, J. S.　1995　*Cognitive therapy: Basics and beyond.* New York: Guilford.（伊藤絵美・神村栄一・藤澤大介訳　2004　認知療法実践ガイド　基礎から応用まで．星和書店．）

Chan, C. K. K.　1996　Problem-centered inquiry in collaborative science learning. 認知科学, **3**, 44-62.

Chi, M. T. H., Glaser, R., & Rees, E.　1982　Expertise in problem solving. In R. J. Sternberg (Ed.), *Advances in the psychology of human intelligence*. Hillsdale, NJ: Erlbaum.

Clark, D. M.　1986　A cognitive approach to panic. *Behavior Research and Therapy*, **24**, 461-470.

Clark, D. M., & Fairburn, C. G.　1997　*Science and practice of cognitive behaviour therapy.* Oxford: Oxford University Press.（伊豫雅臣監訳　2003　認知行動療法の科学と実践．星和書店．）

Crits-Christoph, P., Frank, E., Chambless, D. L., Brody, C., & Karp, J. F.　1995　Training in empirically validated treatments: What are clinical psychology students learning? *Professional Psychology*, **26**, 514-522.

Dobson, K. S.　2000　*Handbook of cognitive behavior therapies* (2nd ed.) New York: Guilford Press.

D'Zurilla, T. J.　1986　*Problem-solving therapy.* Springer.（丸山　晋監訳　1995　問題解決療法．金剛出版．）

古川壽亮　2000　エビデンス精神医療：EBPの現場から臨床まで．医学書院．

堀　浩一　2004　創造性．大野由紀雄・波多野誼余夫(編)　認知科学への招待．研究社．pp.62-76.
伊藤絵美　1993　日常生活におけるメンタルヘルス的問題解決スキーマの形成．慶應義塾大学大学院社会学研究科修士論文．
伊藤絵美　2000　心理療法，ストレスマネジメント，メンタルヘルスのための問題解決に関する研究．慶應義塾大学大学院社会学研究科博士論文．
伊藤絵美　2001　心身症の治療：問題解決療法．心療内科，**5**, 256-260.
伊藤絵美　2005a　認知行動療法の実際：カウンセリング．こころの科学，**121**, 102-106.
伊藤絵美　2005b　認知療法・認知行動療法カウンセリング　初級ワークショップ．星和書店．
伊藤絵美　印刷中　問題解決療法と認知心理学．丹野義彦・小谷津孝明(編)　臨床認知心理学．東京大学出版会．
海保博之　1997　「温かい認知」の心理学：認知と感情の融接現象の不思議．金子書房．
Mandler, G.　1985　*Cognitive psychology: An essay in cognitive science*. Hillsdale, NJ: Erlbaum.（大村彰道・馬場久志・秋田喜代美訳　1991　認知心理学の展望．紀伊國屋書店．）
Meichenbaum, D.　1985　*Stress inoculation training*. New York: Pergamon Press.（上里一郎監訳　1989　ストレス免疫訓練．岩崎学術出版社．）
三宅なほみ　2004　学習科学．認知科学への招待．研究社．pp.17-31.
Newell, A., & Simon, H. A.　1972　*Human problem solving*. New Jewsey: Prentice-Hall.
Nezu, A. M., Nezu, C. M., & Lombardo, E.　2004　*Cognitive-behavioral case formulation and treatment design: A problem solving approach*. New York: Springer.
大野　裕　1989　展望：認知療法．精神医学，**31**, 794-805.
坂野雄二　1995　認知行動療法．日本評論社．
Shirouzu, H., Miyake, N., & Masukawa, H.　2002　Cognitively active externalization for situated reflection. *Cognitive Science*, **26**, 469-501.
鈴木宏昭　2004a　創発的認知から見た問題解決．大野由紀雄・波多野誼余夫(編)　認知科学への招待．研究社．pp.46-61.
鈴木宏昭　2004b　創造的問題解決における多様性と評価．人工知能学会論文誌，**19**, 145-153.
丹野義彦　2001　エビデンス臨床心理学：認知行動理論の最前線．日本評論社．
都築誉史　2002　認知科学パースペクティブ．信山社．
植田一博・岡田　猛　2000　協同の知を探る：創造的コラボレーションの認知科学．共立出版．

第2部
よりよい心理臨床のための折衷

1

心理臨床における統合・折衷とは

東　斉彰

1. はじめに

　心理臨床家は一般に，クライエントへの援助として心理療法を行う際，主として1つの心理療法理論・技法（たとえばクライエント中心療法や精神分析的心理療法など）を基礎に，クライエントの主訴の解消や問題解決，心理的成長に貢献すべくアプローチする。精神分析理論をベースにするときは，当然自由連想法や直面化，解釈などの技法を用いることになるし，行動理論をベースにするときは，系統的脱感作法やオペラント法を用いることになる。一方，心理療法には実に多くの理論・技法があり，アメリカでの調査によると400以上の方法があるという（Karasu, 1986；岩壁, 2003）。1つの方法ではなく，その多様な心理療法の理論・技法を組み合わせたりまとめたりして適用する統合的・折衷的心理療法がアメリカを中心に用いられている。

　日本の心理臨床では学派の求心性が強く，若い時代に師事した心理療法家の学派を踏襲する傾向が強い。そのため「自分は精神分析派，中でもクライン派である」とか，「ロジャリアン」であると自認する者が多くなる。そして，各学派は互いに相容れることなく，つまり学派間で対話したり共同することなくそれぞれの方法を仲間内で論じるという傾向が長く続いた。ところが最近になって，序章でも述べられたようにわが国でも統合・折衷的な心理療法を論じることが増え，学派間の対話も少数ながら行われ出した感がある。

　本章では，心理臨床における統合・折衷について，心理療法の歴史的流れを概観した上で，統合・折衷の3類型を挙げ，筆者が考える統合・折衷の分類モデルを挙げ，最後に統合・折衷をいくつかの切り口で論じたい。

2. 心理療法の歴史的概観：理論・技法論の観点から

　現代の心理療法の成立は，ちょうど1900年ぐらいのフロイトの精神分析療法と考えるのが妥当だろう。その後各種の学派が，時に正統派精神分析療法を発展させ，時にはそれに対抗する形で出てきて現在に至っている。ここでは精神分析療法成立以降の心理療法の流れについて概観する。ただし単なる歴史的経過ではなく，心理療法の理論・技法論の観点からまとめてみたい。

[1] 単一理論・技法の時代

　先述のように1900年ごろに成立した精神分析理論は，それまでの系統だっていなかった心理的ケアに代わり，生物学や心理学を視野に入れた理論体系を構築している。主要な原理は，無意識の存在を仮定したこと，乳幼児期の心理を重視し発達的観点を採用したこと，心の構造と機能を解明したことであろう。初めて人間の心理の理論的解明と治療技法を網羅した優れた方法であると言ってよいだろう。

　次いで現れたのが，1950年ごろから台頭した行動療法である。行動療法はその名が示す通り，無意識の存在を仮定したりせず，顕在的な行動（ないし反応）を標的とし，学習理論（learning theory）を基本原理として行動の変容を促すことを目的とする。1920年ごろからアメリカの心理学界を席巻した実証主義やプラグマティズムに基づく行動主義を理論的基礎としているため，必然的に「科学的」な方法との印象が強く，アメリカやイギリスの臨床家に広く受け入れられ，現在でも行動療法（または認知行動療法）は英米圏の心理療法の主流となっている。

　行動療法とほぼ時を同じくしてロジャーズがクライエント中心療法を提唱している。基礎となる理論は自己理論であり，精神分析のように無意識の存在を仮定せず，行動療法のように顕在的な行動に焦点づけることもなく，自己概念と経験という2つのパーソナリティーの中の要素の関連について，人間学的・現象学的な理論展開のもと，治療技法と言うよりもむしろセラピストの態度に重点をおいた独自の方法を提示した。日本では1960年代ごろよりクライエン

ト中心療法の紹介，実践，翻訳が始まり，日本人の受動的な文化とも適合した故か，いわゆる心理カウンセリングはロジャーズ一色となった時代があった。

以上の精神分析療法，行動療法，クライエント中心療法は，それぞれの基本的理論が確立され，理論に基づいた技法（ないしセラピストの治療的態度）が確立されており，単一理論・技法の時代であったと言えるだろう。

[2] 複数理論に基づく技法の時代

前述の3つの主要な心理療法を元にして，1950年代以降様々な方法が誕生した。たとえば交流分析療法（バーン）は，精神分析療法を理論的な参照枠にしながらも，使用する技法は教育的なものであったり積極的に指示，変容を促す介入であったりする。近年ではゲシュタルト療法の技法を取り入れ，TA・ゲシュタルト療法として臨床適用されている。また，論理情動療法（エリス）のような思考・認知を扱う方法や，フォーカシングのような身体感覚を扱う方法などは，一応独自の理論体系を持つものではあるが，既存の理論を複合的に援用して，独自の技法を適用している点で「複数理論に基づく技法」を用いた方法ということができる。

[3] システム論・コミュニケーション論から多技法適用の時代

1960年ごろから始まり日本には1990年代に入って発展した家族療法の波は，現在はブリーフセラピーという形で心理療法の世界で大きな勢力になりつつある。これらの方法の背後には，従来の心理療法理論とはパラダイムの異なるシステム論・コミュニケーション論があり，大きな理論転換を成し遂げた。適用する技法はより戦略的になりつつも有効なものは何でも使うという姿勢がある。特にブリーフセラピーにおいてはその傾向が顕著である。

[4] 統合・折衷の時代

アメリカでは1970年ごろから，日本では1990年ごろから認知療法，ないし認知行動療法が効果的な方法として認識されてきている。基礎理論は行動理論・認知理論であるが，精神分析と同じく心理力動の観点から人間の心の解明を目指しており，既存の各種理論を統合したものであるとも言え，技法も行動

療法的技法・認知的技法など多技法を用いており，統合・折衷的な方法と言える。

一方，ここ10年ほどで台頭してきたブリーフセラピーは，先述のようにシステム論，コミュニケーション論を理論的背景に発展してきたものであるが，その他に短期力動心理療法（マン）や認知療法のように従来の理論を基礎としつつもより短期に治療を行う傾向があり，技法も多種にわたることから，ブリーフセラピーも統合・折衷的療法と言ってもよいであろう。

以上のように，ここ100年間における心理療法の流れとその発展は，様々な広がりを見せながら，統合・折衷的方法へと集約していると思われる。図2-1-1は，以上の心理療法の流れと統合・折衷概念との関係を図示したものである。

　　精神分析，行動療法，クライエント中心療法　……　単一理論・技法
　　　　　　　　　　　　　　↓
　　交流分析，論理情動療法，フォーカシング　……　複数理論　→　技法
　　　　　　　　　　　　　　↓
　　家族療法，戦略的アプローチ　……　システム論，コミュニケーション論　→　多技法へ
　　　　　　　　　　　　　　↓
　　認知療法，ブリーフセラピー　……　統合・折衷へ

図2-1-1　心理療法の流れ

3．心理療法の統合・折衷とは

[1]「統合」と「折衷」の違い

近年の調査によると，アメリカにおいては心理臨床家の7割近くが折衷的アプローチを採用していると答えている（Norcross & Goldfried, 1992）。日本ではそのような調査はないが，たとえば日本心理臨床学会の発表を見ると，統合的アプローチや折衷的アプローチをテーマにしたものはほとんど見当たらない。

日本での心理臨床家の発言を聞いていると，統合と折衷を区別せず使っていると思われることが多い。ひどくなると，1つの技法が効果がないと見るや，セラピストが知っている技法を次々と適用するようなやり方を折衷的と思われ

ている節がある。このような誤解は取り除かれるべきであるし，統合と折衷ということも定義しておく必要がある。では，この2つの立場はどう区別されるのだろうか。

　前段でも少し触れているが，「統合」という場合は従来の各理論における概念，たとえば人格論や適応論，治癒機転などを基準にして理論を併合し，新しい概念を形成し方法論も整備しようとする。たとえば後に紹介するワクテルの循環的心理力動論は，精神分析理論と行動理論を統合した精神分析的行動療法，ないし行動療法的精神分析療法とも言うべきものである。

　一方「折衷」と言うときは，各学派の理論にはこだわらず，当該のクライエントの問題や状況に適合すると思われる技法は何でも取り入れて適用する。その際，一人のクライエントに複数の技法を順を追って適用することもあれば，各クライエントごとに1つの技法を使うこともある。いずれにしても効果が上がりそうな予測ができる技法があれば何でも使用するところに特徴がある。ただし，ただ闇雲に次々と技法を適用するのではなく，その技法が有効であると予測される技法を論理的，体系的に選択するのである。たとえばラザラスのマルチモード療法では，クライエントのパーソナリティー要因を行動，感情，感覚などの7つのモードに分け，それぞれのモードの問題について合理的に技法を選択し適用していく。

　以上のことから，「統合」と言うときは2つ以上の学派の理論の統合を，「折衷」と言うときは2つ以上の学派の技法の折衷を意味すると言えそうである。また，このような理論統合と技法折衷のほかに「共通要因アプローチ」という分類がある。これは，異なる治療理論の概念や技法の本質を明らかにし，心理療法理論を構築するものであるが，これについては以下の項で詳述する。

[2] 理論統合アプローチ

　理論統合アプローチは先述のように2つ以上の理論における概念を統合しようとするものである。それゆえ理論統合を目指す臨床家／研究者は，統合しようとする理論の概念を緻密に分析し，その人格論や治癒機転を厳密に説明・整理して概念を統合しようとするので，その方法自体が精緻化されたまとまりのある理論構築に見える傾向がある。つまり，その方法自体が1つの完成された

理論体系に見えるということになる。ここではワクテルの循環的心理力動論とプロチャスカらの超理論的アプローチの2つの統合的心理療法を簡単に紹介する。

1）循環的心理力動論　cyclical psychodynamism（ワクテル）

ワクテルは1977年に出版した『精神分析と行動療法』（Wachtel, 1977）という著書の中で，循環的心理力動論という考え方を表した。それは文字通り従来の精神分析療法と行動療法という互いに"アンチ"と言っていいような方法を統合しようとする大胆な試みであった。ワクテルによると循環的心理力動論とは"無意識的な考えや傾向と，他者との交流を構成する現実の顕在的な行動とが，ともに共同決定因となるような理論"である。つまり無意識的な心的諸力と生き方のパタン（行動）が悪循環を形成すると見て，それを断ち切るべく無意識の理解と行動の変容を図ろうとするわけである。なお，本著の出版から20年を経てワクテルは『精神分析，行動療法，関係世界』（Wachtel, 1997）と改題して，家族療法をも視野に入れた3つの理論の統合を図っている。

2）超理論的アプローチ　transtheoretical approach（プロチャスカら）

プロチャスカらは精神分析や行動療法だけでなく，認知療法や論理情動療法，実存療法やゲシュタルト療法などのヒューマニスティック・アプローチ，ボーエン療法や構造派療法などの家族療法など主要な学派はほとんど網羅して，理論を統合することを試みている（Prochaska & Diclemente, 1992）。彼らは変化のステージとレベルという枠から統合を考えた。変化のステージは"時間的・動機づけ的な変化の側面"と定義され，熟慮前（precontemplation），熟慮（contemplation），準備（preparation），行為（action），維持（maintenance）に分けられる。"熟慮前"とはまだ自己への気づきがない状態で無意識とほぼ同義である。"熟慮"は気づくこと，"準備"は変化することへの準備性，"行為"は自律的な行動そのもの，"維持"は防衛機制や病理的反応を使わず健全な対処をすることである。変化のレベルは，心理療法において示唆される，独立しかつ相互に関連のあるレベルを表す。"症状／状況""非適応的認知""対人関係の葛藤""家族システムの葛藤""精神内界的葛藤"の5つのレベルに分類される。治療的には症状／状況レベルから取りかかると変化が起こりやすいとされ，後半に進むほど深くなり治療は複雑になるとされる。この変化のステ

ージ,変化のレベルと治療システムの統合を整理したのが表2-1-1である。
　なお,理論統合についての詳細な説明や症例については第2部2章を参照されたい。

表2-1-1　変化のステージ・レベルと治療システムの統合（Prochaska & Diclemente, 1992）

レベル／ステージ	熟慮前	熟慮	準備	行為	維持
症状／状況				行動療法	
非適応的認知	アドラー療法	論理情動療法 認知療法			
対人関係の葛藤	サリバン療法	カップル・コミュニケーション 交流分析			
家族システムの葛藤	ストラテジー療法	ボーエン療法		構造派療法	
精神内界的葛藤	精神分析療法	実存療法	ゲシュタルト療法		

[3] 技法折衷アプローチ

　技法折衷アプローチは,学派の理論にはこだわらず,有効と思われる技法は何でも選択・適用するところに特徴がある。それゆえ,論理的,整合的に治療を進めているようには見えず,一見行きあたりばったりに技法を使い,その過程には何の脈絡もないかのように映りやすい。しかし,折衷的心理療法を標榜する臨床家の考え方には,それぞれに方法論的整合性があり理にかなった面接過程を進めていることがわかる。ここではラザラスの方法とビュートラーらの方法を簡単に紹介する。

1）マルチモード療法　multimodal approach（ラザラス）

　マルチモード療法（Lazarus, 1989）を提唱したラザラスは自らを"技術的折衷主義"と言っており,心理療法の理論には関係なく効果をあげることのできる技法を積極的に,ただし合理的に適用することを強調している。マルチモード療法ではクライエントの訴える問題を行動,感情,感覚,イメージ,認知,対人関係,生物学的要因／薬物の7つのモードに分け,それぞれのモードの問題を綿密にアセスメントし,モードごとに技法を選択し適用する。たとえば行動モードであればエクスポージャーや行動リハーサル,感情モードには不安管理訓練,感覚モードにはリラクセーション訓練やフォーカシング,といった具合である。

2) 体系的折衷療法　systematic eclectic psychotherapy（ビュートラーら）

　ビュートラーらの提唱する体系的折衷療法（Beutler & Consoli, 1992）では，クライエントの要因を「問題の強さ」「複雑さ」「抵抗のレベル」「対処スタイル」に分ける。問題の複雑さは，治療目標を葛藤に置くのか症状に置くのかの区別を示唆する。問題の強さは，どの症状からとりかかるかのプランを立てるのに役立つ。対処スタイルは，その種類によって情緒的な気づき，洞察，認知的セルフコントロールのいずれを促すかを決めるのに使う。抵抗のレベルは，どれぐらいの介入に耐え得るかを予測するのに役立つ。適用される技法は，主に症状の改善やソーシャルスキルトレーニング，家族ネットワークの改善などを目的とした認知的・行動的技法が組み合わされる。

　以上のように，技法折衷アプローチでは，クライエントの問題や態度，性格傾向などの要因に焦点を当て，個々のクライエントごとにアセスメントして治療を進める傾向があると言える。なお，3章において技法折衷アプローチについてさらに詳しく紹介する。

[4] 共通要因アプローチ

　理論統合や技法折衷のアプローチと異なり，共通要因アプローチでは，異なる治療理論の概念や技法の本質を明らかにし，心理療法理論を構築する。つまり，理論や技法が異なるどのような治療学派であれ，効果をもたらす要因は共通しており，その要因は必ずしもその学派の提唱する治癒機転とは一致しないということである。日常の臨床場面でも，ある特定の学派の治療を行おうとしても，その治療が進展する前にクライエントの問題が解消することはよく見られることである。ここでは，ガーフィールドの方法を簡単に紹介する。

　ガーフィールド（Garfield, 1980）は，今までの心理療法効果の比較調査研究や自らの臨床経験から，精神分析，行動療法，クライエント中心療法のいずれの方法にも共通している治癒要因は，治療者の激励，助言，保証，共感と傾聴，支持と是認，誠実さなどであるとした。そして，バンデューラの研究を引用して（Bandura, 1977），どの治療学派によっても治療が成功すると自己効力感（self-efficacy）が増大すると述べ，効果においても共通の要因があることを示している。

他の共通要因アプローチの方法は4章で詳しく述べられる。

4. 統合・折衷の分類モデル

　以上の節で，理論統合，技法折衷，共通要因の各アプローチを概説した。一見何でもありに見える，漠然とした統合・折衷のイメージはある程度整理できたと思われる。本節では，このような統合・折衷の概念をさらに分類し，図示しながらさらに説明を加えたい。

［1］理論－技法による分類

　図2-1-2は，理論・技法と単一・折衷による分類をしたものである。ここでいう単一・折衷とは，理論や技法を1つだけ使うか，それとも2つ以上の複数の理論や技法を併用するかということを示している。

　左上は「既存の理論－技法」を表している。従来からある治療学派はこの中に入る。たとえば，精神分析療法は精神分析理論を基礎理論として自由連想や解釈などの精神分析的技法を使うし，クライエント中心療法は自己理論を基礎として明確化や共感などの技法を使う，といったことである。

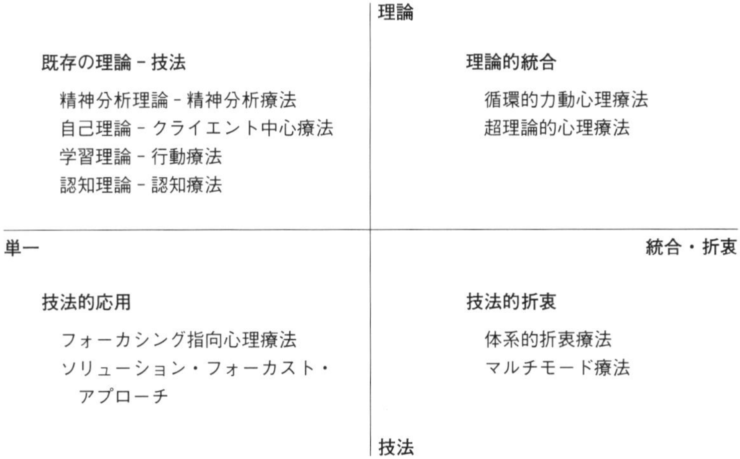

理論	
既存の理論－技法 　精神分析理論－精神分析療法 　自己理論－クライエント中心療法 　学習理論－行動療法 　認知理論－認知療法	理論的統合 　循環的力動心理療法 　超理論的心理療法
単一	統合・折衷
技法的応用 　フォーカシング指向心理療法 　ソリューション・フォーカスト・ 　　アプローチ	技法的折衷 　体系的折衷療法 　マルチモード療法
技法	

図2-1-2　理論－技法と単一－折衷による分類

左下は「技法的応用」を示す。ジェンドリンの提唱したフォーカシング指向心理療法は，理論的には実存主義哲学や現象学などの哲学的概念やロジャーズの理論を背景に持っているが，フォーカシング指向心理療法はすべての心理療法に通底するものとしてフェルトセンス（体で感じる意味感覚）を想定し，クライエントがフェルトセンスに触れることを援助するための技法を重視している。ブリーフセラピーの一つであるソリューション・フォーカスト・アプローチも，理論や概念よりも，解決の構築を目標に様々な質問やコンプリメント（ねぎらい）や課題を出すことに重きを置いており，技法中心であるのでこの範疇に入ると思われる。

　右上は「理論的統合」を示す。循環的力動心理療法は既述した循環的心理力動論，つまり精神分析，行動療法，家族療法の各理論を統合したものである。技法は当然その3つの理論に基づいて用いられることになる。超理論的アプローチは，家族療法やヒューマニスティック心理学などのさらに広い治療理論を統合しており，最も大規模な理論的統合の例と言えるだろう。

　最後に右下は「技法的折衷」である。マルチモード療法は行動理論・認知理論を一応の基礎にしているが，理論にはあまりこだわらずに各学派の技法（自由連想法やエンプティーチェアー，時には栄養指導まで）を使う，最も広範な技法的折衷の方法と言ってよいだろう。体系的折衷療法も，特定の理論に依存せず，"患者に手続きを合わせる（Beutler & Consoli, 1992）"ことを主眼とし，認知-行動療法的技法を中心に適用する。

　以上のように分類することによって，従来の心理療法と理論統合・技法折衷的心理療法を，統合・折衷の観点から整理できる。なお，共通要因アプローチに関しては，多くの心理療法に通底する概念や技法の要因を明らかにする「メタ心理療法」とも言うべき立場であるので，この図によって分類することは難しい。あえて言えば図の右側全体にわたると言っていいかもしれない。

[2] セラピストの態度による分類

　図2-1-3は，セラピストの態度要因について分類したもので，縦軸はセラピストの指示的態度と非指示的態度を示し，横軸はセラピストが技法を積極的に使うことを主とするか，技法よりもセラピスト自身の態度を重視するかを示し

ている。

　左上はセラピストが指示的に介入し，技法を積極的に適用することを示す。行動療法のような，系統的脱感作やエクスポージャーなどの技法を積極的に指示するような方法がその典型である。

　右上はセラピストが指示するが，技法を提示するよりもセラピストの態度を重視する方法を示している。たとえば精神分析療法は，自由連想を求めたり直面化，明確化，解釈などの言葉を与えるといった技法を適用するが，セラピストは常に中立的・受身的態度であることが求められる。

　右下は，指示を与えず技法も最小限にしてセラピストの態度を重視し効果を上げようとする方法を示している。クライエント中心療法は方法そのものが非指示（non-directive）であり，受容，明確化，共感などの方法も技法と言うよりはセラピストの態度であるし，自己一致はまさに態度そのものと言える。

　左下は，技法を積極的に採用するものの，指示を最小限にする方法を示す。ソリューション・フォーカスト・アプローチは，コンプリメントやミラクル・クエスチョンなどの技法を用いるが，指示ではなく質問をすることによってクライエントの言葉を引き出そうとする。

　統合・折衷的心理療法は，今示したような「指示か非指示か」ないし「技法

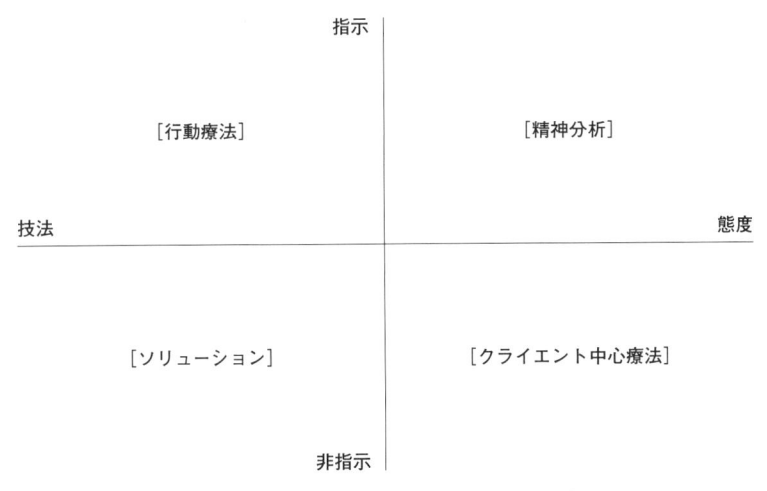

図2-1-3　指示 - 非指示と技法 - 態度による分類

か態度か」という相違を超えて，それらの要因をその統合の仕方やクライエントの性質によってまとめたり組み合わせたりして用いていく。特に技法折衷アプローチのセラピストは，臨床場面に応じて時には指示的，時には非指示的に，また技法を積極的に用いたりセラピストの態度に重点を置いたりと柔軟なアプローチをとることが求められる。

5. 統合・折衷の切り口

　以上，心理療法における統合・折衷的方法について，歴史的経過や統合・折衷の概念規定，それらの分類方法について述べてきた。本節では統合・折衷についての近年の文献を参照して，いくつかの切り口から心理療法における統合・折衷の考え方を紹介し，若干の私見を述べたい。

[1] 精神病理・症状の観点から

　本来心理療法はどのような病態にも対応できるはずであるが，論文や学会発表の症例を見ていると，どの学派もやはり得意・不得意な分野があるようで，精神病理や症状によってよく使われる治療法がある程度決まっている。精神病理については，神経症，人格障害，心身症，精神病の各レベルについて考える。神経症は当然使用される心理療法の数も多くなり，精神分析療法，クライエント中心療法，行動療法はもとより，ほとんどすべての方法が用いられている。境界例を中核とする人格障害は，その治療抵抗の強さゆえ心理療法が難渋することが多く，治療抵抗そのものを扱う精神分析療法が，長期にわたるけれどもよく適用されているようである。ただし，抑圧された感情の意識化という精神分析療法本来の治療機序というよりも，人格障害のクライエントの持つ対象恒常性のなさが長期の治療的関わりによるホールディング機能 (Winnicott, 1965) により癒されると言うべきかもしれない。その意味では，より広義の心理療法である支持的精神療法が最も奏効すると言えるかもしれない。近年話題になっているリネハンの弁証法的行動療法 (Linehan, 1989) もそのようなホールディング機能を利用したものであると言える。心身症のクライエントは，アレキシサイミア（失感情症）的性質を持つことが多く感情表出が抑えられ，情緒を伴

う洞察や自己への気づきがなされにくいため,症状そのものや身体感覚,行動に焦点を当てた方が治療を進めやすい。それゆえ,行動療法やリラクセーション法などの方法が取られやすい。精神病レベルになると,器質的な問題の可能性も含め心理療法的介入は困難になり,薬物や環境調整も含めた支持的精神療法が適応となることが多くなる。精神内界への侵襲が最も少ない行動療法も,ソーシャルスキルトレーニングを中心に使用されることも多くなっている。

[2] ことばの機能(ヘイブンズ)

精神科医で精神分析家のヘイブンズは,「ことば」の観点から心理療法の機能を論じている(Havens, 1986)。彼は,セラピストのことばの機能を共感機能,対人関係機能,行為機能に分けた。共感機能は,クライエントの感覚,思考,衝動に入りこみ,それを体験する能力のことである。それはクライエントの「孤立」に対処できるとした。対人関係機能は,セラピストを思い通りにしようとしてくるクライエントの投影に対処するためのもので,それはクライエントの「支配性」に対処するものである。行為機能は,セラピストが語りかけるだけで行いを為すもので,クライエントの「評価や判断や理想自己」を作るものであるとする。具体的には「~はよいですね」や「~は正しいことですね」といったことばになるという。ヘイブンズはまた,ことばの使い方と心理療法の統合について考察し,精神医学的な記述的心理学は知覚機能を,フロイトによる精神分析は思考機能を,精神分析学派の1つである対人関係論は操作機能を,共感的・実存的心理療法(ヒューマニスティック心理学)は情緒機能をそれぞれ使うとした。以上のようにヘイブンズは,心理療法で最も中心的に使用される「ことば」の機能を,クライエントの知覚や感情や対人関係や行動に対処するものとして,またセラピストが与える介入機能として整理し,いわば心理療法の機能の統合を図っていると言える。

[3]「物語性」の観点から(下山)

日本の臨床心理学者である下山晴彦は,物語の観点から心理療法の統合を試みている(下山, 2000)。彼は心理療法の過程を「事例の物語」と捉え,各種心理療法における技法を物語性から説明した。まず,クライエントの話すことを

「語りとしての物語（narration／narrative）」と「劇としての物語（performance／drama）」に分ける。そして「語りとしての物語」を"聴く（傾聴）"技法がクライエント中心療法、それを"読む（解釈）"技法が精神分析療法であるとする。一方、「劇としての物語」を"演技指導"する技法が（認知）行動療法、それを"演出"する技法が家族療法であるとした。この考え方は、心理臨床や医学をも含んだ現代科学のムーブメントを推し進める社会構成主義／ナラティブ・セラピーの考え方を軸にして心理療法を統合しようとする、大局的な試みであると言えるだろう。

[4] クライエントの問題／状況と治療のターゲット

筆者は以前、クライエントの訴える問題や状況、動機、精神病理によって、治療のターゲットを特定し、治療技法を選択する方法について論じた（東、2001）。そこでは治療のターゲットとして感情表出、リラクゼーション、行動変容、気づき、対人関係の改善、精神病理の深さの6つのレベルを挙げ、各レベルへの介入について、問題へのクライエントの関わり方、感情や認知などの要因の現れ方、問題の訴え方、自我レベルなどの観点から考察した。そしてそ

表2-1-2 治療のターゲットと治療技法の選択

治療のターゲット	クライエントの問題・状態	介入の方法	治療技法
感情表出	抑圧した感情を意識している	傾聴 受容 支持	受容的カウンセリング
リラクゼーション	抑圧した感情や心因が見つからない 心理的・身体的緊張と問題（症状）が関連	リラクゼーション 身体的・感覚的教示	リラクゼーション訓練（自律訓練法、漸進的弛緩法）
行動変容	身体（感覚）的、行動的問題の訴え 感情や認知への気づきが少ない 対人関係スキルの問題	行動変容	行動療法 マルチモード療法
気づきを促す	心理状態や生活状況に問題が関連 比較的自我レベルが高く良好な治療関係が結べる	明確化 解釈	精神分析的心理療法
対人関係の改善	対人関係における情緒的問題 比較的自我レベルが高い	交流パタンの心理教育	交流分析
病理の深いレベル	自我レベルが低い 良好な治療関係を結びにくい	支持	力動的・支持的心理療法

れぞれのレベルへの治療技法として，受容的カウンセリング，リラクゼーション法，行動療法／マルチモード療法，精神分析的心理療法，交流分析療法，力動的・支持的心理療法を挙げた。表2-1-2はそれらをまとめたものである。

6. おわりに

　以上，心理療法における統合・折衷について，その歴史的流れや概念，分類などについて述べてきた。理論統合，技法折衷，共通要因アプローチについての詳細な説明と症例などは以下の章で述べられる。

　統合・折衷の概念はそもそも，人間存在は多様であり1つの理論体系では説明しつくせないし，クライエント個々によっていろいろな訴え方をする問題に対して単一の方法・技法では対応できないという考えから出発している。我々心理臨床家は，クライエント一人一人の個性を尊重し，その心理的（及び身体的・社会的）健康を推進し，QOL（Quality of Life）の増進に資するため幅広く研鑽を積み，クライエントにできるだけのサービスを提供する責務を負っていることを強調してこの章を終えたい。

文　献

東　斉彰　2001　折衷的心理療法―問題・病理に応じた技法の適用の工夫．住友病院医学雑誌, **28**, 42-48.
Bandura, A.　1977　*Social learning theory.* New Jewsey: Prentice-Holl.
Beutler, L., & Consoli, A.　1992　Systematic eclectic psychotherapy. In J. Norcross & M. Goldfried (Eds.), *Handbook of psychotherapy integration.* New York: Basic Books.
Garfield, S.　1980　*Psychotherapy: An eclectic approach.*Wiley.（高橋雅春訳　心理療法　統合的アプローチ．川島書店.）
Havens, L.　1986　*Making contact: Uses of language in psychotherapy.* Cambridge: Harvard University Press.（下山晴彦訳　2001　心理療法におけることばの使い方：つながりをつくるために．誠信書房.）
Karasu, T.　1986　The specificity versus nonspecificity dilemma: Toward identifying therapeutic change agents. *American Journal of Psychiatry*, **143**, 687-695.
Lazarus, A.　1989　*The practice of multimodal therapy.* Baltimore, MD: Guilford Press.（高石　昇監訳　東　斉彰・川島恵美・大塚美和子訳　1999　行動療法の展開―マルチモードアプローチ．二瓶社.）
Linehan, M.　1989　Dialectical-behavior therapy for borderline personality disorder.

Theory and method. *Bulletin of Menninger Clinic*, **51**(3), 261-276.
Norcross, J., & Goldfried, M. (Eds.)　1992　*Handbook of psychotherapy integration*. New York: Basic Books.
Prochaska, J., & DiClemente, C.　1992　The transtheoretical approach. In J. Norcross & M. Goldfried (Eds.), *Handbook of psychotherapy integration*. New York: Basic Books.
下山晴彦　2000　心理臨床の基礎1　心理臨床の発想と実践．岩波書店．
VandenBos, G., Frank-Mcneil, J., Norcross, J., & Freedheim, D.　2001　*The anatomy of psychotherapy*. The American Psychological Association.（岩壁　茂訳　2003　心理療法の構造．誠信書房．）
Wachtel, P.　1977　*Psychoanalysis and behavior therapy*. New York: Basic Books.
Wachtel, P.　1997　*Psychoanalysis, behaviortherapy, and the relational world*. Washington DC: American Psychological association.（杉原保史訳　2002　心理療法の統合を求めて　精神分析・行動療法・家族療法．金剛出版．）
Winnicott, D.　1965　*The maturational processes and the facilitating environment*. New York: The Hogarth Press.（牛島定信訳　1977　情緒発達の精神分析理論．岩崎学術出版社．）

2

理論統合アプローチ

加藤　敬

1. 心理臨床での理論統合とは

　臨床心理学は多くの学派から成り立っており，日本においては大きくロジャーズ派，フロイト派（精神分析学派），ユング派，行動理論派の4種類が挙げられるだろう。それぞれの理論は創始者の臨床経験に基づいたものを，後継者がさらに深めたものとして現在も存続している。

　第2部1章でも既述されたように，日本では統合・折衷的な視点からの大学教育はいまだ少なく，所属する大学教官の学派に学生が影響されることが多い。学派内での勉強は人間理解の枠組みの一つを習得する良い機会だが，その一つの枠組みに固執し，閉鎖的になり学派間での対立に発展するなど弊害のあることも多い。過去の典型的な例として内省・洞察を重視する精神分析学派と行動・学習を重視する行動療法学派との対立が挙げられる。

　現在の欧米の動きではこうした対立が乗り越えられ，1983年に「心理療法の統合を探求する学会（The Society for the Exploration of Psychotherapy Integration）」が作られた後，1991年には学術雑誌「心理療法の統合（Journal of Psychotherapy Integration）」が刊行された。日本ではこのような学会が作られるほど心理臨床の歴史は熟していない。しかし日本でも多くの実践と学究を積んだ人たちが徐々に「統合」を意識した意見を述べていることを実感する。ここでは村瀬嘉代子，古宮昇，ワクテルの統合に対する考え方を紹介し，拙論を紹介したい。

[1] 村瀬の場合—統合的心理療法

　村瀬（2003）は『統合的心理療法の考え方』という本を出版した。ここには村瀬の臨床経験と学究体験が結集されており，成熟した心理臨床家の思考のモデルとも言うべきものが見られる。村瀬は統合的心理治療のあり方を以下のようにまとめている。

　①個別的，多面的なアプローチを行う。クライエントのパーソナリティや症状，問題の性質に応じて，理論や技法をふさわしく組み合わせて用いる。

　②クライエントの回復の段階，発達，変容につれて関わり方（理論や技法の用い方）を変容させていく。

　③チームワーク，機関の連携，多領域にわたる共同的関わりをも必要に応じて行う。

　④治療者は矛盾した状況，不確定な状況に耐えて，知性と感性のバランスを維持するようにありたい。治療者自身が常に新たな知見の吸収蓄積に努め，より高次の統合を求めていること。

　このようにクライエントに寄り添った姿勢で援助を進めると，治療者は自ずと統合的姿勢にならざるを得ないだろう。村瀬は理論間の合成を行う治療者の根底にあるクライエントに寄り添う姿勢を重要視している。

[2] 古宮の場合—理論統合による基礎と実践

　古宮（2001）は『心理療法入門—理論統合による基礎と実践』という本をあらわした。古宮はアメリカでの病院臨床心理士の経験，大学で教鞭をとるなどの臨床，学究体験を積み重ねた後日本に帰国した。この本には古宮自身の貴重な個人的体験から生まれた思考が紹介されており非常に参考になる。理論的立場は以下のように紹介されている。

　①クライエントに対する人間観　　ロジャーズの「充分に機能する人間」観を臨床実践で実感し，クライエントが持つ自己治癒力と成長への力を信頼する。

　②クライエントの持つ問題の概念化　　精神力動的概念を使用し，クライエントの問題を，無意識の影響，自我防衛機制，転移，抵抗，解釈という概念から理解する。家族力動には構造的・戦略的家族療法の概念を使用しクライエン

トの背景にある家族の問題を概念化する。

　③問題に働きかける技法　ロジャーズの来談者中心療法における傾聴技法，精神力動論での解釈や直面化，認知行動療法での認知・行動修正，問題解決志向短期療法での適切な比喩を用いる。

　この本は初心者にわかりやすいように各理論の紹介があり，さらに倫理問題や自験例の検討を含めた力作である。経験を積んだ心理臨床家にとっても自分の経験を整理していく上で方向性の示唆を与えてくれる有効な本と考える。

　このように日本における心理臨床も経験が蓄積されてきており，そうした中で各臨床家が刊行した書物には統合的な姿勢が散見されるものも多い。そろそろ臨床家のスタイルを自己点検する時期が到来したのだろう。

[3]　ワクテルの場合—循環的心理力動論

　クライエントの内的世界を理解し洞察を導くことで症状や問題が治り解決すると考える精神分析的理論と，クライエントの外的世界（行動）を理解し行動を修正，適応行動を学習させることで症状や問題が治り解決すると考える行動理論との理論的整合性の問題に真っ向から取り組んでいるのが精神分析学派のワクテルである。

　ワクテルは分析過程でクライエントの不安や防衛が解釈によって明らかにされることを行動療法のエクスポージャーと同じものと考える。クライエントに自らの不安や防衛を捉えさせ，それを乗り越えさせる援助をする点では精神分析も行動療法も同じことをしているという論点である。分析過程の最終段階では徹底操作の時期があるのだが，単なる知的洞察で終わらせるのではなく，日常生活の中で面接で得た知見を生かすために，面接者とロールプレイをしたりリハーサルを繰り返したり，行動実験をして内的変化を定着させる。ワクテルは外的な行動と内的な意味は複雑密接に絡み合い構造化されていると考え，独自の理論を循環的心理力動論と呼んでいる（Wachtel, 1997）。

　筆者は，行動とは人間が世界と交渉するときの一形式であり，その形式を通じて自己や他者，事物を体験し人間の内部で世界が再構成され，さらに再構成された世界そのものに影響されて個人の行動が決定するというフィードバックシステムを想定している。その個人的な世界の内容を精神分析的理論枠で理解

し整理していく。

したがって心理治療で行動を扱うことは、その人の世界体験を変容させる試みであり、その新たな世界体験を個人の精神分析的な文脈の中で位置づけ、自己確認させることで適応的な行動を定着させていくことが、自己の成長や発達に貢献するものと考えており、筆者の理論的統合アプローチの基本的スタンスでもある。

2. 現場で働く根拠としての理論的統合を考える

さて、筆者は児童精神科、小児科、心療内科外来において心理治療、心理査定を中心に活動している臨床心理士であり、今年で臨床経験21年目を迎えた。そうした中で心理治療における統合・折衷的アプローチへの指向性を強めているが、筆者が大学教育を受けていた20数年前は、「統合・折衷」という視点からの教育はなく、1つの学派に基づく教育を受けていた。大学でロジャーズの来談者中心的アプローチを主体にした、人間学的臨床心理学を学び、広汎性発達障害の音楽療法（山松, 1975）を研究した。ロジャーズ派は「診断無用論」という態度（氏原, 2002）があり、心理査定に対しても否定的だったため、仕事に就いたころ、心理検査を施行するとき自己矛盾を感じることが多かった。しかしロジャーズの人間観、治療者の態度（Rogers, 1967）を学んだことは面接の基本的態度として定位しており、現在の治療姿勢に大きく影響している。

現場に出てからは様々な疾患を持つクライエントに出会い、多種多様な問題の解決をせまられてきた。そうした要請からロジャーズの人間観だけではなく、精神分析的な人間観を知る必要を感じ、自我心理学や対象関係論を中心とした精神分析学を学んだ。精神分析的な発達理論を学んだことは、児童や青年期のクライエントを理解する上で大きく役にたったと思う。しかしクライエントの持つ様々な不安やそれに基づく生活上の問題、行動障害に対しては、ただ単にクライエントの苦しみを傾聴し、分析、理解するだけでは解決にならないことを実感し、自律訓練法や催眠、認知行動療法、ブリーフセラピーその他の問題や症状に直接的に働きかける技法を学びながら治療実践に少しずつ取り入れてきた。したがって結果として統合・折衷的アプローチになったと言うことがで

きる。

　しかし異なる学派の様々な技法を治療に取り入れるたびに，理論上の整合性がとれず自己矛盾を感じていた。たとえばこんな事例があった。小学校5年の男児が過敏性腸症候群を患い来所した。医師による腹痛，下痢の薬物療法から始まったが，筆者がクライエントに認知行動的な症状コントロールを提案すると面接への動機づけが増し，しばらく認知行動療法を主体にした面接を行った。しかし偶然面接室に設置されていた箱庭にクライエントは興味を持ったため，箱庭療法も並行して行うことになった。症状をコントロールし始め自信がついたころの箱庭は，混乱していた表現から整理された表現に変化し，クライエント自身が納得した形で終了した。

　認知行動理論では認知のゆがみと誤った行動の学習が症状を強化維持していると考えるから，それへの修正が治癒につながる（坂野，1995）。一方分析心理学では，症状は無意識と意識の統合不全によって起こると考えられており，箱庭による表現がその統合を促し，治癒につながる（河合，1969）ことになる。両方のパラダイムには共通するところはあまりない。しかしクライエントはそういう理論背景も知らずに並行的に治療を受けて治っているのである。

　異なる理論の技法を同時に用いられていることを知らないクライエントからすると，症状が治っているから，特にこうしたアプローチに矛盾を感じてはいない。しかし技法を使う治療者側からすると，「はたしてこのような矛盾したアプローチをしてもいいのか」と悩むのである。したがって治療を行う側は，このような事実をも包含する統合的な視点を持たなくてはいけない。

　また現場では「治ったら何でもいい」と考えがちになる。しかしクライエントの生活史の文脈や発達の流れの中で「治る」ことがどういう結果になるのかを把握しておく必要がある。いちばん問題になるのは「治りたい」と思って治療に来るが，無意識的には病気のままでいたい「疾病利得」という病理機制を持つ疾病利得型のクライエントだろう。その人の生活史や性格，置かれている状況を理解し，その人の自尊心を配慮した上で治療のさじ加減を決めなくてはいけない。こうした判断には多面的，重層的な人間理解が必要である。

　さらに自己を理解することが援助につながるような理論というのが理想的なのだが，古い精神分析の考え方のように，無意識を意識化し，洞察につながる

と自然に治るという治療仮説を全てのクライエントに適用するのは現実的でない（Wachtel, 1997）。現場で仕事をして自分なりに実感したこととして，クライエントの持つ実際的なニーズは現実適応であることが多く，深い自己理解を治療に求めることは稀である。しかし現実適応のためにはある程度の自己理解は必要だろう。その意味で，これまでの精神分析学的に集積された知識はクライエントにとって有益な情報を提供するはずである。

以上から，

①現場では様々なクライエントに対応するため，多くの治療理論や技法を取り入れる包括的な態度や思考が必要である。

②治療的判断には多面的，重層的なクライエント理解が必要である。

③クライエントの自己理解だけで治療を終わるのではなく，現実適応への援助に重点をおき，自己理解はそれを支えるものとして位置づける。

ということを筆者は基本的態度としている。

3. 理論的統合の素描

上記の考察を踏まえ，筆者なりの理論的統合の素描を示したい。一般に理論的統合は2つ以上の理論要素を合成し新たな理論的枠組みを与えるという営み（VandenBos, 2003）と言われている。海外の代表的なものとしては，先に紹介したワクテルの循環的心理力動理論（Wachtel, 1997）やグリーンバーグのプロセス指向体験心理療法（Greenberg, 2001）などがあるが，ワクテルは対人

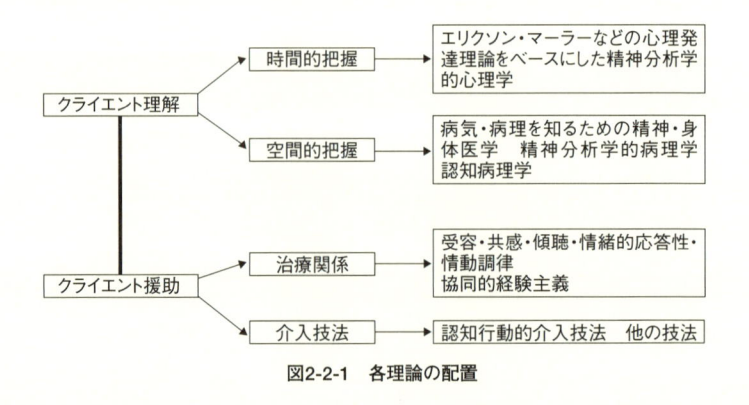

```
                  ┌─ 時間的把握 ─→ エリクソン・マーラーなどの心理発
                  │                 達理論をベースにした精神分析学
   クライエント理解 ─┤                 的心理学
                  │
                  └─ 空間的把握 ─→ 病気・病理を知るための精神・身
                                    体医学　精神分析学的病理学
                                    認知病理学

                  ┌─ 治療関係 ──→ 受容・共感・傾聴・情緒的応答性・
                  │                 情動調律
   クライエント援助 ─┤                 協同的経験主義
                  │
                  └─ 介入技法 ──→ 認知行動的介入技法　他の技法
```

図2-2-1　各理論の配置

関係学派の精神分析学に行動療法理論を合成する試みを行っている。筆者は主にエリクソン（Erickson, 1963）・マーラー（Mahler, 1975）・ブロス（Blos, 1962）などの心理社会的発達を重視した精神分析的自我心理学に影響されており，そうした理論を基礎にして，認知行動療法をはじめとする行動理論を合成していると考えてほしい。こうした統合の形は「同化的統合」（VandenBos, 2003）と言われている。中釜（2005）によると，同化的統合はメッサー（Messer, 1992）が提唱したモデルで「1種類の心理療法システムを出発点に据えて，他学派のものの見方や技法を慎重なやり方で組み入れ融合する（同化する）」方法である。こうした筆者の考え方を図2-2-1に示した。

上記にも示したように筆者の理論的統合では精神分析的理論を基礎に認知行動理論が合成されているのだが，説明ではクライエントの理解と援助に分けて，わかりやすく示すようにした。

[1] クライエントの理解

有効な援助を方向づけることは，まずクライエントの状態や置かれている状況を理解するところから始まる。クライエント理解を大きく時間的把握，空間的把握の二相に分けて説明する。

1) 心理的発達の理解（時間的把握）

筆者は小児科・心療内科に勤務しており，対象にする年齢の幅が広いため，各年代の心理発達を考慮した関わりになる。したがって時系列的な理解枠を設けている。上述のようにエリクソンやマーラー，ブロスなどの発達段階が考え方の基礎になっている。

この考え方からおおまかな病因モデルを想定すると，個人は社会・他者との関係を通じて，その年代特有の発達課題を乗り越えながら心理的な成長を果たしていく。しかし時には課題解決にかかるストレスが過剰すぎたり，個人の感受性があまりにも敏感すぎたりするため挫折する。そこから不安が生まれ，その不安を防衛・回避しようとしてますます適応を逸脱する。そうした状況が自尊心の低下や精神的疲労を生み出し内的なストレス因になるのではないかと考えている。

こうした視点から心理治療の目標は，クライエントがその時期に必要な心理

発達課題を達成できるような態勢に戻していくこと。そのためには社会や自己との関係で生じている不安を軽減し、正常な対処能力を身につけるよう援助して、クライエントが集団や対人関係に復帰できるようにすることにある。

さらに乳幼児の発達は、母親との愛着関係がテーマであるが、そうしたこまかい発達の様相はマーラーの研究に詳しい。そこでの分離個体化理論はブロスの思春期・青年期の発達理論に引き継がれている。子どもの問題や症状に振り回されている養育者に発達の筋道を教えると、ある程度安定して子どもに関われるようになる。つまりこれらの発達概念はそうした親への心理教育としても利用できる。マーラー、ブロス、エリクソンの発達概念はその解説書を含めて多くの成書があるのでそれらを参照してほしい。

2）病気・病理の理解（空間的理解）

医療で働く臨床心理士が出会うクライエントの悩みは多岐にわたっている。このような状況で心理理論のみで病因を仮定し、その理論のみに則って治療をしてもよくならないことが多い。たとえばすべての心因性疾患にロジャーズの病因論を適応しようとしても無理がある（下山, 2000）。ある程度社会に適応している人が自分を思うように生かすことができず抑うつ的になっている場合は、自己概念と経験が乖離しており、「自己不一致」というロジャーズの病因論を採用できるかもしれない。しかしクライエントの気分変調・感情障害の程度が重く、現実生活が制限されている場合、心理臨床家が病気としての症状理解を持たないで医療を受けさせず、カウンセリングを行うのみならばクライエントを悪化させる可能性も出てくる。

またチックは医学的な研究が進んでいない頃、「親の偏ったしつけや子どもの心の問題」ということで心理的なケアが重要と見られてきた。しかし最近では身体病としての認識が発展（野村芳子, 1997）し、中等症から重症のチックの場合、薬物療法や行動療法などに重点が置かれている。したがって漫然と子どもにプレイセラピーを続けてもよくならない場合も多い。こうした時々刻々と発展変化している医学情報にも注意をよせる必要がある。

そこで当然ではあるがクライエント理解の層を厚くするためにも、症状そのものを捉える空間的把握というかたちで、病気や病理の理解を「クライエント理解」に加えている。これにはいわゆる教科書的な精神医学・心身医学、最近

ではDSM-IV-TRなどが病気の型や症状を知る上で有効である。

どういう心のなりたちで各疾患が構成されているかを論ずる病理学では，精神分析理論が参考になる。いわゆる性格障害ではカーンバーグ（Kernberg, 1976）やマスターソン（Masterson, 1972）などの境界例論を中心としたものが，精神分析的精神病理学に該当する。こうした知見も治療の方向性をつけるために必要な情報である。

病理的問題の研究は精神分析学に限らず，発達心理学，社会心理学や認知心理学などで実証的に研究された知見がある。たとえば抑うつの研究では「抑うつの3段階理論」（坂本, 1997），統合失調症の認知障害の研究（Harvey, 2002），発達障害ではADHDなどの前頭葉機能の研究（Berkley, 1997），HFPDDにおける「心の理論」の研究（Baron-Cohen, 1995）など治療に直接結びつく知見が続々と提出されている。

われわれはこうした知見を一人のクライエントに相対するときに統合的に適用していく必要がある。

[2] クライエントの援助
1）治療関係の形成

ここでは治療者－クライエント関係を形成するのに筆者が大事にしている観点を列記する。以下の図を見てもらいたい。

図2-2-2のように，治療者とクライエントが信頼関係を作り，共同で問題解決にあたることが望ましい。問題の同定と解決に両者が向かう矢印は，お互いが問題に対して適切な心理的距離をとることを意味しており，その具体的表れ

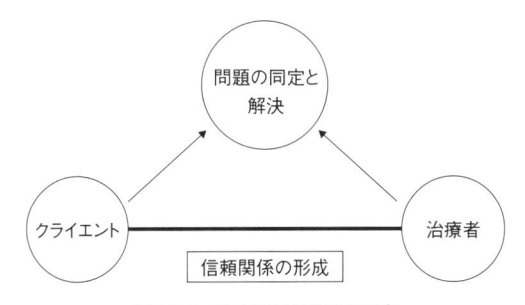

図2-2-2　治療関係と問題の同定

が治療技法の使用である。つまり技法とは問題との心理的距離をとる道具のようなもので，治療者もクライエントも技法によって問題が扱いやすくなると考えている。

以下に述べる説明では，図2-2-2における信頼関係の形成が「情緒的応答性・情動調律」「傾聴・受容・共感的理解・治療者の純粋性」「共同的経験主義」に相当し，問題の同定と解決には「助言と指導」「説明と解釈・心理教育」「リラクゼーション」「認知行動的手法」が相当する。以下順を追って説明する。

〈情緒的応答性・情動調律〉　情緒的応答性・情動調律はマーラー，スターン（Stern, 1989）たちの母子関係研究から言われている概念である。これは治療者とクライエントとの間にも必要な姿勢であり，治療者の頷きや身体の動きなどがクライエントの動きに同調している状態を指す。このように治療者がクライエントの非言語的コミュニケーションに適切に応答していることが，信頼できる関係性の基盤を作り，クライエントが受け入れられたという実感を作るものである。特に児童や思春期の子どもとの面接には欠かせない姿勢である。

〈傾聴・受容・共感的理解・治療者の純粋性〉　原則的に一対一の治療関係では両者の間に信頼関係がなければいけない。それにはロジャーズがクライエント中心療法で推奨した「傾聴の姿勢」「共感的理解」「受容」「治療者の純粋性」という治療者の根本姿勢が必要となる。この理論は日本人に広く受け入れられたが，一部の誤解からいわゆる聴くことのみが強調され，適切な指示や助言を与えず，自然な相談関係を作れないカウンセラーも存在することが多い。

ロジャーズはあくまでもこの姿勢は「社会にある程度適応した人」を対象にしたものであると条件をつけているが，現代の様々な悩みを持つクライエントには社会的に適応できていない人も含まれている。そうした多様なクライエントに対応できるだけの面接姿勢を考え直す必要があり，結果として聴くだけの面接になっていたという場合は除いて，適切な指示や助言も含む常識的な相談姿勢も技法として整備しなければならない（菅野, 2005）。

いずれにせよ人の治療的相談に取り組むときには，文句なくこの姿勢は有効なのだが，いわゆる境界例に代表される人格障害などのクライエントとの治療関係を作る場合には慎重に適用しなくてはいけない（野島, 1992；河合, 1998）。つまり治療者の受容的態度がクライエントの依存－攻撃感情を過剰に刺激し，

治療者との間にゆがんだ対象関係を作る結果，治療関係そのものが破壊的になる可能性がある。こうした重篤なケースの場合，治療目標をどこに置くかが治療態度を決定させるのだが，ここでは論じない。

〈協同的経験主義〉　協同的経験主義とは認知療法の言葉である（Beck, 1976）。トップダウン的な治療関係ではなく，治療者とクライエントが協同で作業をする関係で治療を進めていく姿勢である。そこではクライエントの持つ問題が治療者，クライエント双方に捉えられる形で共有される必要があり，この共有化のためにはそれぞれが問題に対して適切な心理的距離を取れる必要がある。この距離を取るために必要なものが各治療論で使用される「技法」である。

またクライエントの持つリソースを発見し，それを最大に活用していくソリューションフォーカストアプローチの思考（Berg & Miller, 1992）も，共同に治療を進める上で重要な示唆を提供してくれる。

2）助言と指導

心理治療では助言・指導という言葉はあまり使われなかった。しかし大半のクライエントはカウンセリングを助言・指導してもらえるところと考えている。こうした現実に則りわれわれは心理ならではの助言・指導技術を開発すべきだろう。それはこれまでの基礎心理・臨床心理の経験と研究の統合がものを言うところではないだろうか。心理士はクライエントとの関係性の調整には熟達しているので，今後はこうした関係性の中で技術的な側面を指導していく方法論を開発すべきだろう。

〈説明と解釈，そして心理教育〉　説明はクライエントの語る内容や感情表現を明確にする働きと，理論的に説明してクライエントの自己理解を促進する働きとがある。思春期の子どもたちの自己観察能力を高めるために，説明やセルフモニタリングなどの技法（加藤, 1992, 2004）を使うことも多い。

解釈はさらに深い感情的な気づきを促す場合もあるし，違う視点から内面を見つめるきっかけを与えるリフレーミングの働きもある。

心理教育（後藤, 1992）は罹っている疾患の説明であり，それへの一般的な対処法の情報提供である。そして再発予防にも役立つ。

〈リラクゼーション〉　心因性疾患の中核には不安がある，性格障害，精神

病性疾患，発達障害など，その病態は違うにしても，世の中と関わる上では必ず不安は生じる。そうした不安を面接技術で低減させるのも臨床心理士の役割だろう。

リラクゼーションは自律訓練法（佐々木, 1976）や腹式呼吸法，イメージ療法（水島, 1987），催眠（成瀬, 1968），筋弛緩法（赤木, 1971）などを含む。それぞれ技法の背景に理論があるのだが，ここではクライエント自ら行える不安制御の技法と位置づけている。もちろん本人の習得技術や動機づけなどで施行不可能なこともあり，必要な場合は薬物療法などの医療対応が考えられる。

〈認知行動的手法〉　心理発達的課題からの不適応という大きな文脈で認知行動的手法を位置づけると，個人が正常な発達課題を乗り越えていくためにはまず社会への復帰が必要である。その復帰のために必要な手段として，この手法が役立つであろう。これは不適応行動の背景に認知や感情の歪みや問題がある場合，積極的に修正する様々な手法を指す。詳しくは認知行動療法関係の成書を見ていただきたい。

以上を図示すると図2-2-3のようになる。

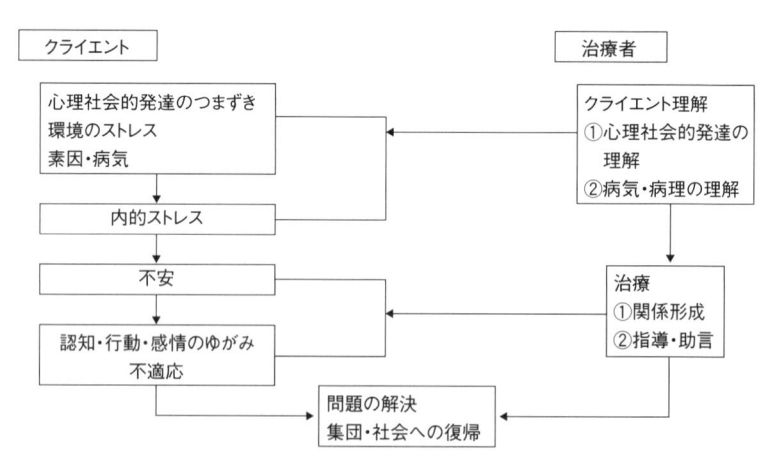

図2-2-3　クライエントの問題と治療の流れ

4. 発達を大切にした統合・折衷的アプローチ

　筆者は不登校を中心とした心因性疾患の心理治療を専門にしているため，幼児，児童，青年期などの発達的特徴を意識した臨床を実践している。ここでは児童期，青年期での統合・折衷的アプローチの一端を事例に即して紹介したい（なおケースの内容はプライバシー保護のため改変されている）。

[1] 児童期の事例
　事例1：9歳　女児
　主訴：不登校　激しい退行
　現病歴：双子の姉。学校での班給食が苦痛になり，学校を行き渋った。無理やりに登校させたり，先生の迎えを頼んだが引きこもるようになった。クライエントは母親とともに来所したが，1回で来所は途絶え，母親のみの面接になった。
　治療概要：母親のみの面接指導が半年。その後，クライエントも来所できるようになり，女性カウンセラーと遊戯療法を行った。クライエントの来所が途絶えた閉じこもり期では激しい退行が出現し，単なる赤ちゃん返りではなく，まるで悪魔にとりつかれたかのように暴れまわるという状態に母親は疲弊した。たとえば母親が少し暗い表情をしただけでも「お母さんは怒っている」と情緒不安定になり，小さな机を窓に投げつけガラスを割るなど激しい行動化が生じた。母親には発達メカニズムや退行を説明し，ひどい暴力には父親の協力を得ながら対策をたて，普通の赤ちゃん返りに戻してから，当所への来所につなげた。
　女性カウンセラーとの遊戯療法では，本児に治療意欲があったため，タングラム（パズルの一種）を持参してカウンセラーとともに遊んだ。学校に戻る意欲を取り戻したころは自分なりに少しずつ通学路を歩く練習を始めたため，トークンエコノミー技法を勧めた。

(着目点)
1) 発達的側面

　心理社会的発達的には児童期であり，エリクソン（Erikson, 1963）の唱えるところの「勤勉性対劣等性」の均衡に苦労する時期である。また9歳から10歳にかけては小学校低学年とは異なり友達関係が徐々に教師との関係よりも大事になってくるが，いまだ教師に対する尊敬や意識は大きい時期である。こうした発達背景でクライエントの食が細いという気質や，班給食での周りの子どもたちの批判，教師の指導などが「みんなの期待に応えられない」劣等感を刺激し，登校への不安を促進したと考えられる。

　この年齢での不安は分離不安の様相をとることが多い。クライエントの場合も母親に甘えて家に引きこもることになった。しかし母親が暗いか怒ったような表情をしたときに，クライエントは怯え，怒り出し暴れる。その一方母親が明るい表情のときは機嫌が良いという状態になった。こうした人格の変動には，「分裂」という原始的防衛機制が活性化されており，マーラーの言う再接近期危機の状態（成田, 1986）に相当する。したがって単なる甘えてだだっこになるレベルではなかった。

2) 治療的側面

　分離不安の治療には当然母親との甘えなおしによる再養育が重要である。十分な甘えなおしが達成されると自然と発達的な躓きが乗り越えられ，現実感が蘇ることで社会へと関心が向き，登校の再開へとつながる。この例でも当初はそれを目指していたが，母親への信頼関係をめぐる衝動的混乱に陥った。

　そこで母親にはクライエントが母親にどういうイメージを持ち混乱しているのかを説明して，発達的に理解してもらい見通しをつけさせた。これは「心理教育」に当たり，母親の不安を低減させた。暴れる行為に対しては，その場に母親をいさせず場所をかえるなどの一種のタイムアウト法（Bellack, 1985）を使い，クライエントの怒りのピークが過ぎ去ったころに父親が介入するという役割分担を指示した。ここには行動分析的な対応（河合, 1986）が使われている。

　徐々に衝動的行動は減り，母親に身体を擦ってもらいたがる甘え方になった。それへの固着に母親が困ったときには，たとえば「おかあさーん，足さわって」

と呼びかけることに対して「ちょっと5分待ってね。必ず行くからね」と返答し，5分後に行くという行動を繰り返し，ステップを踏んで待つ時間を延ばしてクライエントに甘えを我慢させる練習を考案した。これは「随伴性マネジメント」（Bellack, 1985）の適用と言えるだろう。こうしたことから徐々に母親からの身体的甘えが軽減し，言葉で母親に何を考えていたのか伝えたり，手紙をかくことで母親に気持ちを伝えられるようになった。母親へのこだわりが消退し始めると現実への関心が蘇る。

　クライエントが「治療を受けたい」と希望し，タングラム（パズルの一種）を持参して女性心理士と遊戯療法を始めたが，クライエント自らが玩具を持参することには何らかの意味があるのだろう。クライエントの思いを受容する中でクライエントの表現を促した。一方学校に対してもクライエント自ら登校訓練のようなものを始めたので，そのやり方を母親と検討し，徐々に学校に近づけていく行動形成を促進するため「トークンエコノミー法」（河合, 1986）を適用した。そして母子登校に至り，登校が可能になったころには遊戯治療で行われた「スクリブル法（描画療法の一種）」（山中, 1990）において，「恐ろしい鬼が実は優しいサンタクロースで，私にプレゼントをくれた」という物語を作り，母親の良い側面と悪い側面の一応の統合を示す表現が認められた。

[2] 青年期の事例

　事例2：16歳　男子

　主訴：不登校

　現病歴：中学3年の後半から不登校傾向になった。小学校時代は成績がよかったが中学校入学後徐々に成績は落ちてきた。塾に通ったがかなり厳しい指導で，余計に自信を無くした。高校は合格したが，入学式に出ただけで登校しなくなった。

　治療概要：治療機関への来所に抵抗があったためか，面接では治療者を睨みつけるような態度で「精神分析をやってほしい。自分を見直したい」とやや挑戦的な申し出をした。分析の危険性を告げたが，ここはクライエントの思いを組みいれ，自由連想的に話をしてもらい，治療者が解釈をしていくという形をとった。

結局，離婚した父親に対するアンビバレンスな感情に連想がいき，父を否定する気持ちと受け入れたい気持ちが語られたとき，治療者の「ほんとはお父さんのことが好きなんだね」と言ったことがクライエントの抵抗を引き起こし，治療は中断になった。

その後2ヶ月して学校に行きたいから面接を再開したいと連絡があった。担任が数学の授業内容を書いたフロッピーディスクを渡してくれ，最後の頁に「元気にやってますか」などの挨拶を入れてくれたことに感激したのだと言う。面接では「行動療法をお願いします」と望んで来た。しかし初回のころの睨みつけるような態度はなく表情は柔らかだった。

生活の乱れを直すことや，やる気をつけることを登校の準備としたいと希望したので，行動予定表を二人で作ってみた。クライエントができそうな行動の項目を作り，○：2点，△：1点，×：0点とし，次の面接日までの合計点を算出し，パーセンテージで達成度を評価した。それを施行し始めると，100％達成しないといけないと思い込んでいたクライエントの完璧症の側面が見えた。それを修正すると非常に安心し構えがとれた。徐々に登校ができ，登校そのものも行動達成評価の項目に入れた。話題も自分の好きな無線通信の話になるなど余裕が見られ，完全登校に至った。最後には不登校の経験は自分にとってよかったと振り返った。

（着目点）
1）発達的側面

小学校高学年，中学生，高校生は青年期の前半と中半である。エリクソンは青年期を自己同一性を求める時期として重要視し，親子関係ではブロスのいう「第2の分離個体化」の時期である。つまりもう一度親に反抗し，精神的物理的に自立していく時期として位置づけている。子どもが家庭から独立するためには，職業的同一性を達成していかなければならないが，その一歩手前として家庭外での集団への帰属，同一化が成功しなければならない。不登校はそうした集団から身を引くことになるので，明らかに発達停滞を引き起こすものである。

この事例では家庭の問題が大きく，特にクライエントが好きだった父親が母親と離婚してから変調を起こしている。さらに塾での厳しい指導についていけ

ないことから自尊心が低下したことなどが不登校への引き金になったのだろう。

2）治療的側面

　最初から男性治療者に向けてきた挑戦的な姿勢は，明らかに家を出て行った父親イメージを投影したものであろう。「この年上の男性は信用できるのか，権威は信用できないぞ」とでもいうような感情ではなかったか。それでも「精神分析」をしてほしいという姿勢は権威に対する依存である。そうした相反した感情の揺れを治療者は受け止めつつ，父親との関係を内省するクライエントに感情の明確化を急ぎすぎたため，治療抵抗を引き起こさせたと思われる。幸いこのクライエントは学校担任の配慮から登校復帰を決意し，もう一度同じ治療者との面接を望むのであるが，思春期青年期のクライエントの場合，特に家庭的問題が大きいほど，治療者との感情関係は微妙であり，クライエントの心に治療者がどのように映っているのかを考慮しながら治療を進めなければならない（北山, 2001）。クライエントの要求するままにその技法を適応したのはクライエントとの信頼関係を作る目的もあったが，この年代での精神分析はある意味危険とも言われる（乾, 1980）ので導入には慎重さが必要である。

　治療後半で用いた技術はうつ病などに適応される活動スケジュール（野村総一郎, 1997）などの行動形成法である。認知的再構成法（坂野, 1995）は用いなかったが，行動達成率が100％でなければならないというクライエントの思い込みが抽出できた。目安的に「40％程でいいのだよ」という治療者の助言にクライエントが安堵するのだが，ここにクライエントの失った父親イメージを埋める，完璧で理想的な父親イメージへの過剰な同一化が崩れていき，現実の自分を治療者との関係によって認めていくプロセスがあった。行動療法を行いつつも自己イメージの修復という精神分析的なプロセスが流れていると同時に認知的修正も行われたと考えられる。

5．まとめと考察

　以上にわたって筆者の理論的統合の素描と事例を紹介した。以下の観点から考察とまとめにしたい。

[1] 不登校の臨床心理的援助と統合的アプローチ

　現在不登校は「誰にでも起こり得る」ものとして認識されている。ジョンソン（Johnson, 1941）の研究から様々な原因論が考案されてきたのだが，1つの原因論では捉えきれず，社会や文化の問題として考えなければならないほど認識が変化した（冨田, 1996）。したがって不登校の援助には様々な角度からの理解と臨機応変な援助姿勢が求められる。

　発達的観点からは不登校によって集団を回避する結果，二次的に生じる社会性発達の停滞，学業の遅れなど様々な弊害が考えられる。ここにも子どもたちの心理発達，社会性発達を考慮した支援が必要である。一方不登校児の背景にある問題として，家族関係のゆがみ，子どもの病理，病態などへの治療も必要であり，各病態レベルによって治療技法を変えて適用すべきである。最近では各市に適応指導教室が設置され，不登校児への集団療法参加が推進されている。また学校にはスクールカウンセラーが配置されるなど，様々な援助ネットワークが形成されつつあり，個人支援のみだった昔に比べ，多様化した援助が可能となってきた。今後そうした援助状況に治療者が対応できるような統合的な視点とアプローチが必要となっていくだろう。筆者のアプローチが徐々に理論的統合などの統合・折衷的視点を取らざるを得なくなったのには，こうした時代状況も大きく影響している。

[2] 関係性の重要さと統合的アプローチ

　事例の年代はいろいろであり，異なる年代の事例に対して，治療者が同じ態度で接することはできない。それぞれの年代の子どもたちが治療者をどう認識しているのかを理解して接近しなければ，より適切な治療を提供することはできない。

　事例1ではクライエントが「治療をする」と決意して来院するのだが，大人のカウンセリングをイメージして対応したのでは，クライエントがタングラムを持参して遊戯療法をする意味もつかめなかっただろう。子どもにとって心の治療とはまさに子どもなりの自己表現の場であり，その意図を治療者が汲んであげて対応する必要がある。また母親は大人なので通常の相談対応を行えば良いのだが，この例では心理教育的な要素が強く，小学校低学年の分離不安の理

解が母子関係のあり方を再考する契機となり，結果として子どもの治療につながった。事例2では思春期男児の父親認識の理解が治療者の対応へのヒントになった。このような関係性の理解は，それぞれが現実へ再適応していく治療目標を達成する上でわかりやすい方向性を示唆してくれる。その意味で対象関係の発達に関する精神分析理論は，われわれが子どもたちと関係性を構築していく上で重要な知見を提供してくれる。そして認知行動療法的な知見と手法は，問題を対象化し，扱いやすくさせ，現実適応への具体的指導としてクライエントにもわかりやすい形で利用してもらえる。もちろん個人によっては適用できない場合もあるが，あらゆる個人により適切で有効な指導法の開発は，今後の実証研究の方向性になるだろう。また対象関係理論はすでにマーラーやスターンなどの乳幼児研究で実証的検証が行われており，こうした知見は今後，治療関係性の実証的研究の題材となるのではないか。そうした治療に即した実証的研究の発展を期待してまとめに代えたい。

文　献

赤木　稔　1971　行動療法と心身症．医歯薬出版．
Baron-Cohen, S.　1995　*Mindblindness: An essay autism and theory of mind*. MIT Press. U. S.（長野　敬・長畑正道・今野義孝訳　自閉症とマインドブラインドネス．青土社．）
Beck, A. T.　1976　大野　裕訳　1990　認知療法．岩崎学術出版社．
Bellack, A. S., & Hersen, M.　1985　*Dictionary of behavior therapy techniques*. New York: Pergamon Press.（山上敏子監訳　1987　行動療法辞典．岩崎学術出版社．）
Berg, I. K., & Miller, S. D.　1992　*Working with the problem drinker: A solution focused approach*. New York: W. W. Norton & Company.（斎藤　学監訳　1995　飲酒問題とその解決―ソリューションフォーカストアプローチ．金剛出版．）
Berkley, R. A.　1997　*ADHD and nature of self-control*. Guilford press.
Blos, P.　1962　*On adolescence: A psychoanalytic interpretation*. New York: Free Press.（野沢栄司訳　1971　青年期の精神医学．誠信書房．）
Erikson, E. H.　1963　*Childhood and society*. New York: W. W. Norton & Company（仁科弥生訳　1977　幼年期と社会Ⅰ．みすず書房．）
後藤雅博　1992　複合家族療法．氏原　寛・小川捷之・東山紘久・村瀬孝雄・山中康裕（編）　心理臨床大事典．培風館．
Greenberg, L. S.　2001　*Process-experimental therapy*. In VandenBos, G. R., Frank-McNeil, J., Norcross, J. C., & Freedheim, D. K., *The anatomy of psychotherapy*. Washington D. C.: A. P. A.（岩壁　茂訳　2003　プロセス指向体験心理療法．心理療法の構造．誠信書房．pp.123-159.）

Harvey, P. D., & Sharma, T. 2002 *Understanding and treating cognition in schizophrenia: A clinician's handbook*. London: Martin Ounitz Ltd.（丹羽真一・福田正人監訳　2004　統合失調症の認知機能ハンドブック─生活機能の改善のために．南江堂.）

乾　吉佑　1980　青年期治療におけるnew object論と転移の分析．小此木啓吾（編）　青年の精神病理2．弘文堂．pp.249-276.

Johnson, A. M. 1941 School phobia. *American Journal of Orthopsychiat*, **11**, 702.

加藤　敬他　1992　過敏性腸症候群の心理治療におけるセルフモニタリング法の試み．心身医学, **32**(6), 489-494.

加藤　敬　2004　思春期の子どもたちに自己観察を促す認知的アプローチ．柳澤正義（監修）　小児科外来診療のコツと落とし穴②　メンタルヘルス．中山出版．

河合隼雄（編）　1969　箱庭療法入門．誠信書房．

河合俊雄　1998　重症例の病態水準とその治療的分類．河合隼雄（編）　境界例・重症例の心理臨床．金子書房．pp.13-25.

河合伊六　1986　子どもの保育と行動分析．川島書店．

Kernberg, O. 1976 *Object relations theory and clinical psychoanalysis*. New York: Jason Aronson. （前田重治監訳　1983　対象関係論とその臨床．岩崎学術出版社．）

北山　修　2001　思春期の危機─精神分析理論と臨床．誠信書房．pp.140-147.

古宮　昇　2001　心理療法入門─理論統合による基礎と実践．創元社．

村瀬嘉代子　2003　統合的心理療法の考え方．金剛出版．

Mahler, M. 1975　高橋雅士他（訳）　乳幼児の心理的誕生．黎明書房．

Masterson, J. F. 1972 Treatment of the borderline adolescene. New York: John Willey & Sons. （成田善弘・笠原　嘉訳　1979　青年期境界例の治療．金剛出版．）

Messer, S. B. 1992 Acritical examination in belief structures in integrative and eclectic psychotherapy. In J. C. Norcross & M. R. Goldfried (Eds.), *Hand book of psychotherapy integration*. New York: Basic Books.

水島恵一　1987　イメージ芸術療法．大日本図書．

中釜洋子　2005　統合的介入．下山晴彦（編）　臨床心理学の新しいかたち．誠信書房．pp.84-103.

成田善弘　1986　Mahler, M. S. の分離個体化とボーダーライン．北田穣之介（編）　精神発達と精神病理．金剛出版．pp.121-146.

成瀬悟策　1968　催眠面接法．誠信書房．

野村総一郎　1997　認知療法が著効を示した遷延性うつ病の2症例．岩本隆茂他（編）　認知行動療法の理論と実際．培風館．

野村芳子　1997　不随意運動の臨床─小児例─．脳と発達, **29**, 199-205.

野島一彦　1992　クライエント中心療法．心理臨床大事典．培風館．pp.288-293.

Rogers, C. R. 1965 *Becoming a person*. （村山正治編訳　1967　人間論．岩崎学術出版社．）

坂本真士　1997　自己注目と抑うつの社会心理学．東京大学出版会．

坂野雄二　1995　認知行動療法．日本評論社．

佐々木雄二　1976　自律訓練法の実際．創元社．

下山晴彦　2000　心理臨床の基礎I．心理臨床の発想と実践．岩波書店．

Stern, D. N. 1985 *The interpersonal world of the infant.*（小此木啓吾他監訳 1989 乳児の対人世界 理論編．岩崎学術出版社．）
菅野泰蔵 2005 「一本！」をとる面接―カウンセリング原論．こころの科学, **121**(5), 122-126.
冨田和巳 1996 子どもたちの警告．法政出版．
氏原 寛 2002 カウンセラーは何をするのか．創元社．
VandenBos, G. R., Frank-McNeil, J., Norcross, J. C., & Freedman, O. K. 1995 *The anatomy of psychotherapy.* Washington D. C.: A. P. A.（岩壁 茂訳 2003 心理療法の構造．誠信書房．p.415.）
Wachtel, P. 1997 *Psychoanalysis, behavior therapy, and the relational world.* Washington D. C.: A. P. A.（杉原保史訳 2002 心理療法の統合を求めて．金剛出版．pp.237-240.）
山松質文 1975 自閉症児の治療教育―音楽療法と箱庭療法―．岩崎学術出版社．
山中康裕 1990 絵画療法とイメージ―MSSM法の紹介をかねて．現代のエスプリ, **275**, 93-103.

3

技法折衷アプローチ

東　斉彰

1. はじめに

　本章を述べるにあたって，まず技法折衷アプローチに至った筆者の経歴を述べたい。大学，大学院時代は基礎心理学，中でも学習理論（learning theory）を専攻していた。専門は動物の嫌悪学習で，ラットを被験体にして実験研究を行っていた。ここでは基礎心理学の根幹をなす科学性，客観性，実証性を徹底的に訓練されたように思う。大学時代から臨床に興味を抱いていたので，学外の臨床家を頼って臨床実習に通っていた。そこでは自閉症児のオペラント強化法や恐怖症のクライエントの系統的脱感作法を学んだ。大学院の研究室は学習心理学一色であったので必然的に，臨床は行動療法のみが認められていた。大学院修了後は精神科クリニックに就職，院長（精神科医）が催眠や自律訓練法の専門家で，多くのクライエントにリラクセーションを主眼とした催眠，自律訓練法を行った。2～3年経過してから近隣の県で精神分析のセミナーが始まり，5年ほど続けて受講した。そこでは故小此木啓吾教授はじめ日本の精神分析の第一人者の指導を得ることができた。当時は対象関係論の全盛期であったように思う。そのころ，日本に初めて，アメリカの認知療法の指導者の一人であるアーサー・フリーマン博士が来日し東京と大阪でワークショップを行い，幸運にも受講することができた。次いで異動した大学病院は日本の心療内科発祥の地で，本格的な心身医学を学習できた。また交流分析を初めて日本に導入した場所でもあり，交流分析の基礎を学べた。その当時同じ研究室に家族療法の世界で活躍している心理臨床家がおり，その名人芸を目の当たりにすることもできた。次いで異動した総合病院ではブリーフセラピーの専門家がおり，同

じ研究会で今も共に研鑽を積ませていただいている。その他，傾聴訓練の講師やエンカウンターグループのファシリテーターを年数回務め，ロジャーズの考え方や方法を実践することができた。

　以上のように，様々な臨床現場や研修の場において，各種の心理療法を経験し，幸運にもいく人かのその道の第一人者の臨床を観察，体感することができた。その経過の中で，いずれ自分にとって最も納得のいく心理療法が見つかり，自分も「～派」と名乗る時が来て初めて一人前の心理臨床家になるのだと思っていた。しかし，どの理論を学んでもそれなりに納得がいき，どの治療技法を実践してもある程度の効果は得られることがわかり，どの治療法も人間の本質（の一部）をついており，その最終目標は違ってもクライエントの役に立つものであることを実感した。そして，認知療法やブリーフセラピーなどが従来の心理療法を洗練した統合的・折衷的な方法であることを理解し，さらにアメリカを中心に発展した統合的・折衷的心理療法を知り，統合・折衷的アプローチを自らの心理療法アイデンティティーとしてもいいのではないかと考えるに至った。

　以上のような経過の中で筆者は折衷派として心理臨床活動をするようになり，既存の心理療法の学会（日本心理臨床学会，日本精神分析学会，日本行動療法学会，日本交流分析学会など）や，認知療法やブリーフセラピーの研究会，地域の臨床心理士会の研修会などで，積極的に発表したり討論したりした。予想していた通りであるが，概ね聴講者の反応は少なく，疑問を呈するコメントや批判的意見などが散見される程度であった。よく出る否定的な意見をまとめると，「効果がなければ次々と技法を使う節操のなさ」「浅い治療」「それだけの技法を習得するのは無理」といったものである。本章ではこれらの疑問に答えるべく，技法折衷アプローチの本質を論じたいと思う。

2. 技法折衷アプローチとは

　1章で述べたように，技法折衷アプローチは心理療法の理論にはこだわらず，そのクライエントの治癒に有効と思われる技法は何でも取り入れ適用する。ただし，単なる思い付きで次々と技法を使うのではなく，基本的な考え方に基づ

いて，的確なアセスメントを行い，整合的，体系的に技法を選択し適用するのである。理論統合アプローチ，共通要因アプローチと同じく統合・折衷的アプローチであるが，技法折衷アプローチでは当然技法を重視することになる。次項で紹介するマルチモード療法などは，主要な技法だけで40以上ある。

　技法折衷アプローチの理念は，今心理療法の対象となっている個々のクライエントの個性を重視し，そのクライエントの訴える問題の内容や質，パーソナリティーや精神病理，その問題が生じている状況，クライエントの希望などに合わせて技法を選択することにある。それゆえそれらのクライエント要因を評価するアセスメントの作業をきっちりと行うことになるし，的確なアセスメントがなされた後にはそのクライエントの特性を中心に治療を進めることになり，まさにクライエント重視の方法ということができる。

　以下の項では，技法折衷アプローチの主要な方法であるマルチモード療法（ラザラス），体系的折衷療法（ビュートラーら），処方箋折衷療法（ノークロス）を説明し，マルチモード療法を用いた事例を提示して技法折衷アプローチの治療過程を明らかにしたい。

3. マルチモード療法（Multimodal Therapy）

　マルチモード療法を創始したアーノルド・ラザラス（Arnold Lazarus）は，行動療法の第一人者であるウォルピの元同僚であった。共同で臨床・研究をしていた時は系統的脱感作法などの行動療法の主要技法を提唱していた（Lazarus, 1961）が，のち「より広い行動療法」を目指してウォルピとは袂を分かち，1981年に初めてマルチモード療法を提唱している（Lazarus, 1989）。元々が行動療法から出発しているので，折衷的といっても行動療法の技法が多く，次いでイメージ技法が多くなっている。しかし，フォーカシングやエンプティーチェアー法，催眠までも取り入れ，ほとんどすべての心理療法から技法を取り入れていると言ってよい。本節では，マルチモード療法の基本的概念，アセスメント，技法の選択について詳説する。

[1] 基本的概念

マルチモード療法では，基本的には行動理論（学習理論，条件づけ理論）をパーソナリティー生成の背景とする。一方で，顕在的な行動のみを対象とするわけでなく，個人個人の思考，感情，イメージなどをも問題とする。また，無意識（unconsciousness）の概念を実体のないものとして退け，非意識（non-consciousness）を提唱している。無意識は，構造を持ちコンプレックスや不安などの精神内界的な機能を持つ，といった実体としての概念であるが，ここでいう非意識とは，潜在意識が意識的な思考，感情，行動などに影響を与えるものにすぎないとされる。ここでは，従来の行動療法の概念から力動的な概念に広がっていると言えるだろう。また，人間のパーソナリティーを行動（Behavior），感情（Affect），感覚（Sensation），イメージ（Imagery），認知（Cognition），対人関係（Interpersonal relationship），生物学的要因／薬物（Biology／Drugs）の7つの様式（モード）に分け，それぞれの頭文字を取ってBASIC I. D.と表した。このBASIC I. D.をもとに，以下に述べるアセスメントと技法の選択を進めていく。7つのモードの特徴と内容を表2-3-1に示した。

表2-3-1 各モードの特徴と内容

行動(Behavior)：観察可能で測定できる行為，習慣，身ぶりなど 食行動，自殺企図，強迫的行動，やりたい行動，やめたい行動など
感情(Affect)：情緒，気分に関するもの 不安，恐れ，抑うつ，罪悪感，怒り，いらだちなど
感覚(Sensation)：視覚，聴覚，触覚，味覚，嗅覚に関する否定的な感覚 緊張，痛み，めまい，発汗，赤面，動悸，性的障害など
イメージ(Imagery)：空想や夢，記憶に関するもの 快適な，不快な，不幸な，絶望的な，笑われているなどのイメージ
認知(Cognition)：考え，価値観，意見などに関するもの 私には価値がない，私には魅力がない，人生はむなしい，愛されない，などの非合理的な考え
対人関係(Interpersonal Relationship)：他者について，他者との関係について 家族との関係，友人との関係，職場での関係など
生物学的要因／薬物(Biology／Drugs)：服用している薬物，健康に関すること，過去にかかった病気 安定剤などの服用，コーヒー・たばこ・アルコールなどの摂取，運動，栄養など

[2] マルチモード・アセスメント
1) モードプロフィールの作成

　マルチモード療法ではアセスメントが非常に重視される。質問紙として「生活歴質問紙」および「プロフィール調査表」を適用し，各モード別の問題を同定する作業を行う。「生活歴質問紙」では一般的な症歴の他に BASIC I. D. についての質問に答えさせ，問題点を明確にしていく。「プロフィール調査表」では，BASIC I. D. の各モードに応じた質問に 10 点満点で評価させ，クライエントの態度を「思考タイプ」「感情タイプ」「行動タイプ」などに特定する。

　以上の 2 種類の質問紙による調査と，1 回〜数回の面接での情報収集を元に「モードプロフィール」を作成する。各モードの問題と選択した治療技法を列挙し一覧表にする（後述の症例で図示する）。

2) 発火順序の評定

　症状や問題行動に先行，後続する刺激や事象を尋ねていき，モードの順序（発火順序　firing order）を調べる。たとえば，パニック不安のクライエントが，電車の中ではじめ「電車が事故で止まって閉じ込められたらどうしよう」と考え（認知），実際にそうなっているところをイメージし（イメージ），動悸がして体が震えだし（感覚），ついには途中の駅で降りてしまう（行動），といった順序で反応した場合，このクライエントの発火順序は C−I−S−B となり，まず認知モードの介入（たとえば認知修正法）から始め，次にイメージモードへの介入（たとえば対処イメージ法）という順序で技法を適用していくことになる。

3) 治療技法の選択

　アセスメントにより明らかになった各モードの問題に対して，各種の治療技法を適用する。技法には，行動リハーサル，セルフモニタリングなどの従来の行動療法の技法が多く含まれるが，認知修正法や対処イメージ法などの，より内面的な要因を扱う技法も多い。また，エンプティーチェアー法やフォーカシング，逆説的戦略などの行動療法，認知療法以外の技法も少数ながら用いられている。各モードごとの主要な治療技法は以下のとおりである。

　①行動モード(B)　　行動リハーサル，モデリング，非強化，正の強化，記録とセルフモニタリング，系統的エクスポージャーなど。すべて行動療法の技

法であるが，認知的な要素も含まれる。他のモードと比べて最も技法数が多い。

②感情モード（A）　　怒りの表現，不安管理訓練，感情の同定など。感情の強さや種類を理解し，表現し，コントロールする技法である。

③感覚モード（S）　　バイオフィードバック，フォーカシング，催眠，リラクゼーション訓練，感覚焦点訓練など。リラクゼーションを促す方法が多い。感覚焦点訓練はセックスセラピーで多用される技法である。ラザラスはセックスセラピーやカップルセラピーなどの治療を論じることが多い。

④イメージモード（I）　　未来ショック拮抗イメージ，嫌悪イメージ，目標リハーサルまたは対処イメージ，肯定イメージなど。ラザラスはイメージ技法を重視しており，イメージ技法のみを扱った著書も出版している（Lazarus, 1984）。

⑤認知（C）　　読書療法，認知修正法，エリスのA-B-C-D-Eパラダイム，問題解決法，自己教示訓練など。認知療法（ベック），認知行動療法（マイケン

表2-3-2　マルチモード療法でよく使用される技法

行動	イメージ
行動リハーサル	未来ショック拮抗イメージ
モデリング	嫌悪イメージ
非強化	目標リハーサルまたは対処イメージ
正の強化	肯定的イメージ
セルフモニタリング	ステップアップ技法
エクスポージャー	認知
感情	読書療法
怒りの表現	誤った概念の修正（認知修正法）
不安管理訓練	エリスのA-B-C-D-Eパラダイム
感情の同定	問題解決法
感覚	自己教示訓練
バイオフィードバック	対人関係
フォーカシング	コミュニケーション訓練
催眠	随伴性契約
リラクゼーション訓練	逆説的戦略
感覚焦点訓練	ソーシャルスキルトレーニングと
生物学的要因／薬物	アサーショントレーニング
健康な習慣の奨励―栄養，運動など	
器質的問題や生物学的介入が必要な時は医師に　紹介	

バウム），論理情動療法（エリス）からの技法が中心である。

⑥対人関係モード(I)　コミュニケーション訓練，随伴性契約，逆説的戦略，ソーシャルスキルトレーニングとアサーティブトレーニングなど。行動療法と家族療法からの引用で，関係性を扱った技法である。

⑦生物学的要因／薬物モード(D)　健康な習慣の奨励——栄養，運動，レクリエーション，医師への紹介など。本来身体面を扱うモードなので，医学・運動学などの生物科学的要素が強く，介入の仕方も指示的・教育的となる。

表2-3-2は，マルチモード療法において，各モードごとによく使用される技法を示したものである。

以上のように治療を進めていくが，技法を適用しても期待された効果が生じない場合や新たに問題が加わった場合，再度アセスメントして「2回目のモードプロフィール」を作成し，それに基づいて新たに技法を用いる。その際，1回目のモードプロフィールがマクロ的であるのに対して，2回目のモードプロフィールはより詳細でミクロ的になるのが特徴である。

技法適用の順序は，プロフィール調査表で特定したモードタイプに合わせて適用すると，クライエントがその方法や課題を好んだり，受け入れやすい傾向がある。また，クライエントが面接の会話の中でよく表現するモードを見極め，タイプを特定していくことも有効である。次いで，先述のように症状や問題のモードの生起順序を調べ（発火順序），その順序に従って技法を適用していくとスムーズに進行しやすくなる。

以上のように，マルチモード療法はアセスメント，技法の選択の各フェーズを通してクライエントの訴えを詳細に聞き，それに最大限に合わせて治療しようとする方法であると言える。後に，マルチモード療法を適用した症例を示して，その治療過程を具体的に示したい。

4．その他の技法折衷アプローチ

[1] 体系的折衷療法（Systematic Eclectic Psychotherapy）

体系的折衷療法については1章でも簡単に触れた。ビュートラーとコンソーリは，折衷的アプローチの作業原理として，すべての心理療法は効果があるこ

と，治療手続きは元の理論とは独立して行われること，様々な技法に通じる変化の理論から作用すると述べている（Beutler & Consoli, 1992）。つまり，どの心理療法学派も効果を持つものであるが，必ずしもその理論に同意する必要はなく，変化を及ぼすと思われる技法はどの学派のものでも取り出して適用すべきであるとする。この考え方はマルチモード療法のラザラスと一致するものである。第2部1章で述べたように，体系的折衷療法ではクライエントの要因を問題の重さ，問題の複雑さ，抵抗のレベル，対処スタイルに分けて評価し，技法適用の目安とし，どのような問題を対象としどの問題から取り掛かるか，気づき，洞察，認知的セルフコントロールのどれを，どれほどの介入の強さで促すかを決定する。ここでは対処スタイルの分類と介入法についての詳細を以下に示す。

①内在的対処スタイル（自責や自己価値を下げる）を持つ場合……情緒的な気づきを促す。

②外在的対処スタイル（不満足なことを外部のものごとや他者のせいにする）を持つ場合……行動変化を促す。

③抑圧的対処スタイル（抑圧，反動形成，否認といった防衛機制を使う）を持つ場合……洞察を促す。

④循環的対処スタイル（上記3つのスタイルを行き来する）を持つ場合……認知的セルフコントロールを促す。

このような，具体的で体系的なアセスメントをした上で介入法を決定し治療に当たる。技法的には，症状の改善，ソーシャルスキルトレーニング，家族や社会のネットワークを促進するような認知的・行動的な技法を組み合わせて使う。

［2］処方箋折衷療法（Prescriptive Eclectic Psychotherapy）

処方箋折衷療法はノークロスが開発した技法折衷アプローチである。異なる学派の治療理論から有効であると思われる介入法を抜き出し（折衷的），実証的な支持に基づいて作られた指針を元に，それらの介入法を個々の事例と組み合わせる（処方箋式）ことによって治療の効率，効果を高める（VandenBos et al., 2001）。

処方箋折衷療法の主要な特徴は，気づきと行動の相互作用による相乗効果を高めること，異なる心理療法理論を相補的に組み合わせること，介入法を選択するときの指標となる実証データを同定することの3つであるとされる。その意味で部分的には理論統合的であるとも言えるだろう。気づきは行動の裏づけを与え，行動は有用な洞察を推進する，という考え方は循環的力動心理療法と非常に類似している。それでも技法折衷アプローチとされるのは，面接の中で積極的に支持的介入や指示，課題の処方，探索的介入などを行うところにあることと，個々のクライエントの問題や状況に応じて処方箋を示していくところにある。どのような問題にどのように介入するかの基準は，処方ガイドラインによって決定される。そのうち，〈心理療法の形態〉を決定するのは，精神障害の種類，治療目標，動機づけ水準などで，〈治療関係の持ち方〉を決定するのは，クライエントの期待，抵抗水準，変容段階などである。技法は，支持的技法や表現的技法，認知行動技法や宿題の提示など幅広い。

5. 事例―心身症へのマルチモード療法の適用

本項では，技法折衷アプローチのうち，マルチモード療法を適用した事例を挙げ，その方法や過程について論じたい（なお，プライバシー保護のため症例の経過には関係しない程度に事実関係を若干変更している）。

クライエント（以下Clと略）：45才，男性，会社員

主訴：全身の疼痛

家族：妻（43才，主婦，離婚調停中），長女（14才，中学2年生），次女（11才，小学5年生）がいるが2年半前から別居中，Clは現在一人暮らし。

問題歴：5年前親類の金銭トラブルで強いストレスを受け，右足に痛みや冷感が出現した。1年9ヶ月前，強い足の痛みとしびれが出現し，内科にてバージャー病（難病の一つで，四肢の血管内に閉塞性の血管炎を起こす疾患）と診断され，現在まで1年半入院し治療を行っている。精神安定剤，温熱療法などを行っているがあまり効果はない。妻や親類との関係でもめており，うつ感情，不眠なども伴っている。3年前に自殺企図をおこしている。

面接経過：初回面接では病歴を聴取したが，「痛くて痛くてたまらない」と

いう言葉を何度も繰り返すなど，苦痛感を誇張して訴える傾向が強かった。

第2回面接（以下#2のように表す）で自律訓練法（以下ATと略）を適用したところ反応がよく，すぐリラックス感を得た上に，AT中は痛みが消失していた。#4，#5では生活歴質問紙およびプロフィール調査票に記入させ，話し合いながらモードプロフィールを作成した。主訴である"痛み"は感覚モードの問題となるが，他に"手足の緊張感"と"疲労感"が表された。痛みに

表2-3-3 症例のモードプロフィール

モード	治療技法
行動	
痛みのために活動できない	行動スケジュール法（痛みを伴わない行動を増加させる）
感情	
自分が遭っていることへの悲しみ	感情の表現法
債権者への恐れ	
感覚	
痛み，手足の緊張感，疲労感	リラクゼーション訓練（自律訓練法）
イメージ	
いじめられたイメージ	対処イメージ法
債権者への恐怖イメージ	
絶望的なイメージ	
認知	──
対人関係	
親，妻との関係がよくない	ソーシャルスキルトレーニング
対人関係がうまくいかない	
生物学的要因／薬物	──

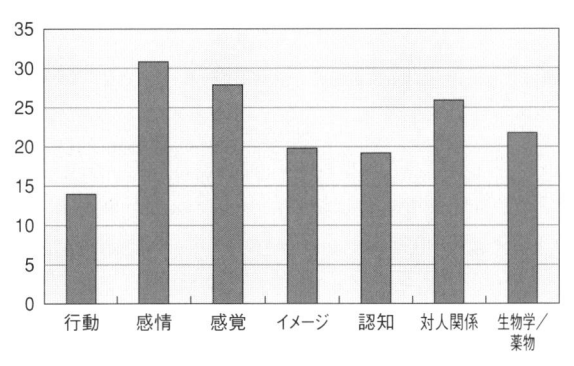

図2-3-1 症例のモード別得点

関連する行動モードの問題として，"痛みのために活動できない"ことが示された。その他感情モードは"自分が遭っていることへの悲しみ"と"債権者への恐れ"，イメージモードとして，"いじめられたイメージ""債権者への恐怖イメージ""絶望的なイメージ"が表された。認知モード，生物学的要因／薬物モードについては特に問題を同定できなかった。完成したモードプロフィール表を表2-3-3に示した。適用した治療技法については経過を追って説明する。

また，構造プロフィール表からは，感情モードが最高点，以下感覚モード，対人関係モード，生物学的要因／薬物モード，イメージモード，認知モード，行動モードと続くことがわかった。図2-3-1はモード別の得点を示したものである。

＃8では，イメージモードの問題に対して対処イメージ法を2パタンに分けて適用した。AT適用時に被暗示性が強いことがわかっていたことから，まず軽い催眠暗示を導入した。その後，一つは痛みを軽減する暗示をセラピストが与え，もう一つはイメージの中で債権者からの督促に対して断る言葉を実際に言わせた。

＃11では行動スケジュール法を適用した。1日を1時間ごとに区切った表に散歩や音楽鑑賞，読書等の痛みが軽減するような活動を記入し，その活動をなるべく多くするように促した。この時点で，痛みの程度は（最大の痛みを100％として）40％に軽減している。

その後も，対人関係でトラブル（妻との関係や姉妹・親戚との諍いなど）が生じると痛みが増加する傾向があったが，感情の表現法（言いたくても言えなかったことを面接中に言わせる）や自己教示法（対人トラブルに対処する方法を自分に告げる）により軽減させることができた。

＃25で，数ヶ月に職場復帰を希望してその不安を訴えたので，ソーシャルスキルトレーニングを導入した。休職前からClは仕事がうまくはかどらずよく上司から叱責されており，そのことに強いプレッシャーを受けていた。そこで，セラピストが上司の役割を取ってClを叱責し，それに対してうまく謝ったり意見を言えるようにロールプレイをした。その後は対人関係も少しずつうまくいくようになり，他者の無理な依頼をうまく断ったり，ものごとを前向きに考えられるようになっている。この時点で痛みも10％まで軽減している。

ところが，復職後ある事情で解雇され，その後痛みも 20％に増加したが，面接でそのことを話すことですぐ 5％に減少した。♯ 37 では痛みは全くなくなり，他県での就職が決まり転居していった。この時点で終結について話し合ったところ，今は問題なくやっていけそうだが，時々話しに来たいということで数回フォローアップ面接を実施，♯ 39 にて終結とした。

考察：本症例は，血管系の慢性疾患であるバージャー病による疼痛を訴えたケースである。Cl は苦痛感を誇張して表現し，訴え方も依存的で次々と問題を提起してセラピストに援助を求めようとする傾向が強かった。初回面接で症歴について熱心にセラピストに話しているとその間は痛みをほとんど忘れていたことから，相手に依存することで心理的安定感がもたらされることが予想できた。このようなケースの場合，Cl を抱えこみすぎて依存性を助長するような対応は避けるべきであるが，同時にこの依存性を逆に利用することも有効となる。この場合，アセスメントとして各モードの問題を査定することが，Cl の問題を適度に整理して客観的に見つめ直す機会となったし，適用した技法のいくつか（対処イメージ法，行動スケジュール法，リラクセーション法）は，セラピストからいわば指導する形で提示するが，同時にセルフコントロールを促進する機能を持っていたことがこの種の Cl の面接には有効であったと思われる。

またこの Cl は，話す内容の論理性や話し方，文章を書いたときの誤字の多さや文法の誤りなどの特徴から，知能レベルが劣ると考えられたため，認知モードの問題を扱うことは避けた。本ケースのように知能の問題が考えられる時は，指示的な対応や認知モード以外のモードへの介入が有効であると考えられる。

本症例で提示したように，マルチモード療法では Cl の訴えを詳細なアセスメントにより整理し，BASIC I. D.の各モードに分類して技法適用の指針とする。各モードに対応した技法は行動療法で使用する技法が多くなっているが，他にイメージ技法が多いのが特徴だろう。この症例の場合はどの技法に対しても Cl の反応は良く効果も見られたが，症例によっては反応が悪かったり技法への抵抗を示したりすることがある。そのような場合は，Cl の技法への印象をよく聞いて話し合った上で，同じモードの異なる技法を用いたり，再度アセ

スメントを行い，2回目のモードプロフィールを作成する必要も生じる。いずれにしても，理論や技法中心でなく，Clの問題や訴えや状況を詳細，的確にアセスメントして，そのClに合わせて技法を適用することが肝要である。

6. 短期折衷療法（Brief Eclectic Therapy）について

　筆者は最近，ブリーフセラピーと折衷的心理療法の方法とを統合した「短期折衷療法（またはブリーフ・エクレクティック・セラピー Brief Eclectic Therapy: BET）」を提唱している（東，2005）。折衷的心理療法（技法折衷アプローチと同義）はこれまで述べてきたように，問題の要因を的確に見立て，合理的・体系的に各種の技法を適用することで効果を上げようとする方法である。一方ブリーフセラピーは，クライエントとセラピストが協力してできるだけ短期間に，効率的に問題の解決を行う方法（宮田，1994）である。理論にはあまりこだわらず，短期間で効果を上げるために様々な技法を使用するところは技法折衷アプローチと類似している。
　クライエントの問題を的確に把握し，治療効果を上げようとすると，必然的に治療がブリーフ化されていく。ただし，技法折衷アプローチではアセスメントを綿密に行うことが多く，クライエント理解に比較的多くの時間を使うところはブリーフセラピーとは相違している。以下に，BETの方法を簡単に紹介する。

[1] アセスメント

　どのような心理療法を行うにしても，クライエントの問題や状態の理解は欠かせない。多くのクライエントは今困っている問題を抱えて面接に訪れるし，それをセラピストに話したがり，セラピストは受容的に傾聴することがまず大事であるし，それだけでクライエントが楽になったり症状が軽減したりすることが多い。BETでは，初回～数回の面接の中で十分に話を聴き，並行してアセスメントの作業を行っていく。その際，クライエントの問題の種類をマルチモード療法のモードで理解し査定する。BASIC I. D.の7つのモードの問題を査定するためには多くの時間を要するので，マルチモード療法では生活歴質問紙

を宿題として与えるが，クライエントの負担が大きくなるので，BETでは面接で会話しながら各モードの問題を査定していく。問題を把握できた段階で，いろいろな種類の心理療法があることを説明し，クライエントの希望や心理療法への期待を聞く。最後に，クライエントの希望・期待，セラピストから見てどのような方法や技法がこのクライエントや問題に向いているか，どのようなモードの問題かを話し合い，合議の上で技法を決定する。

[2] 技法の適用

アセスメントにより明らかになった問題をクライエントと共有し，技法を適用していく。BETで使用する技法は，現在日本でよく使われているもののうちほとんどすべてである。マルチモード療法と同様に行動療法，認知療法，自律訓練法や漸進的弛緩法等のリラクゼーション訓練，イメージ療法の技法を多用するが，他にフォーカシング，ゲシュタルト療法の技法（エンプティーチェアーやボディーワーク），交流分析の技法（自我状態分析や交流パタン分析），家族療法の技法（構造論的アプローチやシステムズ・アプローチ），ソリューション・フォーカスト・アプローチなども使用する。精神分析療法は，精神発達や精神病理の理解の基礎となるが，クライエントが夢を多く報告してそれを話題にしたい希望があれば夢分析技法を行うことも多い（筆者の場合は対人関係学派の考え方 [鑪, 1979 ; Bonime, 1962] を理論的・技法的基礎としている）。最後に，クライエント中心療法で言う受容や共感，つまり傾聴することも技法と捉え（東, 2000），心理療法の過程を推進できるし，時に治癒機転ともなると考えている。

7. まとめ

以上，技法折衷アプローチの概念と方法を述べ，マルチモード療法を適用した症例を提示して折衷的方法の治療過程を検討し，筆者が行っている短期折衷療法（BET）の概要を紹介した。章を終えるにあたって，心理療法の実践を行う中で技法折衷アプローチをとることの意義と問題点，今後の展望について若干論じてみたい。

長く臨床現場にいて多くのクライエントに会っていると，様々な問題，状況，微妙に異なるパーソナリティーを持つクライエントが現れる。あるクライエントには奏効した方法が，他のクライエントには通用しないこともある。1つの治療法に没頭して，相当訓練を積んで面接に臨んでも，うまくいくこともあればいかないこともある。そもそも「認知療法をして下さい」と言って来談したクライエントがいても，セラピストが認知療法を知らなくては話にならない（もっとも，認知療法の専門家にすぐ紹介できるネットワークがあればよいが）。多くのクライエントに，できるだけ脱落を防いで効果を上げるには，折衷的アプローチをとることが自然なことであると筆者には思える。

　技法折衷アプローチをとることの一番の問題点は，多様で綿密なアセスメントと技法を取得するための訓練の問題であろう。当然，長期間の密度の高い訓練が必要になるし，多くの経験を積むための場もいるだろう。日本には折衷的に多技法を長期間学べるシステムがなく，今後の心理臨床家教育の課題となるであろう。

　ここ数年のことであるが，やっと日本でも統合・折衷についての議論が散見されてきた。第2部1章にあるように，心理療法の100年の流れの中で時代は統合・折衷的方向に向き出した感がある。今後は，各学派がアカデミックな垣根を取り除いて議論する時代が来るであろうし，われわれ技法折衷アプローチの立場を取るものは，その柔軟性を生かして学派間の橋渡しをすべきかもしれない。

文　献

東　斉彰　2000　心理療法の技法としての傾聴―クライエントに合わせることの本質を考える―．日本心理臨床学会第19回大会研究発表集．
東　斉彰　2005　心理療法をより効果的にするための工夫―短期折衷療法（Brief Eclectic Therapy: BET）のすすめ―．日本心理臨床学会第24回大会発表論文集．
Beutler, L., & Consoli, A.　1992　Systematic eclectic psychotherapy. In J. Norcross, & M. Goldfried (Eds.), *Handbook of psychotherapy integration*. New York: Basic Books.
Bonime, W.　1962　*The clinical use of dreams*. New York: Basic Books.（鑪　幹八郎・一丸藤太郎・山本　力訳　1987　夢の臨床的利用．誠信書房．）
Lazarus, A.　1961　Group therapy of phobic disorders by systematic desensitization. *Journal of Abnormal and Social Psychology*, **63**, 505-510.
Lazarus, A.　1984　*In the mind's eye*. Baltimore, MD: Guilford Press.

Lazarus, A. 1989 *The practice of multimodal therapy*. Baltimore, MD: Guilford Press.（高石　昇監訳　東　斉彰・川島恵美・大塚美和子訳　1999　行動療法の展開―マルチモードアプローチ．二瓶社.）
宮田敬一　1994　ブリーフセラピー入門．金剛出版.
鑪　幹八郎　1979　夢分析の実際．創元社.
VandenBos, G. R., Frank-McNeil, J., Norcross, J. C., & Freedheim, D. K. 2001 *The anatomy of psychotherapy*. The American Psychological Association.（岩壁　茂訳　2003　心理療法の構造．誠信書房.）

4 共通要因アプローチ

前田泰宏

1. はじめに

　筆者は大阪市中にある総合病院（私立）の心療内科において約25年間，臨床心理士として心理臨床活動に従事してきた。その間，病院の臨床心理士としてだけでなく，精神科クリニックや民間のカウンセリング専門機関，さらには某企業内健康管理室などにおいても臨床経験を積み重ねてきた。2004年4月から大学教員（臨床心理学担当）として学生の教育や指導，研究の仕事に主に携わるようになったが，現在も週1回，病院臨床を行っており，また学内の「学生相談」業務にも従事している。

　さて，本稿における筆者の主な役割は，心理療法の理論や技法の整理・統合の一つの方法である「共通要因アプローチ」について紹介し，その実践的意義について論じることである。まず，本稿への入り口として，筆者の臨床家としての履歴を少し述べたい。

　筆者が学生時代に学んだ心理学は主に学習心理学だったこともあり，臨床に関する最初の理論モデルは学習理論・行動理論であった。しかし，日々様々な苦悩が渦巻く臨床現場に身を投じるとすぐにわかることだが，1つの理論モデルだけで対応できる"問題群"やクライエント層は限られてくる。1つの理論的立場で臨床が行える"一流の専門家"がたくさんおられることはよく知っているが，筆者のような凡才にはとても不可能なことであった。少しでも効果的な援助が提供できる臨床家になりたいという"素朴な"思いから，可能な範囲でいくつかの臨床理論や技法の習得を目指して継続的な研修やスーパービジョンを受けつつ，臨床経験を積み重ねていったのである。その経験が現在の筆者

の臨床スタイルの基本的な枠組みを構成していることは疑う余地がない。それをあえて自分の立場として語るならば，序章でも述べたような意味での「統合・折衷的立場」ということになるであろう。

　ただし，筆者は 10 年ほど前から，主たる臨床的オリエンテーションを，治療に対する柔軟な考え方と創造的でユニークな方法論を持つブリーフセラピー（特にソリューション・フォーカスト・アプローチ）に置くようになった（前田ら，1999）。ブリーフセラピーの基本的な理念の一つは，著名な心理療法家・催眠療法家ミルトン・エリクソン（Milton H. Erickson）の「利用アプローチ（utilization）」に集約される，と筆者は考えている。「利用アプローチ」とは，治療に持ち込まれたものはどんなものでも尊重し，それを肯定的に利用すること，さらに敷衍するならば，治療にとって役に立つものはどんなものでも活用するという，極めて実際的・実用的なアプローチである。その意味では，ブリーフセラピーはその始まりから折衷的なスタンスを有していた，と考えても大きな間違いとは言えないであろう。

　さて，前置きが長くなったが，筆者が「共通要因アプローチ」のことを知ったのは，「心理療法の統合の動向」の流れからではなく，ブリーフ・セラピーの研鑽と実践を積み上げていく過程においてであった。それは本稿の内容と大きく関わる，スコット・ミラー（Scott D. Miller）らの臨床研究と実践（Miller et al., 1997；Duncan et al., 1997）に触れたことに拠っている。彼らの臨床的オリエンテーションの大きな特徴は，1 つの学派や流派とはまったく無縁のものである，ということである。後述するように，彼らのアプローチは米国を中心に行われた膨大な"心理療法の効果研究"の成果によって支持された，「共通治療要因（common therapeutic factor）」に基づく実践的なものであり，「共通要因アプローチ」の範疇に属するものと考えることができる。

　そこでまず，「共通要因アプローチ」の有効性や有用性の実証的根拠を提供している，いくつかの代表的な"心理療法の効果研究"の成果を紹介する。次に，「共通要因アプローチ」の具体的な臨床実践の一つのモデルとして，スコット・ミラーらのアプローチ（最近のも含めて）について詳述する。そして最後に，「共通要因アプローチ」の有用性について若干の私見を述べることで責を果たしたいと思う。

2. 心理療法の効果研究と共通要因アプローチ

　さて，心理療法は本当に有効なのか，もし有効であればその効果を規定する要因は何かという問題は，心理臨床サービスを提供する臨床心理士と，そのサービスの受け手であるクライエントの双方にとって重要なテーマであろう。米国では，臨床心理学の発展の早い段階から科学的方法を用いて，心理療法の効果を客観的，実証的に検討するという流れが確立して，近年の「実証的な臨床心理学（evidence based clinical psychology）」の道を開いた（中釜，2004；岩壁，2004）。一方，わが国の臨床研究は，主として臨床家の主体的な関与と各事例の個別性や独自性を尊重した「事例研究（case study）」を中心として発展してきたことは周知の事実であろう。「事例研究」という方法には，心理臨床家の専門家としての成長に大きく寄与する面があることは明白である。また，様々な臨床家による事例研究発表や論文に触れることで，自らの臨床実践の有益なヒントが得られる，という意味でも大変実用的で有効なアプローチである。いわゆる米国型の効果研究は，「心理療法実践の本来の姿とかけ離れたところで効果を検証している」との批判もあるが（岩壁，2005），一方，わが国の場合は「事例研究」重視の姿勢のために，科学的研究がともすれば等閑にされてきた面は否めない。今後，日本の臨床心理学が，社会的な専門活動としてきちんと認知され，さらに，他の心理学領域との連携を強め，より良い心理臨床を目指していくためには，いわゆる米国型の"心理療法の効果研究"は困難であるとしても，臨床現場における心理臨床サービスの質と効果の向上を目指した"実践的研究"が活性化する必要があると言えよう（下山，2000；金沢，2001；岩壁，2005）。

　本節では以下，欧米の代表的な"心理療法の効果研究"の流れを素描し（詳細は，金沢（2001），岩壁（2004）を参照されたい），その中で明らかにされてきた事実のいくつかについて吟味し，それとの関連で「共通要因アプローチ」の有用性について述べる。

[1] 心理療法は本当に効果があるのか

　近年の欧米における心理療法の効果研究の先鞭を付けたのは行動療法家として著名なアイゼンク（Eysenck, 1952）であったことはよく知られている。彼は，約8千ケースを対象とした24件の先行研究をレビューした結果，心理療法を受けた人の治癒率よりも受けなかった人の治癒率（自然治癒率）の方が勝っていたと結論づけた。このような心理療法の効果を疑問視もしくは否定する，ある意味"専門家"にとっては衝撃的なデータを示したことが，その後の効果研究の活性化を促したのも事実であろう（金沢, 2001）。

　まず，アイゼンクの研究に対して，その方法論的問題についての指摘や，何をもって"自然治癒"とするか，などに関していくつかの批判論文が公表された（Luborsky, 1954 ; Bergin, 1971）。その後，メタ分析（meta-analysis）という方法によってアイゼンクの研究の問題点を改善したスミスとグラス（Smith & Glass, 1977）は，心理療法は効果が大いにあることを明確に示した（スミスらの研究の詳細は，南風原（1997）を参照されたい）。さらに，アイゼンクが用いた24件の研究を再分析したバーギンとランバート（Bergin & Lambert, 1978）によって，心理療法は明らかに効果があること，加えて興味深い結果として，学派の違いによってその効果に顕著な違いがある訳ではないことが示された。

　その後なされた効果研究の多くが，心理療法は概して有効で大いに価値があるという結果を示したことで，心理療法は心理臨床サービスの一つの有効な方法として広く認められるようになったのである。そして，心理療法の効果研究はさらに発展を遂げ，何が心理療法の効果を左右する要因なのか（たとえば，Lambert, 1992），どのような問題や症状にどのような技法が効果的なのか（たとえば，Shapiro & Shapiro, 1982）という，より細かいテーマを追求するようになったと言われている（金沢, 2001）。

[2] 心理療法の何が有効なのか―心理療法の共通治癒要因をめぐって

　ランバート（Lambert, 1992）は，それまでの心理療法の効果研究に関する膨大な研究論文をレビューした。その結果，以下の3つの結論を導き出している。

〈結論1〉 相当数の外来患者は，なんら公式の心理学的な介入を受けなくても良くなっている。
〈結論2〉 心理学的な治療は概して有益である。
〈結論3〉 様々な理論と特有の技法を持つ相当数のセラピーが存在するけれども，ある学派もしくは技法が他のそれよりも抜きん出て有効であるという証拠はほとんどない。

上述してきたように，異なる学派の心理療法間に差がほとんどないことが比較的一貫して示されていることから窺える重要なポイントの1つは，有効な治療的変化を引き起こす要因が，どのようなセラピーにも含まれている"共通性あるいは共通要因（common factor）"ではないか，ということである。そのことを支持する根拠として，ランバートは同論文の中で心理療法の成功に寄与する共通要因について直接的に言及し，それを図2-4-1のようなグラフに示した。ランバートによると，心理療法の理論の如何に関わらず，その効果の，①40％は治療外変化（extratherapeutic change），②30％は治療関係（共通）要因（common factor），③15％はクライエントの期待（プラセボ効果など）（expectancy（placebo effects）），④15％は技法要因（techniques factor）と関係がある。そして，各要因について以下のように解説している。

①治療外要因　クライエント側の要因（たとえば，自我の強さやその他のホメオスタティックなメカニズム）と環境側の要因（たとえば，幸運な出来事，社会的サポート）に大別されるが，クライエントが治療に参加しているかどうかに関係なく，回復に役立つ要因である。

②治療関係（共通）要因　セラピストの理論的オリエンテーションの如何に関係なく，様々なセラピーにおいて見られる大多数の変数を含んでいる。すなわち，共感，温かさ，受容性，思い切ってやってみることへの激励，など。

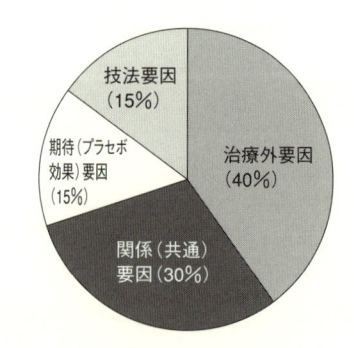

③期待（プラセボ効果）要因　プ

図2-4-1　心理療法の成功に寄与する4つの共通要因 (Lambert, 1992)

ラセボ効果を含めて，クライエントがセラピーやセラピストに対して抱く期待や希望など。

④技法要因　特殊なセラピー（たとえば，バイオフィードバック，催眠，系統的脱感作など）に特異的である要因。

上記のランバート（Lambert, 1992）の研究成果は，その後広く引用される有名な論文となった。要するに，どのような形式の心理療法を行おうとも，治療結果と関係する要因は上記の4つの要因に集約されるのであり，これらの要因がいわゆる"共通治癒要因"と呼ばれているものである。これらの要因に心を配りながら，個々の臨床実践を組み立てて行こうとするアプローチが，「共通要因アプローチ」であるということができよう。

ところで，"共通要因"という考えは，最近になって提唱された"新しい"アイデアという訳ではない。「共通要因アプローチ」の立場から，体系的な折衷的心理療法を展開していることで有名なガーフィルド（Garfield, 1980; 1992）は，様々な形式の心理療法の中にいくつかの共通要因が存在する可能性を示唆していた初期の研究のいくつか（たとえば，Rosenzweig, 1936）について触れている。そして，多くの心理療法的アプローチはその基盤に共通する変数や過程があるのではないかと考えて，治療的変化を確実にするのに本質的に共通した要因について，広く学際的な分野の研究も視野に入れながら網羅的に詳細に検討している（Garfield, 1980）。

繰り返しになるが，膨大な心理療法の効果研究がもたらした知見は，異なる学派の心理療法の背後には，どのような心理療法においても治癒効果を持つ「共通要因」が作用していて，治療モデルの"違い"よりはむしろ，"共通点"の方が，クライエントが治療で経験する変化の大部分を説明することを明らかにしたと言えるだろう（Miller et al., 1997；岩壁，2004）。

ランバート（Lambert, 1992）の知見を目の当たりにしたとき，理論モデルや技法要因も確かに重要な治癒的要因の1つではあるが，治療結果に対するその寄与率の少なさに驚く臨床家は決して少なくないだろう。しかし，このような調査結果は，自分が依拠する理論モデルや技法の価値を過大評価，もしくは万能視してしまいやすい"専門家"に対する警鐘として謙虚に耳を傾けるべきであろう。ちなみに，ダンカンら（Duncan et al., 1997）は，事例が"Impossible

Cases（治療不能事例）"へと至る一つの道筋として，臨床家が自分の依拠する理論モデルの伝統に対して忠誠（loyalty）を誓いすぎて，クライエントに添えなくなってしまうこと（彼らはそれを「理論の逆転移（theory countertransference）」と呼んでいる）を挙げている[1]。

いずれにせよ，どんなに見事で立派な理論や技法であったとしても，それが心理療法における治癒的要因の主役なのでは決してなく，治療的変化の主役（最大の貢献者）は何よりもクライエント自身であること（治療外要因），そして協働的な治療関係，もしくは強力な治療同盟を構築し（治療関係要因），クライエントの変化への希望や肯定的な期待を醸成すること（期待，プラセボ要因）の重要性を，調査結果は説得力を持って示していると言えよう。また，近年の「共通要因アプローチ」の動向としては，治療外要因や治療関係（もしくは治療同盟）について，あるいは治療への期待・希望などの「共通要因」についての実証的研究が盛んに進められているようである（Hubble et al., 1999 ; Ackerman & Hilsenroth, 2003）。

さて，学派を超えて働く「共通要因」の重要性について論じてきたが，次にそのような「共通要因アプローチ」に基づく臨床実践として，スコット・ミラーらのグループの試みを紹介し，その実践的意義について論じる。

3. 共通要因アプローチの実践としての統一言語アプローチ

スコット・ミラー（Miller, S. D.）は，ブリーフ・セラピー学派の主要モデ

---

[1] ダンカンら（Duncan et al., 1997）は，「理論の逆転移」の存在に最初に注意を向けた人物として，サルバトール・フェレンチェ（Salvador Ferenczi）とオットー・ランク（Otto Rank）を挙げている。彼らは，精神分析家が治療よりも理論を優先していること，具体的には，被分析者への効果的な援助よりも理論の正当性を証明することに重きを置いていた点に批判の矛先を向けていた，と述べている。同じくダンカンらは，「理論の逆転移」以外にも，さらに3つの"Impossible Cases"へ至る道があることを述べている。それは，「治療がうまくいかないのではと予測してしまうこと」「うまくいっていない治療を繰り返してしまうこと」そして「クライエントの動機を無視すること」である。以上，「4つの道」に陥らないようにすることは現実的には困難なことであるが，それを予防し，あるいはそこから抜け出すための具体的な方法についての提案も行っている。詳しくは同書を参照されたい。

ルの一つであるソリューション・フォーカスト・アプローチ（以下，SFAと略記）発祥の地として名高い BFTC（Brief Family Therapy Center）の初期のメンバーの一人で，インスー・キム・バーグ（Berg, I. K.）やスティーブ・ディ・シェイザー（de Shazer, S.）と共に SFA の発展に多大な貢献をした心理臨床家である（Berg & Miller, 1992 ; Miller & Berg, 1995）。その後，ISTC（Institute for the Study of Therapeutic Change）という研究・臨床機関を仲間と一緒に設立した。彼らは，Lambert をはじめとする過去40年の様々な効果研究を渉猟し，その研究成果を基礎とした，一言で評するとするなら，クライエントを最大限に尊重するスタンスに立った臨床実践を行っている。

さて，ミラーらの画期的な貢献の一つは，セラピスト達が心理療法の理論モデルの違いを乗り越え，そして学派の壁をも取り払い，形式が異なる心理療法が共通に持っている要素（Lambert の「4つの共通治癒要因」に集約される）に注目することで，セラピスト同士が互いに協力を推し進めていくことができるような「心理療法実践のための統一言語（a unifying language for psychotherapy practice）」を創造していくようにと呼びかけたことであろう。すなわち，セラピストが実践においてどのようなことに留意すれば，「4つの共通治癒要因」の効果をうまく引き出すことができるのか，そのための有用なガイドラインを明示したのである（Miller et al., 1997 ; Miller et al., 2000）。加えて，治療が行き詰ったときにそのことに素早く気づき，そこから効果的に抜け出すための，具体的で実践的な提案をも行っている（Duncan et al., 1997）。ここでは，彼らの臨床実践を「統一言語アプローチ」と総称し，以下にその要旨と実践に役立つポイントについて紹介したい。

[1] 治療外要因

先述のランバート（Lambert, 1992）の研究成果にも示されているように，心理療法の結果に寄与する最大の単一要因がこの「治療外要因」であり，その意味することはクライエントが最も有力な貢献者であるということである。ミラーら（Miller et al., 1997）は，クライエントの資質，強さ，リソース，成長能力，他者から支援や援助を受ける能力，苦しんでいた期間，生活環境，人生を綾なす偶然の出来事，などの全体的な生活基盤が，セラピストが治療の中で

やっていこうとするいかなることよりも重要である，と述べている。「治療外要因」とは基本的に，治療とは直接的には関係のない，治療の文脈の外側で起きた出来事やプロセスを意味しており，「クライエント要因」と「偶然の出来事」の2つに大別される。「クライエント要因」が重要であるのは上記の通りであるが，一方，「偶然の出来事」が重視されている理由は以下のようにまとめられよう。すなわち，人生というものは，予定したようにことが進み，予測した通りのことが起こるわけでは決してなく，時には思いもかけなかった出来事をしばしば経験するものである。それ自体，たまたま起こった，気まぐれな出来事であるかもしれないが，実はその「偶然の出来事」が，後々の「問題の解決」につながる一連の出来事をスタートさせたと考えられる経験をした人は決して少なくないだろう。ミラーらは，セラピーにおいて，誰もが見過ごすような，とても些細な出来事かもしれないが，その"偶然の出来事"もしくは"小さな変化"にしっかり注目するようにと勧めている。このように，「治療外要因」に価値を与え，それを育むような状況を整備することがセラピストの大切な仕事なのである。ミラーらはその実践のための一つの有用な方法として，セラピストが「変化志向になること（becoming change-focused）」を提案している。変化志向とは，クライエントの変化がどのようなものであっても，セラピストはその変化に耳を傾け，それを承認していく，というものである。加えて，クライエントがその変化に寄与していることを強調し，未来への変化の可能性を高めておくことも重要なポイントとして指摘している。その「変化志向の手法」の概要を表2-4-1に示す。

表2-4-1 変化志向の手法 (参考：Miller et al., 1997)

---
(1) 変化が，いつ，どこで，誰と，どのように起こったのかを明らかにすること
(2) 変化の原因をクライエントに帰属させること
(3) 変化の源泉をクライエントが内在化できるように援助すること
(4) 変化の維持にクライエントが自信を持てるようにすること
---

[2] 治療関係要因

　治療関係というものは基本的に心理療法を媒介するものと考えられており，それによってセラピーのプロセスが実行され，体験される。学派によってその

プロセスを記述する言葉や概念は異なるが，治療関係の重要性を認めない学派は存在しないであろう。実際，心理療法の結果にこの「関係要因」が寄与する割合は 30 ％もあり（Lambert, 1992），「治療外要因」に次いで重要性を持つ要因なのである。治療関係についての先駆的な考えは，言うまでもなくカール・ロジャーズ（Rogers, C.）に多くを負っている。ロジャーズ（Rogers, 1957）がクライエントのパーソナリティ変化に必要な「中核的」もしくは「必要にして十分な条件」と考えた 3 つの条件（いわゆる，共感［empathy］，尊敬［respect］，純粋性［genuineness］）は，今では学派を超えてセラピストが取るべき基本的な態度として広く認められている。その後，上記ロジャーズの考えは「治療同盟（therapeutic alliance）」というより広い概念に拡張されてきていると言われ，「治療同盟」が持つパワーについての研究は，1,000 件以上の知見をもたらしているという（Orlinsky et al., 1994）。「治療同盟」とは，基本的には，ロジャーズの言うセラピスト側の提供する条件と治療へのクライエント側の貢献を結びつけて，治療目標を達成する際のセラピストとクライエントの協働（collaboration）を強調するものである。ミラーらは，このような「治療同盟」をさらに強力なものにして治療結果への貢献を高めるためには，クライエントの，変化に対する動機づけ水準，治療目標，そして治療関係に対する見方，の 3 つの側面に治療を適合させることが重要であると述べている。以下に，そのための具体的な留意点について述べる。

1）クライエントの変化に対する動機づけ水準に治療を合わせること

どうすればクライエントの治療への動機づけを高めることができるのか，これは臨床家が常に心を砕いている問題である。ミラーら（Miller et al., 1997）は，クライエントの変化に対する動機づけ水準がどのレベルにあるかを識別するための指標として，プロチャスカら（Prochaska et al., 1992）が提示した「6つの変化の段階モデル」を採用し，段階特異的なセラピストの介入のポイントを具体的に述べている。彼らの言う 6 つの段階は，①熟慮前段階，②熟慮段階，③準備段階，④行動段階，⑤維持段階，⑥終結段階から成る。すなわち，クライエントがまだ問題があると認めていないか，変化の必要を感じていない「熟慮前段階」から，変化が必要であると認識しているが，変化することに対して両価的な気持ちを抱いている「熟慮段階」，そして，少しずつ変化への「準備

を整えて，変化に向けての具体的な「行動」を起していく段階，さらに，変化することで獲得したものを「維持」し，最終的には（理想ではあるが），望んでいた変化を持続するために何をする必要があるのかを観察しつづける「終結」段階，の6つである。ミラーらは，クライエントがこの「変化の段階」のどの段階にいるのかを見定め，その状態に治療を合わせることができないと，どのような治療プログラムも失敗する，と述べている。

2）クライエントの目標に治療を合わせること

クライエントの治療目標に合うように治療を仕立てることは，上記の「動機づけ水準に合わせる」プロセスと密接に関係している。学派の違いによって目指す治療目標は異なるが，クライエントの目標が各学派の理論特有の教義によって再定義されることなく，額面どおりに受け入れられ，それがそのまま介入の焦点や構造を決定していくとき，治療はより効果的で効率的なものになる，とミラーらは述べている。臨床家はクライエントの目標を理解しそれに合わせるために様々な試みをしているが，ミラーらは，そのために役立つ有効な質問として，ブリーフセラピー学派には馴染みの，以下に示す「アウトカム・クエスチョン（outcome question）」を挙げている。アウトカム・クエスチョンとは，クライエントがセラピーに何を望んでいるのか，セラピーを受けた結果，生活がどのように違ってくれば良いと考えているのかなどについて，クライエントが話し始めるのを援助するような質問のことである。その具体的な質問形式は以下のようなものである。

・あなたは私にどのような援助を望んでおられますか？
・あなたの治療の目標はどんなことでしょうか？
・治療に来られた結果，どんなことが違ってくるのを（希望し／願い／考え）ておられますか？
・あなたの（生活／問題など）で，変化してほしいと願っておられることはどんなことですか？
・私たちが一緒にうまくやれているとみなせるためには，生活の中で最低限どんなことが違っていなければならないのでしょうか？

加えて，クライエントの行動に望ましい影響を及ぼす可能性が高い治療目標は，クライエントが望み，達成可能と思える小さな目標であり，そして，その目標は具体的，特定的，行動的な言葉で記述される必要があると述べている。このような目標は，SFAでは「ウェルフォームド・ゴール（well formed goal）」(Berg & Miller, 1992) と呼ばれるが，かかる目標をセラピストとクライエントが一緒に協働構成していくプロセスが，より良い治療結果を生み出す可能性を高めていくと言える。

3）クライエントの治療関係に対する考えに治療を合わせること

　最近の治療同盟に関する展望論文（Ackerman & Hilsenroth, 2003）によると，学派の違いを超えて「治療同盟」に肯定的に寄与するセラピスト側の要因は，柔軟性，誠実性，尊敬できる，信頼できる，自信がある，温かさ，関心を持つ，オープンである，などに集約されている。これは，ロジャーズの「3つの条件」と内容的にはほぼ同じものと考えられる。ここでの重要なポイントは，クライエントがセラピストを上記に挙げた要素を持つ人物として認知しているときに，肯定的な治療同盟が形成されるということであろう。つまり，いくらセラピスト自身が上記のような関わりを提供していると自認していても，クライエントがそのように評価してくれなければあまり意味がないということなのである。これに関連して，バチェラー（Bachelor, 1988）の興味深い研究がある。彼は援助的な治療関係を作り上げる条件の経験の仕方が，クライエントによって非常に違っていることを見出した。彼は，主にセラピストが提供する「共感」について研究しているが，セラピストの「共感」に対して，クライエントの44％は認知的（cognitive）なもの，30％は愛情的（affective）なもの，18％は共有的（sharing）なもの，7％は養育的（nurturant）なものとして経験していることを見出した。つまり，セラピストの提供する様々な治療的介入が持つ意味は，クライエントによって色々なふうに体験されるのである。したがって，クライエント独自の経験に治療を合わせることができるように，セラピストは治療的介入の意味や効果を相対化して捉えておく必要があるだろう。ダンカンら（Duncan et al., 1997）が述べているように，要は，クライエントの希望や期待に沿う治療関係を提供し，クライエントが心地よくそこにいられるように包み込むことが大切なのである。

[3] 希望，期待，プラセボ要因

　人は人生のある場面や状況，たとえば何かを成し遂げようとしたり，難しい局面にチャレンジしたりする時に，これから先の未来や将来に対して希望や期待を持つことができると心に適度な強みが与えられたように感じる。そして，困難に立ち向かう気持ちが高まり，その試みが成功する確率も高まるだろう，ということを私たちは経験的によく知っている。心理療法の効果研究においても，このような要因が治療結果に大いに貢献することが示されており，それは次に述べるモデル・技法要因と並んで治療結果の分散値の 15％を構成している（Lambert, 1992）。ミラーらは，「変化に対する希望や肯定的な期待」を高めていくためのポイントとして，"癒しの儀式"を持つことと，可能性に焦点を当てることの2点を挙げている。この"癒しの儀式"という用語の意味は，いわゆる治療技法と呼ばれているものが，セラピストとクライエントの双方を，治療的だと信じる構造化された「癒しを強める特別な技術＝儀式」に巻き込む側面を持っている，ということである。ミラーらは，治療技法は基本的に，癒しの儀式としてプラセボ効果を高めるような強力で系統的な方法だと考えられる，と述べている。

[4] モデル・技法要因

　心理療法の世界では，これまで理論モデルや技法の重要性が強調されてきたことは間違いない。実際，臨床家は自分が依拠する理論モデルについて書籍やセミナー，さらにスーパービジョンを通して学び，その理論に沿った技法を正しく身につけるべく，その修練に励んでいる。このモデル・技法要因が治療結果に貢献していることは否定できないが（治療結果の分散の 15％を構成する；Lambert, 1992），その貢献度は先述した，治療外要因や治療関係要因と比べて低いことに留意すべきである。ここで誤解がないように言うが，モデルや技法が重要でないと言っているのではない。ただ，心理療法の効果研究の成果が示していることに基づけば，このモデル・技法要因に対して，これまで付与されていたのとは少し違った価値付けが可能であることをミラーらは述べている。その一つは，〈練習としてのモデルと技法〉であり，今一つは〈新奇性としてのモデルと技法〉という意義である。

〈練習としてのモデルと技法〉とは，要するに，モデルや技法は，これまで述べてきたような心理療法の中核的な構成要素，すなわち共通要因に合う考え方や態度や行動をセラピストが練習し身につける上で大いに助けになる，ということである。同時に，モデルや技法を学ぶことで，有効な心理療法にとって重要な要素である治療の焦点や構造，つまり"何を治療の焦点にして，どのような治療構造の中で治療を行うのか"という方向づけが提供されるという意義も大きいと考えられる。一方，〈新奇性としてのモデルと技法〉とは，現在進行中の治療に進歩が見られないとき，様々な理論モデルは臨床家に状況を見直すための，新しい視点や方法を提供してくれる，ということである。

　以上のことから窺えるように，ミラーらの「統一言語アプローチ」では，技法は特定の学派や理論学説を反映するものではなく，他の共通要因の効果を高めていくための"媒介役"としての意義が付与されている。「モデルと技法」の価値をこのように考えることによって，セラピストたちは正しい介入法を理解し実践することに躍起になる代わりに，クライエントの語りに耳を傾け，了解すること，関係を構築すること，そしてクライエントが自分自身の助けとな

表2-4-2 「4つの共通治癒要因」の効果を最大限に引き出すための覚書
(Miller et al., 2000) (訳：中村伸一)

＊自分のアプローチはどのくらいクライエントの強さ，資質，そして能力を資源として利用しているのか？
＊どの程度，自分のアプローチの方向や介入が，クライエントの環境や今ある支援ネットワークを勘定に入れ，それらを利用しているのか？
＊治療の形式的な導入に先立って，クライエントが起こした変化を，どのくらい明確に把握し，それを土台に治療を進めているか？
＊治療中にクライエントが体験した自発的な変化を，どのくらい明確に認識し，それをもとに引き続き治療を行っているか？
＊クライエントの世界観にマッチさせ，それを支持補完するために，どのくらい積極的に自分の臨床をクライエントのためにあつらえて（tailor）実行に移しているか？
＊治療関係へのクライエントの期待に沿うように，どのくらい積極的に臨床をクライエントのためにあつらえて実行に移しているのか？
＊クライエントの治療目標を明確にし，それに合わせ，それを築くために，どのくらいアクティブに治療をクライエントのためにしつらえて実践しているのか？
＊クライエントはこの治療的交流を共感的で誠意があり，誠実なものと述べるだろうか？
＊クライエントの希望と変化への期待が増すようにどのくらい働きかけているだろうか？
＊クライエントの自尊心，自分の能力への信頼感，そして自己達成感を増すようにどの程度働きかけているだろうか？

る方法を見つけられるように励ますこと，などにもっと時間をかけ心を配ることができるようになる，とミラーらは述べている。

　以上，ミラーらの「統一言語アプローチ」の概要について解説してきた。参考までに，「共通治癒要因の貢献を最大限に引き出すための覚書」を表2-4-2に示す。心理療法の実践において，特に「行き詰まり」を感じた時に，筆者がいつも参照するガイドラインである。

4. 統一言語アプローチからコンテクストモデル・アプローチへ

　ところで，最近のミラー（Miller, 2002; 2003）のアプローチはさらに進化を遂げ，セラピーの"プロセス（process）"や"結果（outcome）"に関するクライエントの評価を積極的にセラピーに反映させるように努めることが，心理療法をより効果的・効率的にする，と主張している。クライエントの評価をセラピストにフィードバックしてもらう有効な手段／方法として，ORS（Outcome-Rating-Scale）と SRS（Session-Rating-Scale）と呼ばれる，簡易なビジュアル・アナログ形式の自記式アンケートを考案し，それを毎回のセッションで活用している。ちなみに，ORSは心理療法における改善の指標として，SRSは心理療法のプロセスの質に関する指標として彼らは活用している（ちなみに，本邦では日下（2002）が，ORSとSRSの使用経験について報告している）。つまり，これら2つの指標を参照することで，クライエントが望む結果をセラピーが紡ぎ出しているのかどうか，また，援助的なパートナーシップが築かれているのかどうかを，セラピストは知ることができるのである。ミラーは，「この時点，この場において，このクライエント‐セラピスト関係は，このクライエントに役に立っているのだろうか」（Miller, 2003）というように，治療のコンテクストに常に配慮し，進行中のセラピーの"プロセス"や"結果"についてクライエントと話し合いながら治療を組み立てているという。その結果，クライエントの様々な枠組みを見定め（identify），真に寄り添った（tailor）セラピーを行うことがよりいっそう可能になるというのである（Miller, 2002）。このような実践を，彼らは，"client-directed, outcome-informed clinical practice

(クライエントが主導で，セラピーの結果に関する情報に基づいて行う臨床実践)"もしくは"コンテクスト・モデル"アプローチと呼んでいる。

多くの心理療法の効果研究は，基本的に，治療を成功へと導く鍵がクライエントの治療への参加の質と肯定的な評価にあることを示しているが(Duncan et al., 1997)，「4つの共通治癒要因」の中でも，とりわけ「治療外要因」と「治療関係要因」の貢献に重きを置き，それを最大限に引き出そうする試みとして，最近の彼らのアプローチを理解することもできる。ちなみに，筆者ら(前田・内田, 2004)も最近，協働的な治療関係を構築し，クライエントのニーズや目標に沿った効果的なアプローチを行うために，ORSを活用した心理療法実践を展開しているので，興味を持たれる向きは参照されたい。

5. おわりに—共通要因アプローチの有用性

筆者は,自分がこれまで学んだ理論モデルや技法の中から利用可能な技法を，心理療法の実践において活用している。それは，たとえば，認知行動療法のいくつかの行動的もしくは認知的技法であり，あるいはSFAの「解決のための面接技法」(DeJong & Berg, 1997)であり，さらには転移／逆転移関係の理解に根差した明確化や直面化，解釈，などである。ある特定のクライエントや問題に対するより良い技法があれば，その出自がどのような理論モデルに基づくものであっても，それを柔軟に活用しようと考えている点では，ラザルス(Lazarus, 1989)の「技法折衷」と同じなのかもしれない。しかし，筆者の場合，なんらかの技法的介入を含む治療的関与が，「4つの共通治癒要因」をどのようにエンパワーしているのかに心を配るように努めているという点で，ラザルスの立場とはいくぶん異なると言えるだろう。

筆者は，「共通要因アプローチ」に基づく心理療法を行うようになってから，どのようなクライエントが来談されても，比較的リラックスした状態でセラピーに臨めるようになったように感じている。筆者の主観的・体験的な印象の域を出ない発言かもしれないが，このアプローチは，セラピストが陥りがちな自己愛的な万能感や無力感を和らげると共に，クライエントを尊重する態度やクライエントから学ぼうとする姿勢をセラピストに養いやすくさせるという意味

でも,大きな有用性を持つと考えられる。野球の比喩で述べるなら,「共通要因アプローチ」のセラピストは,派手な"ホームラン王"や"打点王",ましてや"三冠王"にはなれないであろうが,いろいろな球種や配球にしっかりついていくことができる地味な"アベレッジ・ヒッター"にはなれそうである。うまくやれば"3割打者"になることも夢ではないかもしれない。

最後に一言付言すると,理論的立場は異なるが,神田橋(1990)が『精神療法面接のコツ』の中で,「精神療法における一般的心得」[2]として詳しく論じている事柄と「共通要因アプローチ」の要諦は,重なり合う部分が大きいように筆者は感じている(前田,2005)。このことからも,「共通要因アプローチ」は,セラピストがいつでもそれを思い起こし,いつでもそこに立ち返り,そして,いつでもそこから出発する,役に立つ心理療法実践のための宝庫であると言えるだろう。

---

2) 神田橋(1990)は「精神療法の場の構造」について詳しく解説している。神田橋は,専門的操作技術である「技法(=異物)」は治療においては必要悪であると述べ,もしそれを用いる際には主体の自助活動を障害することなく,また,「抱え環境」(セラピストとクライエントとの関係が生みだす安住の環境)に従属しつつ機能すべき存在であるとして,序列で言えば,最下位に位置づけている。神田橋が言わんとするところの「精神療法面接のコツ」の実証的根拠が,「共通要因アプローチ」の中に示されている,と考えることができるだろう。

文　献

Ackerman, S. J., & Hilsenroth, M. J.　2003　A review of therapist characteristics and techniques positively impacting the therapeutic alliance. *Clinical Psychology Review*, **23**, 1-33.

Bachelor, A.　1988　How clients perceive therapist empathy. *Psychotherapy*, **25**, 227-240.

Berg, I. K., & Miller, S. D.　1992　*Working with the problem drinker: A solution-focused approach*. New York: Norton.(斉藤　学監訳　1995　飲酒問題とその解決—ソリューション・フォーカスト・アプローチ．金剛出版.)

Bergin, A. E.　1971　The evaluation of therapeutic outcomes. In S. L. Garfield, & A. E. Bergin (Eds.), *Handbook of psychotherapy and behavior change*. New York: Wiley. pp.217-270.

Bergin, A. E., & Lambert, M. J.　1978　The evaluation of therapeutic outcomes. In A. E. Bergin, & S. L. Garfield (Eds.), *Handbook of psychotherapy and behavior change: An empirical analysis* (2nd ed.) New York: Wiley. pp.139-189.

DeJong, P., & Berg, I. K.　1998　*Interviewing for solutions*. Pacific Grove, CA: Brooks/Cole.（玉真慎子・住谷祐子監訳　1998　解決のための面接技法―ソリューション・フォーカスト・アプローチの手引き．金剛出版．）

Duncan, B. L., Hubble, M. A., & Miller, S. D.　1997　*Psychotherapy with "impossible" cases- The efficient treatment of therapy veterans*. New York: W. W. Norton.（児島達美・日下伴子訳　2001　「治療不能」事例の心理療法―治療的現実に根ざした臨床の知．金剛出版．）

Eysenck, H. J.　1952　The effects of psychotherapy: An evaluation. *Journal of Consulting Psychology*, **16**, 319-324.

Garfield, S. L.　1980　*Psychotherapy: An eclectic approach*. New York: Wiley.（高橋雅春・高橋依子共訳　1985　心理療法―統合的アプローチ．ナカニシヤ出版．）

Garfield, S. L.　1992　Eclectic Psychotherapy: A Common Factors Approach. In J. C. Norcross, & M. R. Goldfried (Eds.), *Handbook of psychotherapy integration*. New York: Basic.

南風原朝和　1997　メタ分析による精神療法の効果研究の統合．精神療法, **23**, 131-136.

Hubble, M. A., Duncan, B. L., & Miller, S. D. (Eds.)　1999　*The heart & soul of change: The role of common factors in psychotherapy, medicine, and human services*. Washington, D. C.: American Psychological Association.

岩壁　茂　2004　効果研究．下山晴彦（編著）　臨床心理学の新しいかたち．誠信書房．

岩壁　茂　2005　心理療法の効果測定―初回面接の実践的効果研究．臨床心理学, **5**(1), 123-128.

金沢吉展　2001　効果研究とプログラム評価研究．下山晴彦・丹野義彦（編）　講座臨床心理学2　臨床心理学研究．東京大学出版会．pp.181-202.

神田橋條治　1990　精神療法面接のコツ．岩崎学術出版社．

日下伴子　2002　クライエントからフィードバックを得るアンケートの利用について．ブリーフサイコセラピー研究, **11**, 38-47.

Lambert, M. J.　1992　Implications of outcome research for psychotherapy integration. In J. C. Norcross, & M. R. Goldfried (Eds.), *Handbook of psychotherapy integration*. New York: Basic.

Lazarus, A. A.　1989　*Practice of multimodal therapy: Systematic, comprehensive, and effective psychotherapy*. Baltimore, MD: Johns Hopkins University.（高石　昇監訳　1999　マルチモード・アプローチ―行動療法の展開．二瓶社．）

Luborsky, L.　1954　A note on Eysenck's article "The effect of psychotherapy: An evaluation." *British Journal of Psychology*, **45**, 129-131.

前田泰宏・曽我昌祺・内田由可里・沖　美代子・永田俊代・山田富美子・田中芳子・小山明子・村木利光・多田国利・佐野博彦　1999　ソリューション・フォーカスト・アプローチはどのように有効か―解決志向と変化志向―．住友病院医学雑誌, **26**, 119-126.

前田泰宏・内田由可里　2004　ORS（Outcome-Rating-Scale）の効果的活用―クライエントと共に創り上げるセラピーを目指して―．ブリーフサイコセラピー研究, **13**, 1-12.

前田泰宏　2005　心理療法実践における折衷的／統合的アプローチ．奈良大学紀要, **33**, 95-108.
Miller, S. D., & Berg, I. K.　1995　*The miracle method: A radically new approach to problem drinking*. New York: Norton.（白木孝二監訳　2000　ソリューション・フォーカスト・アプローチ―アルコール問題のためのミラクル・メソッド．金剛出版.）
Miller, S. D., Duncan, B. L., & Hubble, M. A.　1997　*Escape from Babel-Toward a unifying language for psychotherapy practice*. New York: W. W. Norton.（曽我昌祺監訳　2000　心理療法・その基礎なるもの―混迷から抜け出すための有効要因．金剛出版.）
Miller, S. D., Hubble, M. A., & Duncan, B. L.　2000　*A new perspective on some old ideas: Bringing "what works" to focus in treatment*.（中村伸一訳　2000　いくつかの古い考えについての新しい展望―治療に「何が役に立っているのか」について焦点を当てる．精神療法, **26**(1), 41-48.）
Miller, S. D.　2002　クライエントを治療のパートナーに！　～より良い援助プロセスと治療成果を目指して～．ワークショップ in 大阪．配布資料．
Miller, S. D.　2003　努力不要で効果アップ！　今より65％，面接の効率をあげるには？　ワークショップ in 埼玉．配布資料．
中釜洋子　2004　統合的介入．下山晴彦（編著）　臨床心理学の新しいかたち．誠信書房．
Orlinsky, D. E., Grawe, K., & Parks, B. K.　1994　Process and outcome in psychotherapy: Noch einmal. In A. E. Bergin, & S. L. Garfield (Eds.), *Handbook of psychotherapy and behavior change* (4th ed.) New York: Wiley.
Prochaska, J. O., DiClemente. C. C., & Norcross, J. C.　1992　In search of how people change. *American Psychologist*, **47**, 1102-1114.
Rogers, C. R.　1957　The necessary and sufficient conditions of therapeutic personality change. *Journal of Consulting Psychology*, **21**, 96.（伊東　博編訳　1966　パーソナリティ変化の必要にして十分な条件．ロジャーズ全集第4巻　サイコセラピーの過程．岩崎学術出版社.）
Rosenzweig, S.　1936　Some implicit common factors in diverse methods in psychotherapy. *American Journal of Orthopsychiatry*, **6**, 412-415.
Shapiro, D. A., & Shapiro, D.　1982　Meta-analysis of comparative therapy outcome studies: A replication and refinement. *Psychological Bulletin*, **92**, 581-604.
下山晴彦　2000　心理臨床の基礎1　心理臨床の発想と実践．岩波書店．
Smith, M. L., & Glass, G. V.　1977　Meta-analysis of psychotherapy outcome studies. *American Psychologist*, **32**, 752-760.

第3部
事例研究編

ケース提示
心身症患者に対する認知行動療法

伊藤絵美

ある心身症患者に対する認知行動療法の適用例を紹介する。

【ケースの概要】
患者：G氏。男性。40歳代前半。会社員（部長職）。実母と妻子の5人家族。
主訴：頭痛。吐き気や胃のむかつき。入眠困難。
治療前の経過：3年前に発症。医学的諸検査を受けるも異常所見はなく、内科医に鎮痛剤、胃薬、睡眠導入剤を処方されていた。X年3月に症状が悪化。再検査でも異常は見つからず、内科医の勧めにより心療内科受診となった。医師の問診により心理療法の適応と判断され、筆者（セラピスト）との認知行動療法による面接（1回50分）が開始された。
医師による診断：筋緊張性頭痛を中心とした身体表現性障害。
面接の期間，回数：X年4月〜X+1年5月の約1年2ヶ月間。全15回。

経　過

面接初期，中期，後期に分けてG氏との面接過程を紹介する。

面接初期（第1回〜5回面接）：アセスメントと目標設定

初回面接では，上記の主訴や経過を詳しく聴取した。G氏は「仕事も家庭も順調で，悩みはない」と話し，面接にも気が進まない様子であったが，上記の身体症状，とくに頭痛にひどく困っていると話し，薬が効かないことへの不満を述べた。セラピストは，「身体の症状にお困りなのはよくわかりました。心理面と関係あるかどうかも含め，症状についていろいろな角度から，まず検討

してみませんか」と話し，頭痛についてアセスメントを行うこと，そしてアセスメントの結果，心理療法で対応できそうな問題が明らかになれば，さらに面接を継続し，セラピストとG氏とで問題解決を図れることを説明したところ，G氏が「そういうやり方であれば，始めてみたい」と，面接を開始することについて同意した。

そこでセラピストは，頭痛について，①発生時間，②発生場所，③痛みの大きさ，④持続時間，⑤気づいたこと，の5項目について記録するようG氏に依頼した。G氏はこの自己観察課題に熱心に取り組み，面接時に観察内容をセラピストに報告し，共に検討した。「それによって何がわかりますか？」「それについてどう考えますか？」「その時，どんな感じがしましたか？」といったセラピストからの問いに答えていくうちに，G氏は次第に，症状発生時の認知や気分に注目し，それらを把握し表現できるようになっていった。

そしてG氏の頭痛について，以下のことがわかった。①人が密集している場所（職場や電車など）で生じることが多い，②その際，自分が周囲から絶えず監視されているように感じる，③身体や神経が常に緊張しており，それが頭痛と関係しているようだ。

自己観察による明確化はG氏を安堵させたが，G氏は原因追究にこだわった。セラピストは「原因を探るより，対処法を考えていきましょう」と促し，話し合いの結果，①電車や職場での「監視されている感じ」を緩和する，②緊張を自分で緩める方法を身につける，の2点を面接目標として設定した。G氏は「会社や電車を避けることはできないので，自分の緊張を変えるしかないことがわかってきた」と話し，面接への動機づけが高まったようであった。

面接中期（第6回～12回面接）：各種技法の導入

セラピストはさらに詳細な自己観察課題をG氏に実施してもらいながら，「それについては，どうしたらいいと思いますか」「そのことを，どう考えたらいいでしょうか」といった質問を続け，G氏と共にあれこれとアイディアを出し，検討した。そして，目標①については，「監視されている感じに気づいたら意識を他に向け，注意を逸らす」，目標②については，「呼吸法と自律訓練法

を習得し，リラックスする」という解決策が選択され，セラピストのアドバイスのもとで注意転換法とリラクセーション法の練習が続けられた。

G氏は熱心に練習に取り組み，注意転換もリラクセーションも上手に行えるようになった。頭痛の程度も，初期には「90％の痛み」と報告されていたものが，「20％ぐらい」にまで軽減した。胃腸症状や入眠困難も改善された。この時点でセラピストは，問題解決法（表3-1を参照）のマニュアルをG氏に渡し，問題解決的な認知やスキルについて説明した。G氏は「このような考え方は仕事ではよく使う。これを自分自身に応用できるとは思いもしなかった。面白い」との感想を述べた。セラピストは「これを生活に活用できれば，再発防止にもなりますし，他のストレスにもうまく対処できるようになりますよ」と話し，問題解決法の生活への適用，般化を求めた。

表 3-1　問題解決法 （伊藤, 2001）

1. 問題解決的認知	①問題の存在を認め，受け入れる ②問題に"チャレンジする"と考える ③要因は多岐にわたると考え，原因探しをしない ④"解決可能か否か"ではなく，"何ができるか"と考える
2. 問題解決的スキル	①問題を定義し，目標を設定する ②解決策をブレインストーミングによって案出する ③意思決定を行い，解決策を選択，合成，計画化する ④解決策を実行し，その結果を検証する

面接後期（第13回〜15回面接）：効果維持と再発予防教育

後期ではフォローアップ的な面接を3回実施し，改善維持を確認した。G氏は，「仕事上のストレスを強く感じることが時折ありましたが，ここで先生と一緒にやったように，自分を観察して，問題を定義し，何ができるかを考えて，自分なりに解決してみた」と述べ，具体的なエピソードを話してくれた。目標が達成され主訴が改善されたこと，問題解決的な認知やスキルがG氏に定着したことにより，終結が検討されるようになった。初期には「悩みはない」と断言していたG氏であったが，この頃には，「知らないうちにストレスって溜まるものなんですね。症状が出たころは，自分にも，確かにストレスが溜まっ

ていたのだと思います」と話した。そこでセラピストは，終結後の再発予防対策も兼ねて，ストレスおよびストレスマネジメントについて，心理教育を実施し，終結後の対策をG氏と共に計画し，面接を終結とした。なお服薬は中期の途中から中止されていたが，特に問題はなかった。そして，終結の半年後に電話にて経過確認したところ，「自律訓練などを続けながら元気にやっています」とのことであった。

考　察

　G氏は明らかにアレキシサイミア傾向を有しており，そのためにストレスが身体症状として表現されていたと思われる。彼は既に何人かの治療者に「気の持ちよう」「リラックスが必要」などのアドバイスを受けていたが，納得せずに症状が長引いていた。当初，症状の原因解明と解消だけを求めていたG氏には，認知行動療法が適応と思われ，G氏の同意を得た上で導入した。またG氏は当初，認知や感情面についてほとんど言及しなかったため，認知行動療法の中でも問題解決法を中心とした技法を用いることにした。その際セラピストは，認知行動療法に特有の"発見を導く対話"に終始することで，G氏自身に問題（緊張）やその解決法（リラクゼーション）を発見してもらうように努めた。G氏が問題や解決法を自分自身で具体化・明確化したことにより，取り組みへの動機づけが高まり，結果的に「監視されている感じ」や緊張感が解消され，それに伴い身体症状が緩和されたと考えられる。同時に，問題解決的な認知やスキルの習得によりセルフコントロールが可能になり，終結後も好調が維持されていたのだと思われる。さらに，初期には「悩みはない」と断言していたG氏が，後期には仕事上のストレスを感じるようになったのは，問題解決的な認知や対処法を身につけたことによる変化であろう。

　なお情緒的な自己表現をほとんどしなかったG氏が，最後に，「自分は母子家庭に育ち，恥ずかしくないようにと，かなり厳しく母親にしつけられた。思えば，小さいころからかなり周りの目を気にして緊張してきたような気がする」としみじみと語ったことが，筆者には印象的であった。いわゆる傾聴・受容共感型の一般的心理療法はG氏には適用できなかった可能性が高いと思われる

が，認知行動療法の問題解決アプローチを導入した結果このような気づきを得た当ケースは，心身症の治療や援助に一つのヒントを与えてくれたように，筆者には思われる。

文　献
伊藤絵美　2001　問題解決療法．心療内科, **5**, 256-260.

コメント1
基礎学探求の立場から

杉山　崇

　伊藤の意欲的な治療態度と洗練された治療技法が堪能できる事例をご紹介いただいた。G氏の福祉を考えると，セラピスト・伊藤との出会いの持つ意味は非常に重要なものがあったと言える。なぜなら，伊藤のような受容・共感に変に頼らず，来談者が必要とする治療者の積極的姿勢を過不足なく取れるセラピストはまだまだ少数だと思われるからである。つたないコメントで事例を汚すのもためらわれるくらい「きれいな」事例であったが，基礎学と折衷を読者により深く読者に理解していただくために，ここでは基礎学の立場からコメントをしてみよう。

1. 症状中心のアプローチと治療的意義

　近年，精神疾患や精神症状の診断基準が発展し，かなり妥当性のある症状の把握が容易になってきた。このことは症状の分類とそれに対応した治療プログラムの定式化という心理療法の基礎的なデータベース作成を考えると，重要な成果であると思われる。伊藤もまずは症状の内容とその発生機序の把握，という症状中心のアプローチから治療に入っている。これはG氏自身が自覚していた「唯一の」問題であり，ここに焦点を当てるという態度は実は極めて来談者中心的で受容的であったと思われる。
　その後も症状を中心に対話を重ねていくが，このセラピストの姿勢はG氏には自分に寄り添っているかのように感じられたことと思われ，そのような安心感の中でセラピストはより適切な考え方や感じ方に向けた思考の誘導や心理教育を続けていった。このことが面接の第1回で「問題はない」と言うほど症

状や問題からかたくなに目をそらしていたG氏の自分に対する態度を変えさせるきっかけになったと思われる。その後の展開をスムーズにしたのはG氏の力もさることながら，本当の意味で'治療的'に作用する関係を作り，共有できる問題点を設定した伊藤の対応の適切さが光る事例であると言える。

2. 心理職アイデンティティとしての「パーソナリティ」という治療仮説

さて，ここでG氏のパーソナリティについて考えてみよう。G氏がセラピストの何をもって受容的と感じ，セラピストから大切にされているという被受容感を覚えるかはG氏のパーソナリティに依存する事柄であり，特に"来談者が何を求めているのか"わかりやすくなるミロン（T. Millon）のパーソナリティ理論（詳細は，Millon, 1985；井沢, 1996を参照されたい）がこの目的では非常に有用である（杉山, 2005）。症状に応じた対応とあわせて，心理職のアイデンティティとしてはG氏のパーソナリティに応じた対応も重要であり，仮説として見立てたパーソナリティを事例の展開から検討しつつ対応を吟味することが基礎学の立場からは重要であると思われる。

このG氏の特徴を考えてみると，社会的立場，家族など守るものが非常に多い。そして，伊藤に「問題はない」という態度を示すように人に対して不用意に甘えようとしないと思われる。つまり適応的な状態では，比較的「能動的」に行動していると思われ，やや「甘えを断念」（中井, 1982；杉山・坂本, 2001）している傾向があると思われる。そのため，周囲には心身ともに健康な人という印象を与えていることが予想され，また本人も健康な自己にアイデンティファイしているように見える。健康な自分，周囲から信頼される自分という自分の「素敵さ」，そして家族などの他者を守り，維持する努力を意識的または無意識的に重ねており，維持できないことを恐れる「心細さ」に由来する慢性的な緊張感の延長線上に来談のきっかけとなった不適応を位置づけることができるだろう。なお，「心細さ」は原因の追究にこだわるところに反映されていると思われる。よって，このG氏は情緒に焦点を当てるのを回避することで適応を保ってきたタイプの強迫性パーソナリティであると考えられる（ただし，パーソナリティそのものに由来する不適応ではないので，強迫性パーソナリテ

ィ障害ではないだろう)。実際,「頭痛」という症状が重くなるときには「周囲から監視されているように……」という自己標的バイアスのある妄想観念を抱いている。これらのことをミロンの理論(図3-1)に照らし合わせると,パーソナリティのベースに「自分も他者も同じように重要」という「混乱」タイプの志向性と,物事がうまくいかないときは「受動的」という行動傾向があることが仮説として浮上してくる。

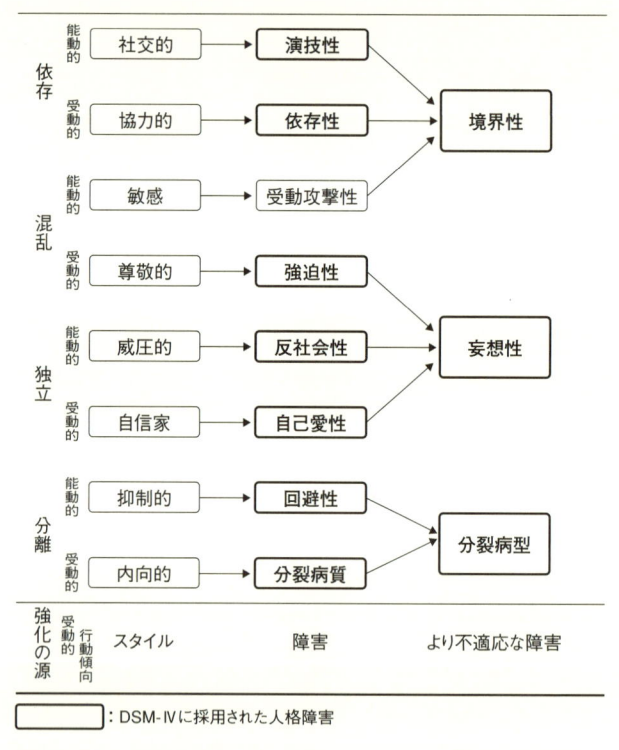

```
強化の源   行動傾向   スタイル      障害        より不適応な障害

           能動的    社交的  →   演技性
依存                                        →  境界性
           受動的    協力的  →   依存性

           能動的    敏感   →   受動攻撃性
混乱
           受動的    尊敬的  →   強迫性

           能動的    威圧的  →   反社会性
独立                                        →  妄想性
           受動的    自信家  →   自己愛性

           能動的    抑制的  →   回避性
分離                                        →  分裂病型
           受動的    内向的  →   分裂病質
```

☐ : DSM-Ⅳに採用された人格障害

図3-1 ミロンにもとづいたパーソナリティ・スタイルと障害 (杉山, 2005より)

3. セラピスト対応の的確性・有効性

このようなタイプの人は情緒に目を向けると自我が脅かされるので,情緒的な問題を持ったときに洞察的なアプローチはできない。背景にはとても大きな

心細さ，破滅感が潜んでいる場合があり，「寝た子を起こす」ような受容・共感型のセラピーは確かに困難である。しかし，伊藤はG氏の受動的な部分に対して適切にアドバイスを与え，G氏の目指してゆくべき方向性を示すという積極性や能動性を示すことで成功したと思われる。なぜなら，詳しくは書かれていないが，伊藤はG氏の主体性を尊重しつつも，G氏が主体的になれず心細く感じる部分ではリードする役割を取っていたように見える。つまり，伊藤は「寝た子」は寝かせたままで，「心細くて眠れない」ということがないように，「心細さ」への手当てとして，「一緒に見つけた対処法，解決法」という「お守り」を与えたのである。強迫性パーソナリティ（障害ではない）という仮説に照らして考えると，伊藤は実にG氏が必要としているセラピストのパーソナリティにおける「能動的」な側面を的確に提供し，確立された認知療法，問題解決療法の方法を駆使して安心感を与えたことは理にかなったことであり，実際予後も極めて良好であった。パーソナリティという仮説を立てて，検討しつつ展開させるという基礎学の観点から見ても，実に「きれいな」事例と言うことができるだろう。

文　献

井沢功一郎　1996　T. Millonのパーソナリティ・スタイル8類型の因子的妥当性の検証. 性格心理学研究, **4**(1), 10-22.

Millon, T.　1985　*Personality and its disorders: A behavior learning approach*. New York: Wiley.

中井久夫　1982　分裂病と人類．東京大学出版会.

杉山　崇　2005　パーソナリティ・スタイルのエピソードベイスドアセスメントと受容感志向の心理療法の見立て：気分不調に由来する悲観的強迫観念への介入事例から. 長野大学紀要, **26**(4), 445-454.

杉山　崇・坂本真士　2001　被受容信念の概念化および測定尺度の作成とその抑うつ過程の検討．日本健康心理学会第14回大会発表論文集.

杉山氏へのリコメント

伊藤絵美

　杉山氏からは基礎学の立場からコメントをいただいた。そのいくつかに対して再度コメントしたい。
　まず杉山氏が私の事例を「きれいな」と評したことに対して，認知行動療法の特徴である"構造化"と，認知行動療法の事例報告における報告者のジレンマについて述べたい。前者の"構造化"であるが，認知行動療法は，1回のセッションおよび初回から終結までの流れを，"段階的に構造化する"という大きな特徴を有する。構造化された流れに沿って面接を進めることにより，セラピストとクライエントは，「今自分たちは，何のためにこの話し合いをしているのか」「自分たちは何を目標にしてセラピーを行い，それは今現在どこまで進んでいるのか」ということを常に自覚し，共有することになる（図3-2を参照）。
　したがって認知行動療法の事例を報告する場合も，報告者は図3-2の流れに沿ってまとめることになる。そして，そのようなまとめ方がされていると，事例報告がどうしても「きれいな」感じになってしまうのである。これが上記の"ジレンマ"である。認知行動療法の流れが系統だっているという点では，確かに「きれい」なのかもしれないが，実際にセラピーを進めていくにあたって，クライエントと共に試行錯誤，四苦八苦するという点では，他のセラピーと全く変わらない。杉山氏の「きれいな」という指摘は，認知行動療法の事例報告のこのような傾向を見事に突いているものと思われる。

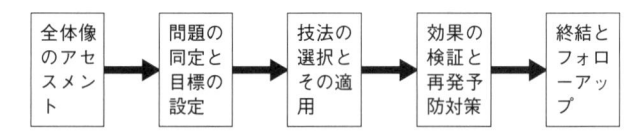

```
全体像      →  問題の   →  技法の   →  効果の   →  終結と
のアセ         同定と      選択と      検証と      フォロ
スメン         目標の      その適      再発予      ーアッ
ト            設定        用         防対策      プ
```

図3-2　認知行動療法の初回から終結までの流れ

　次に杉山氏は，精神疾患等の診断基準の発展に伴い，症状把握の妥当性が向上してきていることから，私がG氏に対して行った"症状中心のアプローチ"が「実は極めて来談者中心的で受容的であった」と述べている。このコメントには全面的に同意する。身体症状を主訴として来談するクライエントに対して，「本当の（心理的な）問題」を探ろうとするセラピストが日本では少なくないように見受けられるが，クライエントは主訴や症状に困り，それを何とかしたいからこそ"クライエント"として来談するのであり，クライエントの差し出す主訴や症状をまずは大事に扱うことが，「来談者中心的な受容」であると思うのである。
　さて，杉山氏は「心理職アイデンティティとしての『パーソナリティ』という治療仮説」という視点からG氏のパーソナリティ傾向を詳細に分析し，私の対

応がG氏のパーソナリティにマッチしていたことを指摘してくれているが，こちらについては恥ずかしながら「杉山氏のコメントにただひたすら感心した」としかリコメントできない。私はG氏のパーソナリティについては"強迫的である"という漠然とした印象を抱きながらセラピーを進めただけであって，それを仮説として自覚的に利用したわけではなかったからである。しかし杉山氏のコメントから，クライエントのパーソナリティについて仮説を立て，それに沿って治療戦略を立てることの有用性が多分に読み取れる。基礎学を志向する者として，私自身のパーソナリティに関する仮説設定力を上げていかなければならないと反省した次第である。

コメント2
「対人認知」からの解釈：自己開示と自己意識

坂本真士

1. 概　略

　先述の事例について，社会心理学的な見地から考察してみる。いくつかの概念からの解釈が可能であるが，ここでは自己開示に絞って論じたい。

　心理臨床の場におけるクライエントの発言は，社会心理学からは自己開示（場合によっては自己呈示）と見ることができる。自己開示とは，他者に対して，言語を介して伝達される自分自身に関する情報，およびその伝達行為であり，狭義には，聞き手に対して何ら意図を持たず，誠実に自分自身に関する情報を伝えること，およびその内容を指す。一方，自己呈示も自分に関する情報を人に伝える行為であるが，自己開示が言語的な伝達のみを対象としているのに対し，自己呈示は非言語的な伝達をも含む点で異なる。また，自己開示は意図的であるか否かは関わりないが，自己呈示は特定の印象を与えようとする意図が含まれていることを前提としている点で異なる。いずれにせよ，この自己開示によってセラピストはクライエントについての情報を得ることができるわけで，クライエントの自己開示をうまく引き出せるかどうかは，セラピーの成否にとって重要な要素になると思われる。

　しかし，自己開示とセラピーの成否との関連は，クライエントから自己開示を引き出してさえいれば自然とセラピーがうまくいくとか，自己開示がなければセラピーがうまくいかないというような，単純な関係ではない。傾聴と共感によりクライエントの自己開示を引き出してもセラピーがうまくいかない場合もあれば，自己開示をさせなくてもセラピーがうまくいく場合がある。もちろん，伊藤の事例は後者である。伊藤の事例では，クライエントに自己開示を求

めていないが，クライエントと一緒になって考え問題を具体的に絞っていったり，問題を解決する主役はクライエントでありそれに付き添う形で安心感を与えたりする，そういう治療関係を築いたことがセラピーを成功裏に終わらせることに寄与し，結果的に最後にクライエントに大きな自己開示をさせるに至ったと思われる。すなわち，クライエントからの自己開示は少なかったものの，自己開示をさせるだけの心理的なつながりや安心感は，クライエントとセラピストとの間に築かれていたと考えられる。

2. 事例の解釈

では，詳細に見ていくことにする。事例のG氏は，人から見られることを気にし過ぎていたことは明白であろう。これは社会心理学でいうと，過剰な公的自己注目のために悩んでいた状態と言える。一方，自分の体調の変化には気づいているものの，「悩みはない」と話すように自分の認知や感情の側面には目を向けようとしなかった。体調も認知・感情も，社会心理学で言えば私的自己の側面であるが，この2つは分けられるという指摘がある。体調については，表情や検査所見などにより他者でも察知できるのに対し，認知・感情は意識せずに表出される部分はあるにせよ，意識的に隠蔽できる部分も多く，認知・感情こそがプライベートな＝私的な自己の核心であると言える。

ここで，図3-3を使って整理すると，公的自己注目は人から見られる自己を意識するので，S1→O1→S2であり，私的自己意識はS1→S2となる。ちな

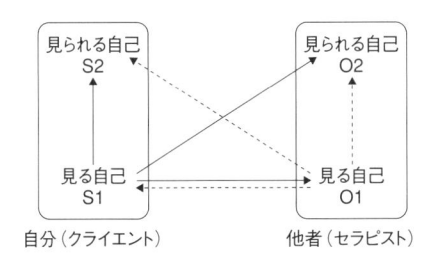

図3-3　2人の人間関係の中で生じる対人認知（山本，1962を改変）
実線は自分から他者への認知，点線は他者から自分への認知を表す。
クライエントから見たカウンセリング場面で考えると，自分＝クライエント，他者＝セラピストとなる。

みに，図 3-3 をカウンセリング場面における人間関係としてみると（クライエントから見て整理），セラピストによる共感や理解は，「クライエントの自分自身に対する思い（S1→S2）をセラピスト（O1）が感じる」から，「O1→（S1→S2）」と整理できる。また，クライエント（S1）は，セラピストによる共感や理解（すなわち O1→（S1→S2））を感じ取って，「セラピストから理解されている」という感覚をもつが，これは「S1→（O1→（S1→S2））」と整理できる。そしてセラピストによる理解（O1→（S1→S2））を成立させる言語的情報を伝達することが自己開示と考えることができる。

さて，G 氏は自分の認知や感情の側面には目を向けようとしなかったことから，おそらく私的自己注目（すなわち S1→S2）が少なかったのではないだろうか。S1→S2 がないとなると「S1→S2」の部分が含まれる自己開示（O1→（S1→S2））は成り立たなくなる。つまり，深層を語らしめるような自己開示を待つタイプのセラピーは G 氏には向いていないと思われる。もし自己開示を使おうとするならば，S1→S2 をやってから（すなわち自己の内面への気づきをさせてから）ということになるだろうが，今回のように主訴が身体的な問題であり，必ずしも内面についての洞察に動機づけられていない場合は難航するだろう。さらに，クライエントは主訴の解決を早期に望んでいたため，自己洞察を深め自己開示を行わせるような取り組みよりも，セラピストが行ったような問題解決的な取り組みの方が有効であったと思われる。

なお，私的自己注目が多い人は自分のことを人に話しやすい（Ickes et al., 1978）。このような場合，自己開示が得られやすいと思われるが，当然のことながらクライエントが安心して自己開示をできる関係性は欠かせない。伊藤の症例では，この関係性を作れたからこそ，セラピーがうまくいき，クライエントが最後に自己開示するに至ったのだろう。

文　献

Ickes, W., Layden, M. A., & Barnes, R. D.　1978　Objective self-awareness and individuation: An empirical link. *Journal of Personality*, **46**, 146-161.
山本和郎　1962　対人認知の諸問題．片口安史・大山　正（編）　医学のための心理学．誠信書房．pp.243-282.

坂本氏へのリコメント

伊藤絵美

　坂本氏からは社会心理学的な見地から，特に"自己開示"という概念を中心にコメントをいただいたので，それに沿ってリコメントしたい。坂本氏の言うように，自己開示をうまく引き出すことがセラピーの成否を決める重要ポイントであることは間違いないと思う。セルフヘルプ力を回復・増進させるためにクライエントはセラピーを受けに来るのだから，その"セルフ"（自己）について語り，セラピストと共有することは，不可欠であると言ってもよいだろう。と言っても，自己開示の仕方は人それぞれである。おそらくその人なりの"自己開示スタイル"なるものがあるのではないかと私は考えている。

　セラピストが自由に語る場と時間を提供するだけで，すなわちクライエントが自由に語るのをセラピストが傾聴するだけで，自然と良い方向に展開するケースがある。こういったケースのクライエントは，セッション中に，自己や他者との関係について，様々な視点から自由に考え，語り，語りながら気づき，気づいたことを日常生活に活かす能力が非常に高いように思われる。つまり特別な働きかけがなくとも，セッションにおいて十全に自己開示することを通して，自ら回復していくのである。この場合セラピストは，余計な邪魔をせず，クライエントが自分らしく自己開示できるよう，援助を心がければよい。図3-4に認知行動療法の基本モデルを提示したが，このようなクライエントは，モデルの各要素（環境，認知，気分・感情，身体反応，行動）について，自発的に満遍なく語ってくれる。

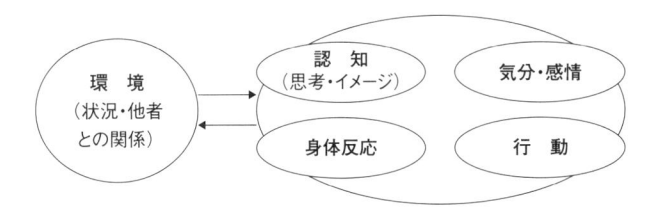

図3-4　認知行動療法の基本モデル

　しかし上のような，いわば理想的な自己開示スタイルを持たないクライエントも，現在では大勢セラピーに訪れる。その場合，セラピストが自己開示の場と時間を提供するだけでは不十分である。それどころか，はなから自己開示を望んでいないクライエントの場合，そのようなやり方では中断の可能性が高い。本ケースのG氏のように，他人から勧められて治療のためにやむをえず来談するクライエントが，まさにそのタイプであろう。G氏は，図3-4の認知行動療法のモ

デルで言うと，単に"身体反応"だけを訴えて来談したのであり，さらにその身体反応に関わる自己開示を望んでいたのではなく，不快な身体反応の"解消"すなわち"問題解決"を求めていたのである。

したがって私はG氏に自己開示を求めるのではなく，G氏が自分の身体反応をきめ細かくモニターするよう誘導し，「モニターの結果，どんなことに気づいたか？」と問うことを繰り返した。本ケースが，G氏の納得できる結果に至ったのは，いたずらに自己開示を求めずに，G氏の「自己開示を好まない」という自己開示スタイルを利用して，問題解決を図ったからである，と説明することが可能だろう。しかしモニターと対処を繰り返す中で，結果的にG氏は図3-4のモデルに沿って観察した自己を，セッションで語るようになった。G氏の自己開示スタイルが変化したと考えてよいだろう。

以上，自己開示という社会心理学的概念からケースを再検討してみたが，クライエントや主訴をアセスメントしたり，介入のやり方を検討したりする際に，自己開示という概念が一つの参照ポイントとして機能するのではないかと実感された。坂本氏に感謝したい。

コメント3
折衷的心理療法とブリーフセラピーの観点から

東 斉彰

1. 折衷的心理療法の観点から

　折衷的心理療法は，第2部で論じられたように複数の心理療法理論ないし技法を統合，折衷した形で用いるものであるが，単なる技法の寄せ集めではなく，合理的，体系的に技法を適用することを前提とする。そして，理論的統合・技法的折衷・共通要因アプローチの3群のパタンがあるが，このコメントでは主として技法的折衷の観点から伊藤氏のケースを論じたい。

　伊藤氏は，認知理論，行動理論，社会的問題解決理論の3つの理論を用いて治療にあたっているようである。そこでは，認知・情動・行動・生理の各システムを含んだ人間内部の情報処理・情報生成システムと，外的環境システムとの相互作用を通して環境に働きかける"能動的な問題解決システム"として人間を捉えている。ここには優れて，認知理論，行動理論，社会的問題解決理論の統合された理論体系がある。ただし，伊藤氏の拠って立つところは，精神分析理論などの深層心理学的・洞察的理論や，クライエント中心療法などの人間学的・体験的理論ではなく，あくまで認知行動的・指示的理論であるが。

2. ブリーフセラピーの観点から

　ブリーフセラピーは，セラピスト（以下Thと略）とクライエント（以下Clと略）との協力のもと，できるだけ短期間に問題の解決を行う。それは文字通りbriefであり，時間・期間・回数が少ないこと，十分な治療効果がありClのニーズに応えること，効果に対して時間，費用，労力が見合っていることなど

を特徴とする。ブリーフセラピーは狭義ではシステム理論やコミュニケーション理論の臨床的応用として，現在ではエリクソンモデル，MRIモデル，ソリューションモデルの3つの分類がなされているのが通例である。しかし広義では従来の精神分析療法に代表されるような，その治療理論・技法上の必然性による長期間の治療を要する療法に対して，より短期間で効果を上げようとする方法はすべてブリーフであると言え，時間制限心理療法（J.マン）のような精神分析の変法もあるし，行動療法や認知療法，ゲシュタルト療法なども広義のブリーフセラピーと言えるだろう。

　筆者は最近，上記の折衷的心理療法とブリーフセラピーの理念と方法を統合した「短期折衷療法（もしくはブリーフ・エクレクティック・セラピー［以下BETと略］）」を提唱している。BETでは，従来の各心理療法の理論にはこだわらず，適切なアセスメントにより合理的に選択された技法を積極的に適用することで効果を上げていこうとする。つまり，面接の状況や過程を把握しながら，そのClに合った技法を適用することでできるだけ迅速に面接を進めようとする試みである。具体的には，技法はセラピーを推進させるものと捉えて，Clに余計な負担をかけずにそのニーズに合わせて合理的に技法を適用していく。伊藤のケースを，このようなBETの観点から以下に論じてみたい。

3．短期折衷療法（BET）の観点から伊藤のケースを読む

[1] 面接初期（#1～#5）

　伊藤は初期においては，事例のアセスメントと目標設定の時期と捉えている。身体症状，特に頭痛を強く訴えるClに対して，Thはまず頭痛についてアセスメントを行い，問題が明らかになれば共同して問題解決を図ろうと提案している。決して冒頭から心理的な問題に還元せず，あくまで身体面，マルチモード療法で言う「身体モード」に合わせて問題を扱おうとしている。また，頭痛についての情報（発生時間や場所，痛みの程度など）の記録をClに求めているが，これは行動療法で言う「セルフモニタリング技法」で，このClの「ものごとを分析しようとする傾向の強さ」を利用していることになる。このような方法によってClは安堵しつつも原因追究にこだわっている。Thはここで，

「原因追究よりも対処法を分析，考案する」よう誘い，Cl の分析志向は尊重しつつより有効であると思われる「問題－対処－解決」の方向へと導いている。

[2] 面接中期（# 6 〜 # 12）

　中期は「各種技法の導入」の時期である。自己観察によるデータをもとにして Th から質問を投げかけ，双方がアイデアを出しながら共同作業的に対処法を作り出している。そして注意転換法とリラクゼーション訓練という行動療法や認知療法でよく用いられる技法を適用している。このやり方は，ブリーフセラピーの重要な要素である効率性（efficiency）を思わせる，つまり効果に対して時間や労力が見合っているということになる。ここで使っている「質問法」も BET の観点からは重要な「技法」であると言ってよいのではないかと筆者は考えている。

　また問題解決法のマニュアルを Cl に渡し，Cl も強い興味を示しセラピーへのモチベーションも高まっているようである。これはまさに，この Cl の仕事のやり方，つまり彼の思考，態度パタンに一致しており，そのパーソナリティーの傾向に合わせた介入となっている。このように，中期においては Cl のパーソナリティー傾向に合わせて，極めて効率よく，積極的に技法を適用して効果を上げようとしており，本ケースの最も重要な時期であったと言えるだろう。

[3] 面接後期（# 13 〜 # 15）

　後期は「効果維持と再発予防教育」となっており，既にセラピーにより獲得された効果を維持するフォローアップ的面接となっている。ここでは Cl が獲得した「問題解決技法」を確認し，支持する流れとなっている。ここでも，この問題解決的ストラテジーが Cl の思考パタンに合っており，無理なく面接が進んで効果を上げたことが示されている。また，Th が改善が維持されていることを確認しつつ，Cl がうまくやっていることを労い，強化している。これはソリューション・フォーカスト・アプローチで言うところの「コンプリメント」，また行動療法の技法である「強化法」を用いていると言ってよいだろう。

4. まとめ

　以上のように，短期折衷療法の観点から伊藤氏の症例を検討した。先述のように，伊藤氏のとった治療戦略は理論的には統合，技法的には折衷と言うことができ，その上にブリーフ的な理念，方法を用いた，優れて実践的・臨床的なアプローチであると言えるだろう。クライエントの役に立つ実践を志す我々心理臨床家にとってよいモデルとなる試みであると結論してこの項を終わりたい。

東氏へのリコメント

伊藤絵美

　東氏からは，技法的折衷およびブリーフセラピーの観点からコメントをいただいた。東氏は，技法的折衷およびブリーフセラピーの理念を統合して，「短期折衷療法」（BET）を提唱しており，それ自体非常に興味深いアプローチであると思われる。
　ところで私自身は，自分を認知行動療法家だと考えている。認知行動療法は，認知心理学，行動心理学などの基礎心理学を理論的基盤としており，セラピーで最初に目指すのは，認知行動理論から構築されたモデル（坂本氏へのリコメントにおける図3-4を参照）に基づき，クライエントの抱える問題をまず理解することである（この手続きは"アセスメント" "ケース・フォーミュレーション"などと呼ばれている）。東氏のコメントにおける，私の治療戦略が「理論的には統合」であるという指摘は，認知行動理論を基盤としてアセスメントを行うという認知行動療法の特徴を，的確に表現したものである。
　認知行動療法では，アセスメントによって問題の全体像が理解された後，面接目標を設定し，そこで初めて個別の特殊技法が選択される。そして面接目標がほぼ達成されたことが確認されたら，今度は終結後の再発を予防するための対策を立て，終結に至る。以上のプロセスは，どのようなクライエントであれ，そしてどのような主訴であれ，共通して実施されるものであり，そういう意味では，"アセスメント" "目標設定" "再発予防対策"の3技法は，認知行動療法における基礎技法であると言える。また東氏が「短期折衷療法の観点からは重要な技法」であると指摘する「質問法」も，認知行動療法では「ソクラテス式質問法」と呼

ばれ，同じく重視されている。この"ソクラテス式質問法"や，様々な情報をマニュアルや口頭で教示する"心理教育"も，認知行動療法の基礎技法であり，G氏のケースでも多用されている。

このように"技法"という観点から再検討してみると，G氏のケースは，「認知行動療法の基礎技法をセオリー通りに適用した上で，"リラクセーション法""注意転換法""問題解決法"といった特殊技法が選択された事例である」と，まとめることができる（表3-2）。そして表3-2に挙げた技法群は，用語に多少違いが見られるが，東氏が挙げた技法群とほぼ同じであると考えて良いだろう。いずれにせよ，認知行動療法では必ず複数の技法が折衷的に用いられることになる。

表3-2　事例で用いられた技法の分類

認知行動療法の基礎技法（全ケース共通）	G氏に適用された特殊技法
基本モデルに基づくアセスメント 目標設定 再発予防対策 心理教育 ホームワーク（宿題） ソクラテス式質問法	リラクセーション法 注意転換法 問題解決法

ところで，「時間・期間・回数が少ないこと，十分な治療効果がありクライエントのニーズにこたえること，効果に対して時間，費用，労力が見合っていること」という東氏のまとめたブリーフセラピーの理念だが，認知行動療法が目指しているのも，まさにこのような理念である。となるとG氏のケースは，ひいては認知行動療法は，東氏の提唱する「短期折衷療法」であると見なしてもよいように思われるのだが，いかがであろうか。

コメント4
理論的統合の立場から

加藤　敬

　第2部2章で筆者の理論的統合の素描を紹介した。ここでは筆者のクライエント理解の方法である，発達的視点と病気・病理理解をもとに精神分析的な文脈から伊藤のケースにコメントしたい。

1. 心理発達的観点から

［1］中年期の心理発達的課題

　心理的問題がおきた場合，それが個人のライフサイクル上どの位置に生じているか確認することで，その年代特有の発達課題の躓きとその乗り越えの援助という治療イメージを描くことができる。このケースの場合は40代前半であり，いわゆる不惑の年である。エリクソン（Erikson, 1963）はこの時期の心理発達的課題を「生殖性対停滞」とし，配偶者と家族を作り子どもを育て次の世代に文化を伝授したり，社会でも後進を育成する段階に入ると考えた。このように人生の中で一番生産性が意識される年代でもあるが，一方人生の折り返し地点とも言われ，「中年期の危機」も危ぶまれる時期である。このことを小此木（1983）は「中年は人生のクライマックスに達する年代であると同時に，クライマックスから老いに向かう下降の始まる年代である。中年の危機は，この上昇型の人生から下降型の人生への心の転換をめぐって起こる」と述べる。また河合（1976）はこの時期に今まで生きることができなかった人生の影の部分との統合が課題になり，その影との統合がうまくいかずに様々な中年期の問題となって表れると述べている。

　このように中年期独特の発達的課題の達成と乗り越え，人生の折り返し地点という特徴を踏まえてこのケースを見ると，治療当初は「仕事や家庭は順調で

悩みはない」と気づきがなかったが治療が進むにつれ様々なストレスを認め，最後には「母子家庭に育ち，厳しく母親にしつけられ，周りの目を気にして育ってきた」と述懐した。身体的な訴えを大切に扱った心理治療の根底には，人生や親子関係の見直しというテーマも流れていたのだろう。

[2] 中年期の対処行動という側面から

不安に対する心理的防衛という概念は，主に神経症を中心とした未熟で成功していない防衛を意味していたが，健康な人の心理的防衛は「対処行動」として考えられている。三川と中西（1986）は成人男性の対処行動の調査を行い，7個の因子を抽出した。落胆，言い訳などの「消極的対処」，忘れるなどの「意識的忘却」，何とも感じないなどの「感情分離」，誰かに話を聞いてもらうなどの「相談」，酒やギャンブルなどで気晴らしなどの「行動化」，自分の努力によって問題の解決を図る「積極的対処」，我慢するなどの「抑制」である。発達的には20歳代と40歳代との比較で，40歳代に積極的対処が有意に多く，相談が有意に少なかった。このことからは中年期という社会的立場が気軽に他者と相談する機会を少なくさせ，自分だけで解決していかなくてはならない立場になりやすいことを窺わせる。

このケースの場合は筋緊張性頭痛である。頭痛なら鎮痛剤を飲むというおきまりの対処をしてもよくならず，その上胃の具合が悪くなり不眠が起きた。深刻な病気があるのかと精密検査を行っても医学的異常所見は出てこない。原因がわからず薬を飲んでも効かないとなると「積極的対処」どころではなくなり不安や混乱に陥るであろう。

そこで伊藤はクライエントとの関係を見極め「問題解決アプローチ」という正に発達的にフィットしたアプローチを紹介し，本来の対処行動である「積極的対処」の復帰を援助したと考えられる。

2. 心身症と症状へのアプローチ

[1] アレキシサイミア

アレキシサイミアはシフニオス（Sifneos, 1973）が提唱した概念で，心身症

患者に多く見られる「感情の言語化障害」を意味する。具体的には (1)自分の感情や身体の感覚に気づいたり区別することが困難（感情同定困難），(2)感情を表現することが困難（感情伝達困難），(3)空想力に乏しい，(4)自己の内面よりも外的な事実へ関心が向かう（機械的思考）。こうした傾向の見られる患者には精神分析的な洞察を主体とした面接よりも，より現実的な助言を中心とした支持的面接のほうが適している。このケースのクライエントも治療初期には「悩みはない」と心身相関への気づきが少ないことからアレキシサイミアの傾向を有したと思える。認知行動療法の選択は疾患やクライエントの特徴を踏まえたものであり支持的精神療法としても適切と考えられる。

[2] 精神分析的な症状理解との関連から

西園（1991）はエムディを引用し，アレキシサイミアの根底に早期母子関係での「情緒的応答性」の障害があると考えている。マクドゥーガル（McDougall, 1989）は心身症を自己の肉体への攻撃とし，それは内在化された母親の肉体を攻撃するという意味を持つと考える。いずれにせよ心身症を対象関係のゆがみの表れとして理解しているのであるが，ここまで極端に考えなくても成田（1991）が述べるように心身症は「身体の非自己化」として理解されやすい。つまり病んだ身体部分はまるで自分のものではないかのように違和感を持つものである。さらに成田は腎移植患者の治療経験から，自分のものでない臓器を自分のものとするための統合のプロセスを観察し，心身症患者の精神療法の糸口を考察している。そこでは (1)身体状態の改善，(2)触れることによって違和感のある身体部位の自己所属性の回復を目指す。面接では身体症状に対して正に「触れる」ように，その症状の特質を聞き出し患者の表現を促す，(3)病める身体と同一視されている対象（たとえば母親）との対象関係を取り上げてその改善，安定を図る。と論じられている。

この観点から伊藤のアプローチを見ると，症状の自己観察を中心にした面接は (2) の「触れる」ように身体症状を検討することに相当するだろう。そして問題解決的に症状への対策を図ることは身体部位（ここでは頭痛なので頭部か）の自己所属性の回復につながる。その結果緊張と頭痛の関連を見出し，緊張を自分で緩めるリラクゼーションの習得が行われた。また「監視されている

感じ」はまさに頭痛を引き起こす誘発因が他者との関係性にあると気づいたことであり，これへの対策が上記の (3) にあたるものと考えられる。この治療の最後にクライエントは周りへの気遣いと，母親に厳しく育てられたこととの関連に気づいているが，認知行動療法で行われてきたことが非常に深い次元でも影響を与えたと結論できるだろう。筆者の経験（加藤，1992）でも過敏性腸症候群の患者に認知行動的なアプローチを行い，症状が軽快したころに親子関係の問題を話し合ったケースがある。このケースも面接で母子関係を扱う段階がくるのかもしれないが，症状の解消とともに深い内的テーマもある程度解決していることもある。

　以上，中年期の心理発達と対処行動，心身症の理解と治療という2側面から伊藤のケースにコメントした。

文　献

Erikson, E. H.　1963　*Childfood and Society*. W. W. Norton & Company.（仁科弥生訳　1977　幼年期と社会I．みすず書房.）
加藤　敬　1992　過敏性腸症候群の心理治療におけるセルフモニタリング法の試み．心身医学, **32**(6), 489-494.
河合隼雄　1976　母性社会日本の原理．中央公論社．
McDougall, J.　1989　*Theatres of the body*. Paris: C/O L'Agence Eliane Benisti.（氏原　寛・李　敏子訳　1996　身体という劇場．創元社．）
三川俊樹・中西信男　1986　危機的状況と対処行動に関する研究(2)．日本相談学会第19回大会発表論文．
成田善弘　1991　精神療法の技法論．金剛出版．
西園昌久　1991　アレキシシミア再考．心身医学, **30**(1), 9-15.
小此木啓吾　1983　中年の危機．精神の科学〈6〉ライフサイクル．岩波書店．
Sifneos, P. E.　1973　The prevalence of alexithymic characteristics in psychosomatic patient. *Psychother Psychosom*, **22**, 255-262.

加藤氏へのリコメント

伊藤絵美

　加藤氏からは理論的統合の立場ということで，中年期の心理発達的課題という視点から，そして心身症に対する精神分析的なアプローチという視点から，事例についてコメントを頂戴した。それぞれについてリコメントしたい。
　まず心理発達についてであるが，私はG氏のケースにおいて，「発達」という要因をほとんど考慮しなかった。認知行動療法では"今ここでの問題（here and now problem）"に焦点を当て，アセスメントなどのために必要だと判断された場合のみ，生活歴や発達といった時間軸を治療に組み込む。面接初期にG氏と私は時間軸を面接に組み込むか否かについて検討した結果，「今現在の問題，すなわち"頭痛"に焦点化して進めよう」ということが合意されたため，生育歴を含むG氏の人生の流れについては，特に話し合うことはなかった。
　が，面接で話し合わないということと，セラピストが「発達」について検討しないということは別のことである。このケースでは加藤氏が指摘するとおり，確かに中年期の心理発達的課題がテーマとして潜んでいるように思われる。そして，「仕事も家庭も順調で，ストレスもなく，ただ単に頭が痛いだけ」と主張していたG氏が，終結時には「実は幼少時から人の目を気にして緊張してきたようだ」と話したように，G氏自身が時間軸を組み込んだ気づきを得ている。G氏の中で，加藤氏の言う「人生や親子関係の見直し」が起きていた可能性があり，そのことについてG氏と話をすればよかったと，今，私自身が反省する次第である。このように私の臨床においては発達的視点がときに貧弱になる傾向があり，加藤氏のこのコメントをよい機会に，発達的視点をもう少し自分の中で確立させたいと思う。
　ところで中年期の男性の対処行動として「積極的対処」が多いという研究を加藤氏は紹介しているが，G氏はまさに問題解決型の積極的対処法を用いて，仕事や生活上の問題に当たってきたのだろう。そこで"頭痛"という問題にも同じように積極的に対処しようとして，複数の医療機関を受診したのだが，あいにく投薬中心の治療では頭痛が解消されず，その結果主治医に"心理カウンセリング"を勧められたという経緯である。この経緯は「こころの悩み」を持たないG氏にとってさぞかし不本意だっただろうと思われる。初回面接でG氏は，"ふてくされている"と言ってもよいような態度を私に示していた。つまり積極的対処を図っていくうちに，"他人に相談する"というG氏の好まない対処法を取らざるを得ないというパラドキシカルな状況に陥ってしまったのである。その意味では，加藤氏が指摘するとおり，問題解決型のセラピーである認知行動療法がG氏本来の対処法とマッチしており，セラピーが良い方向に向かったのだと考えられる。
　G氏のように，身体症状を主訴としてセラピーを訪れる成人男性は少なくない

が，このようなクライエントは「傾聴・受容型」のセラピーから脱落しやすいと思われる。その背景には，加藤氏が指摘するような対処スタイルが絡んでいるのかもしれない。大変興味深い仮説であるし，私自身，今後追究してみたいと思う。

さて加藤氏のもう1つのコメント（心身症に対する精神分析的なアプローチ）についてであるが，"アレキシサイミアの根底に対象関係のゆがみがある"とする理論は，正直言って私にはよくわからない。さらに心身症の精神分析的治療では，"身体と同一視されている対象との対象関係を取り上げてその改善，安定を図る"というのも，その必然性があるのかどうか疑問に思う。G氏のケースの場合，治療戦略として，たとえば母親との心的あるいは現実的関係の改善を意図した場合，それが奏効したとは想像し難いからである。これは私が担当した他の心身症のクライエントについても同様である。ただしG氏の場合，治療の結果として，母親との対象関係に何らかの変化が生じたと捉えることはできるので，後づけの理論としては，上記の精神分析的視点も「部分的には理解できるような気もする」とリコメントするに留めておきたい。

終　章

1. 読者の方々への感謝と本書の意義

　本書をここまで読みきってくださった読者に，まずは心からの感謝を申し上げたい。

　筆者らとしてはすぐにでも読者のご意見や感想をいただきたい気持ちなのだが，残念ながら書籍を通してではコミュニケーションに限界がある。何らかの機会に読者のご意見をいただけることを心から願っている。

　本書は特に新しい理論や技法論を提供することに力点を置いた本ではなかった。第1部では社会心理学や認知心理学の理論や研究を紹介しているが，心理学専攻者には比較的よく知られている理論が多かったかもしれない。また，第2部では統合・折衷的な心理療法へのアプローチを紹介しているが，紹介した技法や方法自体は珍しいものは少なかったように思える。しかし，本書で提案した理論や技法論の使い方や捉え方，考え方は比較的目新しかったのではないだろうか。この部分こそが，筆者らが読者に提供したかったものであり，また他の臨床心理学・心理療法の本にはなかなか見出しにくい論点なのではないかと考えている。

　試みに序で紹介した心理臨床のイメージ図を参考に，本書の各章の位置づけを図4-1に表してみた。この図ではもろもろの社会的ニーズや事例の実際は右側に，大学・大学院で学ぶ臨床的または基礎的な心理学の個々は左側に位置している。図中の点線で示したとおり，右側も左側も比較的多くの研究や書物で扱われている。右側だけまたは左側だけの書物は多い。また，書物によっては特定の技法や方法，または基礎研究とその活用例や事例という形で右側と左側をダイレクトにつなごうとする書物も少なくない。しかし，それらと比べると，本書は学術（臨床心理学）と実社会のニーズの間に立つ心理臨床そのものにつ

いての書物としての感が強いだろう．この点に関して，第1部から第3部の各章における重要なポイントを整理して以下に示しておきたい．

たとえば，第1部では1章で「科学者－実践家モデル」というキーワードで心理学に立脚する援助者のあり方そのものを検討している．2章では対人認知や帰属という社会心理学の非常によく知られた研究成果から，ありがちな認知や推論の誤りがセラピスト自身にないか，その内的な認知過程を検討する方法を提案している．セラピストが自分自身の内的な過程を常に省みる必要があることは，たとえば日本語訳もあるコーチンの古典的なテキスト（Korchin, 1976）でも重要視されている．しかし，そこに社会心理学の成果を援用して省みることで，エビデンスに支えられた妥当性の高い検討ができるのは，基礎学からの科学的な態度と所見の効果的な提供と言えるだろう．また，このような社会心理学的な理論や仮説とのよい付き合い方をすることで，見立ての枠組みはすべて一つの参照枠でしかないことが常に意識されて心理臨床家の視野狭窄を防ぐことができることも社会心理学のメリットとして指摘している．

続く3章では健康な人間の一般モデルを記述した認知心理学の研究成果が治療の目指すべき目標の一つにできること，さらに問題解決に「協同」が加わる

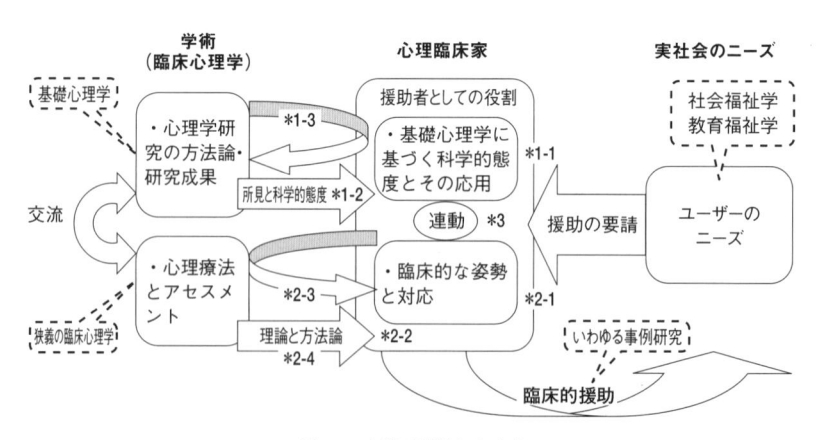

図4-1　本書で議論した内容

*1-1　杉山論文　科学者-実践家モデル	*2-1　東論文1　折衷・統合の考え方	*3　第3部　事例研究
*1-2　坂本論文　社会心理学の有効性	*2-2　加藤論文　理論的折衷	
*1-3　伊藤論文　認知心理学の有効性	*2-3　東論文2　技法的折衷	
	*2-4　前田論文　共通要因アプローチ	

ことの効果研究から有効な治療的な態度の一つが浮上することを指摘している。これは心理臨床家にとっては認知心理学研究の目新しい使い方で，基礎心理学の成果を援用しつつ，基礎心理学にも研究テーマを返せる使い方と思われる。心理療法が持つべき「規範モデル」についてはロジャーズとスキナーの議論以降（Rogers & Skinner, 1956），異論の絶えないテーマであると言える。日本では認知行動療法的な立場を取らない心理臨床家は「規範モデル」を明確に持ちたがらない傾向があるかもしれない。しかし，基礎研究に支えられた「規範モデル」には一定の妥当性があることも示唆されており，クライエントを支えるモデルになる可能性は高いと思われる。

　このように第1部では全体を通して，基礎心理学を文字通り臨床の「基礎」とすることで，セラピストの事例や治療関係の考え方，見立て方がより妥当性の高いものになることを指摘していると言えるだろう。

　次に第2部では，1章で統合・折衷的なアプローチの目的や背景を説明し，よく混同されやすい統合・折衷のイメージを明確に提示して，心理臨床における必要性を述べている。2章では諸理論・諸技法の矛盾のない統合から「矛盾のない治療者」でいられることと，心理臨床界の混乱からクライエントを守る姿勢の重要性を提案している。これは，大学・大学院で学んだ理論や方法と現場とのギャップに悩む人間には，理論や技法との有効な付き合い方の一つを示唆していると言える。そして，これは大学や大学院ではなかなか学べないことも多いだろう。3章ではクライエントの利益や福祉に徹底的にこだわると，特定の理論や技法を貫く姿勢よりも，むしろ理論からフリーにクライエントの実態を見たほうが有効に作用する場合もあることを示唆している。2章とはまた違った理論との効果的な付き合い方が示されていたと思われる。4章では治療者がセッションで意識するべきことがらの参照枠を何らかの理論に求めない姿勢が強調されていた。すなわち，参照枠をクライエントの治療への反応とその実証資料に求めて，理論や方法論に関わらずクライエントに本当に有益な変化をもたらすことがらにセラピストの意識を集中させるという考え方を紹介している。

　第2部は全体を通して，理論や技法と適度な距離を取って，セラピストの意識をクライエント自身により集中させるための様々な考え方を提案していると

言えるだろう。このように，本書は新しい理論や方法論を提案する代わりに，既存の理論や方法論との効果的な付き合い方を重視した本であると言えるだろう。

　第3部では第1部，第2部で議論した内容について，事例をもとにクライエントの利益・福祉の視点から検討した。事例1つでは「N＝1」なので，有効性の根拠としては決して十分ではない。しかし，今後もこのような試みを重ねて，本書で提案した「使い方」にどの程度の有効性があるのか，検討を続けたい。また，読者の方々も議論や臨床を通して検討していただき，筆者らにフィードバックしてくだされればと願っている。

　また，本書は論文を書くときに参考にする「学術書」としての側面も持たされているが，専門的な心理学や心理療法サービスを提供するときに参考にしていただく「実践ガイド」や「実用手引き」のような趣が強いだろう。言うなれば心理学や心理療法の理論や方法論の「取扱説明書」と表すこともできるかもしれない。よりよい「取扱説明書」を目指して，幅広い「心理学・心理療法」を文字どおり基礎の基礎からかなり深い応用（臨床）まで扱うように努めて編集・構成を行ったが，心理学も心理療法も本当に幅が広いので本書では扱いきれなかった部分も非常に多い。また，本書の編集中に筆者らでさらに議論を深め，心理学・心理療法への新しい視点も生まれているが，それらも編集の関係で本書には含まれていない。そういう意味では本書は完璧な本ではない。しかし，よく使う臨床心理学関係の用語を巻末にまとめ，筆者らが読者に勧めたい書物も紹介しているので，それらで補っていただいて，日々の臨床に役立てていただければ心から幸いである。

　ヴントが心理学実験室を開いて，またフロイトがヒステリーの心理機制に関心を持って，今日につながる心理学・心理療法がスタートしてからおよそ一世紀。心理学も心理療法もこの一世紀でビッグ・バンとも言えるような大きな発展を遂げている。おそらく100年前には誰も予想しなかった状況になっているのではないだろうか。そこに従事する臨床家も研究者も増え，発展はさらに加速度を増しているようにも思われる。このような状況では，本書のようなできる限り幅の広い「取扱説明書」的な書物の重要性も増しているように思われる。今後，このような試みが他にも行われるかもしれないが，本書がそのための地

道な「一里塚」にでもなることができれば，心から光栄に思う。

2. 心理臨床家のあり方について

　前の節で示したように，本書は全体として特定の理論や方法論を紹介する本ではなく，その使い方，付き合い方，言い換えれば心理臨床家のあり方に言及する本としての側面がある。各章の特徴的な記述は前の節でも示したとおりだが，すべての章で貫かれている共通した姿勢は，クライエントの福祉と利益のために自分の引き出しのすべてを総動員して全力を尽くす姿勢であると言えるだろう。このことは特に打ち合わせたわけではなく，自ずと筆者全員に共通していたように思われる。読者の中にはこのことを「臨床家なら当たり前」と思う方もいるかもしれない。しかし，実際には「当たり前のことを，当たり前にやる」ことはかなり難しい場合があることを各執筆者が経験的に知っていたのだと思う。また，当たり前だからこそ，繰り返し確認するために，言葉を変えて繰り返し論じる必要もあるだろう。このことは特に若手の読者，または大学院生の読者には繰り返し筆者らが訴えたいことでもある。

　そして，本書の筆者らは臨床経験や臨床への考察から身につけた臨床をよりよくするための，それぞれの「あり方論」を持っている。それらは各章ではそれぞれの論点の陰に隠れて読者にははっきりと見えにくかったかもしれない。また，様々なバックボーンを持つ筆者らがそれぞれの言葉で論じているので，さらにその全貌が伝わりにくいことも考えられる。そこで，ここでは本書が提案する心理臨床家のあり方を整理してみよう。

　なお，心理臨床家のあり方については，C.ユングの方法論の要点をハイドとマクギネス（Hyde & McGuinness, 1992）が整理して「するべき3原則，すべきでない3原則」と整理したことがある。彼らは心理療法の専門家ではないが，客観的かつ的確に今日の心理療法にも通じるユング心理学の特徴を捉えている。似たような表し方にはC.ロジャースの「治療的態度の3条件」という整理のしかたもある。本書は「バイブル」的に原則や条件を提示するような書物ではないが，このような整理の仕方はシンプルでわかりやすいように思われる。ここでは「原則」を「項目」に変えて第1部，第2部それぞれに要点を整理し

てみよう。すると，以下のように表せると思われる。

　第1部の「するべき3項目」
1) 健全な（一般的な）心の機能と構造もよく知っておくこと。
2) セラピスト自身の認知の誤りに自覚的で，判断の根拠を常に問うこと。
3) 科学者 - 実践家モデルに立脚して，心理療法の理論・方法論，効果，病理モデルへの実証性のある所見を持つこと。

　第1部の「すべきでない3項目」
1) 主観の多い経験的な検討や，特定の参照枠にこだわって真実を見失う（視野狭窄に陥る）こと。
2) 学派や技法，理論に忠実なあまり，実社会の要請や要望，クライエントのニーズ，そして科学性を軽視すること。
3) 臨床心理学と基礎心理学の連続性を否定すること。

　第2部の「するべき3項目」
1) クライエント一人一人の個性を尊重すること。
2) 治療的なエッセンスだけをユーザーに提供すること。
3) 治療に持ち込まれたものはどんなものでも尊重し，それを肯定的に利用すること。

　第2部の「すべきでない3項目」
1) 1つの理論体系だけで人間を説明しようとすること。
2) 「ブランド」のあるセラピーや特定の理論・技法体系に忠誠を誓いすぎること。
3) 臨床心理学の諸理論相互の矛盾に自分自身が混乱してしまうこと（矛盾のある治療者になること）。

　それぞれの章の文脈で強調していたり，強調していなかったりするが，執筆者全員がここに挙がった12の項目の重要性を認めていることは，筆者らの5

年間の議論において明らかになっている。

　第1部，第2部それぞれで「すべきでない3項目」の1) 2) は実は同じことを言い換えている。「すべき3項目」も言葉を換えれば近いことを言っている。そういう意味では更にシンプルに要約できる可能性もあるが，そこはあえて読者にお任せして，ここでは各章の表現にできるだけ忠実に抽出するにとどめたい。それぞれの項目の根拠や理由は各章に詳述されているので省くが，ここで重要なことはこれらを項目として暗記することでは決してない。筆者ら自身が，そして読者それぞれが，これらの項目の内容や実態をイメージできる実感として内在化して，日々の臨床や研究に役立て，クライエントの利益や福祉へと昇華していくことだと思われる。これだけで十分，と言えるものでもないが，各章の議論と共に，よりよい心理臨床家であるための提案として読者に受け取ってもらえれば幸いである。

3. 心理臨床家教育とこれからの心理臨床のあり方について

　前の節では各章で提案されている心理臨床家が「するべきこと」「すべきでないこと」を提示した。次にどのような教育や訓練を受けることでそれが実際に可能になるのか，そして心理臨床は今後どのような方向へと発展するべきなのか，再び各章の議論を整理する形で探ってみよう。なお，このテーマを扱うならば本来は教育システムへの提言にまで言及するべきと思われる。しかし，今現在，心理臨床家の教育システムは多くの文脈で議論されており，そこには行政の問題，法制度の問題，労働市場の問題，大学システムの問題など心理臨床以外の問題も多く含まれている。そのため，今日的には多角的な論考を要するデリケートな問題なので，本書の範囲では語りつくせないことも多い。そこで，ここでは本書の筆者らが推奨できる学びかたの姿勢とそれを指導する時の姿勢，そしてその向こうに見えてくる進むべき心理臨床の姿に絞って，第1部，第2部それぞれ3項目ずつに本書の提案を整理することにしよう。

第1部の提案

(ア) 事例を理解する枠組みを「精緻化」すること

2章で専門家になることの一面として，特定の専門スキーマがスムーズに動くようになることを指摘している。しかし，特定のスキーマに硬直化して事例への視点や理解が偏って，時に真実を見失わせるリスクもある。実社会は様々な要因が絡み合い，事例は複雑に織り上げられた人間の人生そのものに関わる場合も多いので，心理臨床ではスキーマ硬直化のリスクは避けたい。最低でも人間の認知・感情・行動に分けて考えるように，あるいは状況要因と個人要因を併せて考えられるように心がけたい。これは読者に向けて訴えると同時に，筆者らも常にこのように心がけて臨床や研究に臨みたいという意味で忘れたくない事柄であるように思われる。

実際のところ，基礎心理学を学ぶことはスキーマの精緻化にかなり役に立つと思われる。本書で言えば2章の社会心理学は治療場面でのセラピストの認知の偏りに気づくことで，3章の認知心理学は人間の持つ「素晴らしい」諸機能に目を向けることで，セラピストの事例理解をサポートしてくれる。1章では基礎医学と対比させて，さらに人格心理学や学習心理学，発達心理学など人間の日々の生活，そして生活様式，認知，情緒，行動の変容や成熟を理解するための心理学が基礎学になり得ることを示唆している。また，心理臨床の指導者も，基礎心理学の指導者も，指導の中で可能な限り「この臨床場面では○○心理学で勉強した△△が見られますね。ここから××であることが示唆されるかもしれません」と基礎心理学の成果を援用する具体例を示しながら指導ができると，よりよいのかもしれない。

(イ) 心理臨床のアート的側面と同時にサイエンス的側面も重視すること

心理臨床は対人的な援助サービスである。そのため，クライエントや雇用主などのユーザーには常に自分たちのサービスを説明し，可能な限りの結果を保証する義務を持っている。このことは臨床心理士資格認定協会が定める倫理要綱にも明言されていることなので，心理臨床家のあり方としても一般的にコンセンサスがあるものと思われる。つまり自分の行う心理療法にどのような効果があるのか，わかりやすく，さらに実証的な根拠に基づいて説明することが心理臨床の専門性の一部になっている。そのためには，心理臨床のアート的な側

面と同等にサイエンス的な側面も意識しながら学んでいく必要性が浮かび上がってくる。実際，実証的な根拠という支えのある実践に対しては，ユーザーもセラピストも信頼と安心感を持てるだろう。もちろん下手に安心感に溺れて，クライエントとセラピストが存在をかけて本気で向き合う治療的な緊張感が損なわれるのは問題であるが，両者ともいたずらに不安を高めるようなセッションよりは治療的であろう。

　これまで心理療法の訓練は，最初にクライエントの独自性を心から理解し，受容し，共感することを強調することが多かったように思われる。しかし，クライエントも常に極端に独自な存在として実社会で存在したい人ばかりとは思えない。「普通の人」として「普通に」暮らしたいこともあるのではないだろうか。普通の人を対象に抽出された所見からクライエントが得る利益は決して小さくないだろう。

　また，心理学サービスのユーザーは多くの場合心理臨床のアート的な側面とサイエンス的な側面を区別して理解していないだろう。そのため，「心理」の看板に「心理学のエキスパート」を期待して信頼を向けてくる。仮に，社会心理学や認知心理学も含めた基礎的な心理学は十分に知らないでよい，という姿勢がもしもあったとしたら，それはユーザーの信頼を軽視し，裏切るような姿勢に見えてしまうこともあり得る。このような「ユーザー目線」はあまり心理学教育の中では重視して指導されていないように思われる。クライエントへのこのような共感の仕方も指導できるとよいのかもしれない。

(ウ) 心の健康と異常を心理学的に理解すること

　これは第1部のすべての章で表現を変えて強調している。認知心理学，社会心理学ともに，それぞれ普通に生活している普通の人間の「心」に関する所見は十分に用意されているし，その他の心理学の諸領域も学びつくせないくらいのものがある。そして，その健全な機能がどのようにして支えられているのかを明らかにする健康心理学や，どのような影響で適切に機能しなくなって，どのような結果（症状）をもたらすのかを明らかにする臨床社会心理学または臨床認知心理学とも言うべき異常心理学研究は，近年では国内外を問わず大きく発展している。日本では長らく健康心理学，異常心理学領域が弱く，心理臨床を支えるような所見の提供は困難であったかもしれない。そして，そのために

日本の心理臨床家は多くの場合，優れた精神医学者の健康への考察や精神病理学を異常心理学の代わりに援用していたように思われる。幸い，日本の精神医学界が中井久夫や木村敏，小此木啓吾，神田橋條治など，心理臨床家に尊敬される優れた精神医学者を数多く輩出してきたので，日本の心理臨床は今日の発展をみていると言えるかもしれない。しかし，優れた精神病理学に頼りすぎるあまり，心理学的な説明や適切な心理学的見立てとそれに支えられた介入が発展してこなかったという側面もあるかもしれない。心理学の研究者は臨床の実践は行わないことが多いので，その成果が臨床家に馴染みやすく表現されることも少なく，同じ心理畑の出身でありながら違和感を覚えるのかもしれない。今後は，臨床家と研究者が互いに牽制しあうのではなく，「腹を割って話せる土壌」を作りたい。それもまた，ユーザーへの誠意にもなるのではないだろうか。

第2部の提案
(ア) ブランドのあるセラピーや学派に振り回されないこと

　第2部では全体的に心理臨床と事例の実際に添う姿勢を学ぶことを強調している。特に自分が学んできた学派や枠組みに固執することは避けるように学ぶことが重要であるように思われる。たとえば，河合隼雄は学派との付き合い方を述べているが（河合, 1995），その要点は以下のように表せる。

1) まずは自分の感性にあう学派をしっかりと身に付けなさい。
2) その後，他の学派も理解し，尊重して，自分の学派を宗派にしないように気をつけなさい。

　しかし，第2部で述べられているように，現場の実態としては1)でとどまってしまうことが多い。2)に至るよりも1)をもっと深める方向に臨床家が動機づけられているように見えることもある。その一つの理由として2章では「所属する（した）大学」と「治療者の内的な矛盾」の影響を指摘している。まず「所属大学」について，心理臨床家養成の入り口はほとんどの場合に「大学」なので，学ぶ側としてはどうしても心理臨床家の最初のモデルを大学教員

に見出すことになるだろう。一方，大学の教員は高度な専門性が要求される職業なので，バランスの取れた現場の臨床家というよりは，何らかの「看板」を持つことが多く，当然，その看板をより深める方向に向かっていくだろう。教員の「より深める」姿勢をモデリングすると，1) を深めるように動機づけられるかもしれない。心理臨床家にとって指導者は「親」にも等しい存在感を持つことがあるので，その枠組みを越えることへの不安や抵抗も関わっているのかもしれない。次に「治療者の内的な矛盾」について，理論相互の整合性（認知的不協和）の問題から他の学派を理解するときに違和感や不快感を感じることは少なくないだろう。この違和感や不快感とどのように付き合うかが心理臨床家として成熟する上での一つの課題と言えるかもしれない。第2部の2章から4章では，各執筆者がそれぞれの付き合い方のスタイルを提案している。筆者らも互いのスタイルを参考に，今以上に成熟した臨床家を目指したいし，また読者からもそれぞれの違和感や不快感との付き合い方のスタイルをフィードバックしてほしい。指導者としてはその違和感や不快感を乗り越えて，自分が看板にしている学派よりも，それぞれの臨床家としての成熟を深めるように励まし，応援することも必要かもしれない。

(イ) 折衷的に多技法を学ぶこと

　これは2章で強調している。現在の日本では多くの技法を取り入れて，多面的にクライエントを援助することが肯定的に受け入れられにくい雰囲気があるように思われる。たとえば，河合隼雄はある技法の効果が無いから次の技法に行くような折衷に対して批判的な態度を示している（河合, 1995）。しかし，2章で明らかなように，実際の折衷はそのような無計画なアプローチではなく，徹底的なアセスメントに基づいて，クライエントに最適な方法を見立て，オーダーメイドで組み立てる高度に戦略的なアプローチである。重要になってくるのはアセスメントと技法をセットで身に付けて，提供する技法の効果を正確に見込めるかどうかであると思われる。

　また，3章では信念を持って技法にクライエントの福祉を賭けることの価値が強調されている（なお，3章6. で紹介されている 'BET' には '賭ける' という意味もある）。同じ技法を用いても，アセスメントに支えられて確信を持って技法に賭ける場合と，駄目なら捨てればよいという気持ちで賭ける場合

では大きな違いがあるだろう。

　これは，言い換えれば治療者の「信念」という話になるだろう。一見すると多くの技法を学ぶことは一貫した信念がわかりにくい。しかし，折衷的に多くの技法を学ぶことは本当に労力の必要な作業であるので，実際のところクライエントの福祉の向上に尽くしたいという強い信念がなければ不可能だろう。学派に属し，学派に支えられている安心感も手放さなくてはならないかもしれない。このように，折衷的に多技法を学ぶには苦労が多いが，ユーザーに対する誠意としては重要だと思われる。指導者もこのような強い信念を持って，学派の枠を取り払い，時にはその橋渡しもしながら，クライエントの福祉のための折衷に向けた労力や不安の問題を乗り越える様を，時に身をもって示すことも必要なのかもしれない。

（ウ）比較的リラックスした状態でセラピーに臨めるように準備できること

　これは4章で強調している。第1部，第2部を通じて筆者らが本書で議論したことは，クライエントに出会い，心理学サービスを展開する以前の準備に向けた議論であるということもできるだろう。つまり，本書の議論は，最後はここにたどり着くのかもしれない。特に第2部を通して読んでみると，治療者の中に矛盾が無く，多くの提供できる技法の引出しを用意して，セッションの内外の効果的な要因を客観的に探る視点を備えてクライエントに出会うことで，ゆったりとその苦悩を包み込み，苦悩を軽くする手伝いができる可能性を示唆していることに気づくだろう。臨床家として学ぶこと，訓練を受けることのすべては，最終的にはクライエントの福祉に還元されるものであり，指導教員を喜ばせるためでも，学派に忠誠を尽くすためのものでもない。心理臨床家が適度にリラックスした状態でクライエントとその人生に臨み，適切な心理学サービスが提供できることを目指して，学んでいく姿勢が重要になってくると思われる。また指導者もそのような学び方をサポートできるように，指導の準備も念入りに行う必要があるかもしれない。

4．おわりに

　この章は本書の全体を振り返って，本書の議論から見えてくるものを整理し

て読者にわかりやすく示すことを目的に執筆した。経験のある読者とこれから経験を積む読者では同じ文面を読んでもそこからイメージできることは違ってくることだろう。経験の豊富な読者は文章という現象の断片から多くのことがリアルに連想できるし，またその精度も高いと思われる。経験からの発見も含めて筆者らや若手に有益なアドバイスをいただけると幸いである。一方，これから経験を重ねる読者は経験という「過去」に縛られずに新鮮な想像力で今と未来を見つめてほしい。実際の心理臨床では経験値の価値は非常に高いものになるが，クライエントの幸福を心から願って真摯によりよい臨床を思い描くには経験の不足は決してデメリットにはならないだろう。

　本書を書き終えた執筆者らは，末武康弘（法政大学）にも加わっていただいて，再びさらに「よりよい」心理臨床のための議論を始めている。議論のメンバーは今後も増えるかもしれない。執筆者らは読者にもこの議論に参加していただいて，より深く，より活発な議論が展開できることを願い，そしてその議論が本当に心理臨床のよりよい実践に，クライエントの福祉の向上に，心理学サービスのすべてのユーザーの笑顔に，結実する日を心から楽しみにしている。

文　献

Hyde, M., & McGuinness, M.　1992　*Jung: Introduction & explanation*. Icon Books.

河合隼雄　1995　臨床心理学概説．　河合隼雄（監修）　臨床心理学1　原理・理論．　pp.3-26．　創元社．

Korchin, S. J.　1976　*Modern clinical psychology: Principles of intervention in the clinic and community*. Basic Books.

Rogers, C. R., & Skinner, B. F.　1956　Some issues concerning the control of human behavior. *Science*, **124**, 1051-1066.

図書紹介

ここでは本書の筆者からの読者に薦めたい図書を紹介します。

重複して紹介されている書物もありますが，同じ書物でも紹介の視点が異なることもあり，そのことが各章の背景にもなっています。そこで，ここではあえて重複させています。

第1部の著者から

1章担当：杉山　崇

村瀬孝雄(著)『自己の臨床心理学1 臨床心理学の原点—心理療法とアセスメントを考える』 1995年　誠信書房

　臨床心理学とは一体何か，「学派」が持つ意味は，来談者に誠意ある対応をするための科学性とは何か，非科学的な介入とどう異なるのか，といった心理臨床への根本的な疑問に村瀬孝雄が挑戦した一冊です。

河合隼雄・村瀬孝雄・福島　章(編)『臨床心理学の科学的基礎』 1991年　金子書房

　心理臨床の科学的な部分が，どのようにしてアート的な部分と融合するのか，複数の論客から複数の視点で語られています。心理職のあり方が社会的に問われる今こそ読み直したい一冊です。

2章担当：坂本真士

R. M. コワルスキ・M. R. リアリー(編著)　安藤清志・丹野義彦(監訳)『臨床社会心理学の進歩—実りあるインターフェイスをめざして』 2001年　北大路書房

臨床現場で遭遇する様々な問題について，社会心理学の視点から整理した専門書です。欧米での臨床社会心理学の発展について知ることができます。

M. R. リアリー・R. S. ミラー（著）　安藤清志・大坊郁夫・渡辺浪二（翻訳）『不適応と臨床の社会心理学』　1989年　誠信書房
　コワルスキとリアリーの本よりは古くなりますが，社会心理学的な視点から臨床現場を考察した名著です。

坂本真士・佐藤健二（編著）『はじめての臨床社会心理学――自己と対人関係から読み解く臨床心理学』　2004年　有斐閣
　社会心理学と臨床心理学の専門家が書いた，入門者向けの本です。社会心理学が臨床心理学を考える上で有用であることが理解していただけると思います。

丹野義彦・坂本真士（著）『自分のこころからよむ臨床心理学入門』　2001年　東京大学出版会
　抑うつ，対人不安，妄想を取り上げ，社会心理学的な視点から解説しています。精神病理のメカニズムを理解する上で役に立ちます。

坂本真士・丹野義彦・大野　裕（編著）『抑うつの臨床心理学』　2005年　東京大学出版会
　抑うつという病理に絞って，基礎と実践の両面から多角的に解説しています。現場で活かされる心理学の基礎知識をまとめてあり，心理臨床以外の専門家との連携や予防について触れているのも特徴です。

3章担当：伊藤絵美
安西祐一郎（著）『問題解決の心理学』　1985年　中央公論社
　認知心理学における問題解決研究の入門書として最適です（新書なので廉価で入手できます）。人間が問題解決システムとしていかに創造的か，様々な例を通じて理解できます。

井上　毅・佐藤浩一（編著）『日常認知の心理学』　2002 年　北大路書房
　生態学的妥当性を重視した日常認知研究の理念と具体的なテーマや方法が，メタ認知，感情，対話，協同想起といった，臨床にも関連性の高いトピックごとにまとめられています。

T. J. ズリラ（著）　丸山　晋（監訳）『問題解決療法』　1995 年　金剛出版
　社会的問題解決の理論と，それを臨床に適用するための問題解決療法について，理論と方法が具体的に紹介されています。実証的な効果研究についても豊富に紹介されています。

伊藤絵美（著）『認知療法・認知行動療法カウンセリング　初級ワークショップ』　2005 年　星和書店
　日常認知研究を根拠とするモデルを用いて全体像をアセスメントすることの重要性と，認知行動療法がセラピストとクライエントの「協同的問題解決過程」であることが強調されています。

第2部の著者から

1章, 3章担当：東　斉彰

下山晴彦（著）『心理臨床の基礎 1　心理臨床の発想と実践』　2000 年　岩波書店
　心理臨床という行為を，統合的観点から論じた本です。特に，事例を物語としてその構造を捉えており，各心理療法の介入を「語りとしての物語」，「劇としての物語」として捉えているのが興味深い点です。

L. ヘイブンズ（著）　下山晴彦（訳）『心理療法におけることばの使い方』　1986 年　誠信書房
　対人関係派の精神分析家であるヘイブンズが，ことばの観点から心理療法の機能を論じたものです。記述的精神医学をも含めて，精神分析やヒューマニスティック心理学を論じ，心理療法を統合的に見る視点が見事に示されていま

す。

A. A. ラザルス(著)　高石　昇(監訳)　大塚美和子・東　斉彰・川島恵美(訳)
『マルチモード・アプローチ―行動療法の展開』　1989年　二瓶社
　技術的折衷主義の心理療法であるマルチモード療法を，その概念，アセスメント，治療技法，症例をあげて詳説しており，マニュアルとして利用できます。本書の第2部で述べた技法折衷アプローチの典型となる方法です。

*P. ワクテル(著)　杉原保史(訳)『心理療法の統合を求めて』　1997年　金剛出版
　理論，方法論ともしっかりした論理で書かれており，少々難解ではあるが，心理療法の統合を考える臨床家には必読書です。
　*同書は加藤敬も推薦しています。

**G. R. ヴァンデンボス・J. フランク＝マクニール・J. C. ノークロス・D. K. フリードハイム(編)　岩壁　茂(訳)『心理療法の構造―アメリカ心理学会による12の理論の解説書―』　2003年　誠信書房
　アメリカ心理学会の心理療法ビデオシリーズに登場する12の形態の心理療法の解説書。それぞれの理論体系と臨床スタイルを知ることができます。訳者岩壁氏の懇切丁寧な解説が，効果的心理療法の要諦を知る上で大変参考になります。
　**同書は前田泰宏も推薦しています。

2章担当：加藤　敬
冨田和巳(編)『小児心身医学の臨床』　2003年　診断と治療社
　小児の心因性疾患の診断から治療までの総合的な解説書です。子どもと関わることが多い臨床心理士にもわかりやすく解説されており，入門には最適の著書と言えます。

村瀬嘉代子(著)『統合的心理療法の考え方―心理療法の基礎となるもの』

2003年　金剛出版

　幼児から老年までの心理臨床体験から，クライエントのためのより効果的な方法を統合的な視点で考えていく基本的姿勢をまとめた氏の力作と言えます。

北山　修（著）『精神分析理論と臨床』　2001年　誠信書房
　難解な精神分析を氏の臨床からわかりやすく解説した実践的な著書です。また各学派がどのような問題に力点をおいて理論展開してくのかがコンパクトにまとめられています。

岩本隆茂・大野　裕・坂野雄二（著）『認知行動療法の理論と実際』　1997年　培風館
　医療における認知行動療法の実践報告がまとめられています。認知行動療法が実際どのように実践されているのか，また疾患別の適用など興味深い内容です。

園田順一・高山　巌（著）『子どもの臨床行動療法』　1978年　川島書店
　出版年数は古いのですが，子どもの行動療法を実践する上で非常にわかりやすい著書です。特に疾患別の対応がよくまとめられています。

*P. ワクテル（著）　杉原保史（訳）『心理療法の統合を求めて』　1997年　金剛出版
　精神分析と行動療法・家族療法の共通点を実践と理論という双方向から検討し，理論的な統合を試みた力作です。
　*同書は東斉彰も推薦しています。

4章担当：前田泰宏
I. K. バーグ・S. D. ミラー（著）　斉藤　学（監訳）『飲酒問題とその解決─ソリューション・フォーカスト・アプローチ─』　1995年　金剛出版
　ソリューション・フォーカスト・アプローチの原典と考えてよい名著で，本アプローチを学びたい人にとって必読の書物です。

S. D. ミラー・M. A. ハブル・B. L. ダンカン(著)　曽我昌祺(監訳)『心理療法・その基礎なるもの―混迷から抜け出すための有効要因―』　2000年　金剛出版

　様々な形態の心理療法の根底にある共通治癒要因とその具体的な実践方法を明らかにした臨床実践書です。

**G. R. ヴァンデンボス・J. フランク＝マクニール・J. C. ノークロス・D. K. フリードハイム(編)　岩壁　茂(訳)『心理療法の構造―アメリカ心理学会による12の理論の解説書―』　2003年　誠信書房

　**同書は東斉彰も推薦しており，解説は東の項に掲載されています。

J. L. ウォルター・J. E. ペラー(著)　遠山宜哉・花屋道子・菅原靖子(訳)『ブリーフセラピーの再創造―願いを語る個人コンサルテーション―』　2005年　金剛出版

　「いかに解決を構成するか」から「目標，嗜好，可能性が育まれる対話の空間をどのように創造するか」へとパラダイムシフトした，ブリーフセラピーの一つの到達点が示されています。

グロッサリー

ここでは，本書に登場した専門用語から重要と思われる用語を厳選して，用語集形式で解説した。説明文末の（　）はそれぞれの執筆者を表している。

愛着関係【attachment relationship】
　特定の他者との関係で形成する情緒的・精神的な絆。これが安定しないと情緒や社会性の発達に望ましくない影響が出るとされる。幼児の生得的な養育希求行動（いわゆる本能的な行動）に対する成人の反応性が愛着の形成に重要である。（杉山）

アレキシサイミア【alexithymia】
　シフニオス（Sifneos, P. E.）によって提唱された心身症患者を巡る概念。心身症に罹患しやすい患者は自らの感情を認知することが難しく，それゆえ言語表現が十分できない。精神分析療法などの心理療法を受けても治療効果に乏しく治療も難渋することが多いとされる。（加藤）

イメージ療法【image therapy】
　より適応的な状態，行動，認知のイメージを活用した心理療法の総称。催眠行動的イメージ療法，認知・行動的イメージ療法，健康イメージ療法，など様々な方法がある。たとえば適応的な生活様式をイメージする方法や，体内の抵抗力や自然治癒能力が病気（がん細胞など）を殺すイメージを医療に活用する方法も実施されている。広く普及したものの例としてフォーカシング，日本で生まれた方法の例として壺イメージ療法がある。（杉山）

インフォームド・コンセント【informed consent】
　医療行為について，医師から十分な説明を受け，治療方法などに関して患者

が納得・同意の上で意思決定を行うこと。患者の自己決定権を尊重した考え方で，もとはアメリカの医療裁判における法的用語であり，危険性の告知と患者の同意なしに手術などを行うことは違法行為にあたるとする。(坂本)

後ろ向き方略【backward strategy】

問題解決過程において用いられる方略（strategy）の一つ。現状や問題を分析したり理解したりすることなしに，最初に大きな目標を立て，目標達成のために早速動き出すというプロセスのことである。(→前進方略)（伊藤）

エクスポージャー【exposure】

不適応的な行動や情緒を起こす刺激にさらす方法である。従来はフラッディング（恐怖刺激の中に直接さらす方法）と呼ばれていたが，系統的脱感作も含めて総称的にエクスポージャーと呼ばれるようになった。通常は，イメージでなく実際の刺激場面に，不安感の低い場面から段階的に，不安がなくなるまでさらされる。（東）

オペラント法【operant therapy】

スキナー（Skinner, B. F.）が提唱したオペラント条件づけの原理を応用した方法の総称。ある環境条件で生じる行動を強化子を随伴させること（または強化子を撤去すること）によって制御しようとする。正の強化法，負の強化法，シェイピング法などの技法がある。（東）

音楽療法【music therapy】

音楽を媒介とした心理療法。状態に適した音楽の鑑賞，合唱，合奏など形は多様。狭義には何らかの自己表現，自己変容，心身の統合といった心理的過程を重視するもの。単に音楽に触れるということではなく，治療者の伴奏やリードが治療刺激になる。（杉山）

解決の構築【solution building】

ソリューション・フォーカスト・アプローチの基本的な治療観を表してい

る.「問題」や「問題の原因」を掘り下げて,「問題解決」を図るのではなく,「解決」それ自体に焦点を合わせ,直接的に「解決」や「解決後の状態」の実現を目指すアプローチのことを言う.(前田)

解決のための面接技法【interviewing for solution】

ソリューション・フォーカスト・アプローチの中心的な面接技法の全てを総称したもの。どのようなスタンスでクライエントと関わり,どのような方法でクライエントと共同的に解決構築していくのか,その具体的な面接手順や技法が定式化されている.(前田)

解釈【interpretation】

精神分析療法または精神分析的心理療法の技法。クライエントがそれ以前には意識していなかった心の内容を了解し,それを意識させるために行う言語的介入である。解釈によって,防衛されていた過去の体験を情緒を伴って想起し,洞察を生み出すことが期待される.(東)

活動スケジュール【activity schedule】

うつ病の認知療法に組み込まれる行動的技法の一種。意欲が低下し行動が停滞しているときに一日の行動を最小限の単位から始めて,徐々に行動項目を増やし,自己効力感を形成していくもの.(加藤)

過敏性腸症候群【irritable bowel syndrome】

便通異常(下痢/便秘)と腹痛を特徴とする機能性の腸疾患。便通異常は下痢型,便秘型,交替型(下痢と便秘が交互に出現)に分類される。ストレスによる自律神経失調が腸機能に影響しているものだが,他の疾患と十分に鑑別した上で診断しなければならない.(加藤)

感覚焦点訓練【sensation-focused training】

マスターズ(Masters, W. H.)とジョンソン(Johnson, V. E.)が考案した性機能障害の治療技法。受け手が快感を得るような体の部分への接触刺激を行う

が，性器や女性の乳房は避けられる。性行為に対するプレッシャーや期待をせずに一体感や親密感を持つことにより，快適な性関係を持てるように援助する。(東)

気分一致効果，ムード一致効果【mood congruent effect】

ある気分が生じると，人の認知はその影響を受け，その気分の持つ感情価（ポジティブかネガティブか）に一致する記憶，判断や行動が促進されること。たとえば，悲しい気分になったときに，ネガティブな情報に注目しやすかったり，ネガティブな記憶を思い出しやすかったりすること。(坂本)

逆説的戦略【paradoxical approach】

家族療法（構造派，システムズアプローチ，ストラテジックアプローチなど）で使われる技法の1つ。変化を求めるクライエントに対して，逆にそのままでいるように指示することによって逆説的に変化を起こさせる。たとえば，言い争いが絶えない夫婦に「毎日30分間，時間を決めて言い争いをしなさい」といった場合である。(東)

教師期待効果（ピグマリオン効果）【pygmalion effect】

教師の生徒に対する期待（例：この子は素質がある）が生徒の成績の変化に現れる（例：成績が伸びる）こと。自己成就的予言（こうなるだろうという期待が，意識するか否かに関わらずその期待にそった行動に人を向かわせ，結果的に予言された状況を生じさせる過程）の教育場面における例と言える。(坂本)

筋弛緩法【relaxation method】

自律神経系によって制御されている心拍数や血圧，筋肉の緊張などを弛緩させるための様々な技法。筋肉弛緩が情動的弛緩をもたらすのに効果的であるという仮説をもとに，局部的な筋肉群の弛緩方法を習得し，弛緩できる筋肉群を段階的に増やしていく。(杉山)

クライエント中心療法【client-centered therapy】

ロジャーズ（Rogers, C. R.）が創始した心理療法。その中心的な仮説は、人は主体的な自己実現傾向を持ち、自らの基本的潜在能力を最大限に発展させるべく努力する存在である、というものである。クライエント主導の治療関係の中で、治療者の基本的態度として重要なのは、「純粋性（genuineness）」「無条件の肯定的配慮（unconditional positive regard）」「共感的理解（empathic understanding）」の3つであるとしている。（前田）

クライン派【Kleinian school】

精神分析学派のメラニー・クライン（Melanie Klein）が起こした理論・方法を使う治療者の総称。クラインはフロイト理論の中の「死の本能」を重視し、妄想－分裂ポジション・抑うつポジションの想定、投影同一視などの原始的防衛機制を重視し、重い精神病理の治療に貢献した。クライン派ではビオン（Bion, W.）、ローゼンフェルド（Rosenfeld, H.）、シュタイナー（Steiner, J.）などが著名である。（東）

系統的脱感作【systematic desensitization】

ウォルピ（Wolpe, J.）が案出した恐怖・不安を除去する技法。筋弛緩状態にある時は恐怖や不安状態は起こらないという現象を利用したものである。まずクライエントを筋弛緩状態（リラックス状態）に導き、次いで最も不安感の弱い刺激場面をイメージし、主観的不安がほぼ消失したら次の段階の不安イメージを順次導入していく。（東）

ゲシュタルト療法【gestalt therapy】

パールズ（Perls, F. S.）が提唱した体験的心理療法の一つ。感情がありのままに表現されず自己のものとして経験されない不統合な人格像を、今・ここでの気づきをもたらすことによって欲求を（「地」に対しての）「図」として知覚することで、統合された人格像を形成しようとする。（東）

原因帰属【causal attribution】

一般の人々が,身の周りに起こる様々な出来事や自己や他者の行動に関して,その原因を推論し,何らかの要因に帰すること。(坂本)

原始的防衛機制【primary defense mechanisms】

分裂(別項参照)を代表とする乳幼児期の不安の防衛機制を指す。フロイト(Freud, S.)が想定した不安は主に親に向けられる超自我的な罪悪感であるが,クライン(Klein, M.)は,乳幼児期では死という根源的な不安を想定している。これは乳児が親の世話なくしては死に至るという事情からもイメージしやすい。(加藤)

高機能広汎性発達障害【High Functioning Pervasive Developmental Disorders: HFPDD】

知的にはIQ＞70の広汎性発達障害を指す。そこには高機能自閉症,アスペルガー障害などが含まれる。両者の違いとして,アスペルガーでは幼児期に言葉の遅れが認められないが,高機能自閉症の場合は認められると言われる。共通して人間関係の文脈の理解,冗談や比喩の理解,他者への共感性などに問題があり,対人関係でのトラブルが起きやすいなど深刻な社会性発達障害が示される。(加藤)

行動リハーサル【behavior rehearsal】

特定の状況や対人場面などにうまく対処できないクライエントに,ロールプレイを通して練習させること。通常は,最初治療者が相手役となりクライエントに実演させ,それをビデオやテープに録って分析し,次いで役割を交代してロールプレイをする。うまく対処できるまで何度も繰り返し練習を続ける。(東)

行動療法【behavior therapy】

実験的に確立された学習理論の原理に基づいて,非適応的な行動や情動を改善する方法。スキナー(Skinner, B. F.),アイゼンク(Eysenck, H. J.),ウォル

ピ（Wolpe, J.），ラザラス（Lazarus, A. A.）らによって創始され，その後理論的，技法的に様々な発展を遂げている。行動論的アセスメントにより標的行動の明確化，それが生じる環境の分析（先行条件と結果条件）を行い，治療技法（系統的脱感作，オペラント法など）を適用し，効果を評価するという治療過程を経る。（東）

広汎性発達障害【Pervasive Developmental Disorders: PDD】

自閉症に代表される発達障害を表し，DSM-Ⅳでは自閉性障害，アスペルガー障害，小児期崩壊性障害，レット障害の4障害をまとめて広汎性発達障害と分類している。広汎性と名づけられたのは知的障害だけでなく，言語，運動，社会性，感覚など広い領域にわたって障害が認められるからである。なお必須症状として①相互的社会交渉の質的障害，②言語と非言語性コミュニケーションの質的障害，③活動と興味の範囲が著しく限局され，反復的，常同的であることとされている。（加藤）

交流分析療法【transactional analysis】

バーン（Berne, E.）が創始した心理療法。精神分析療法の口語版と言われる。一つのパーソナリティー理論でもあり，個人が成長し変化することを目指す。自我構造分析（子ども・大人・親の自我状態の分析），交流パタン分析（2人の間のコミュニケーションにおける，3つの自我状態の交流のあり方の分析），ゲーム分析（繰り返し行われ，不快な感情で終わる一連の交流の分析），脚本分析（幼時期に重要な他者との交流により身に付いた人生の物語の分析）を通して面接を進めていく。（東）

心の理論【theory of mind】

他者の心的状態を想像し，区別し，心の働きや相手の立場を理解する知識や認知的な枠組み。人とのコミュニケーションに不可欠なもの。4歳くらいから発達し始めるので，乳幼児期の自己および他者の心を理解する問題として研究されることが多い。自閉症などの発達障害を抱える子どもには困難な課題であることが多い。近年では，心の理論を指導・支援する方法が考案されてきて，

対人的な問題が起こる場面で心の読み取りの困難をサポートすることで直接問題解決を図っている。(杉山)

コネクショニスト・モデル【connectionist models】

初期の認知心理学では，人間の心を「情報処理システム」として捉え，認知の表象機能の解明を目指してきた。認知をコンピュータのメタファーとして考えるこのモデルは，「シンボリスト・モデル」と呼ばれている。これに対し，認知を脳の神経細胞ネットワークのメタファーとして捉え，認知の並列分散的な構造や機能をネットワーク的にモデル化しようとするのが「コネクショニスト・モデル」である。このモデルに沿って認知を双方向的で柔軟なネットワークとして捉えると，日常生活における複雑な認知をより理解しやすくなるので，コネクショニスト・モデルは臨床的にも非常に有用であると思われる。(伊藤)

コミュニケーション論【communication theory】

ベイトソン(Bateson, G.)らが提唱した二重拘束理論の流れを汲む臨床家たちが発展させた，人間間のコミュニケーションによって生起している諸現象を理論化したものである。主として，語用論的視点からコミュニケーションの特徴を描き出している。(前田)

コンプリメント【compliment】

価値を認めること，褒めること，労うこと。ソリューション・フォーカスト・アプローチの実践において，クライエントが自分の肯定的変化・長所・能力に気づけることを目標に，セラピーの様々な局面で導入される有益な治療的介入の一つとされている。(前田)

再接近期危機【reapproachment period crisis】

母子関係の発達の時期に起こる問題の一つ。子どもは母親と他者を区別することができ(分化期)歩けるようになると母親の側から離れ外界を探索する(練習期)。しかし側に母親がいないことが不安になり(分離不安)，再び母親に接近する(再接近期)。子どもはこの時期，母親から独立したい欲求と母親

にくっつきたい欲求との葛藤があり，後追いをしたり飛び出したりと不安定な状態を示す（再接近期危機）が，母親の適切な対応により，徐々に母親と程よい距離を保つことができるようになる。年齢的には1歳から2歳の間と言われる。（加藤）

催眠【hypnosis】

催眠は意識状態と催眠暗示現象からなり，催眠の意識状態は理性的思考や現実感覚が緩み，想像が現実味を帯びる。催眠暗示現象は，四肢が動く（または動かない）といった運動性の現象や痛みや温感，味覚，聴覚，触覚などにおける知覚の変容がある。（杉山）

自我【ego】

認知，感情，行動などの精神の諸機能を現実原則にしたがってコントロールし，統合する心的機関を表す仮説構成概念。精神分析学派の用語だが人間の現実適応機能の総称として便利である。特に日本では精神分析学派以外の立場でも用いられることがある。（杉山）

自己一致【self-congruence】

ロジャーズ（Rogers, C. R.）の自己理論によると，人が自分の経験の意味を掴むためには，それを何らかの形で象徴化しなければならない。自己の経験が正確に象徴化され，なおかつそれが歪曲や否認されることなく自己概念に包含・統合される場合，それが自己と経験が一致した状態であるという。（前田）

自己開示・自己呈示【self-disclosure・self-presentation】

ともに，自分に関する情報を他者に伝えることであるが，自己開示は聞き手に対して何ら意図を持たず，誠実に自分自身に関する情報を言語的に伝えることであり，自己呈示は，特定の印象を抱かせるために意図的に特定の情報を言語的・非言語的に伝えることである。（坂本）

自己概念【self-concept】

ロジャーズ（Rogers, C. R.）の自己理論によると，自己概念とは私たちが日々経験している自分自身についての知覚や認知の総体であり，意識化できるものである。平易に言えば，誰もが持っている自分自身についての認識のことである。本用語は，社会心理学などの心理学研究でも操作的に定義して用いられることがある。（前田）

自己確証【self-verification】

自己概念を確証，確認してくれるような社会的現実を，実際の社会的環境や自分自身の心の中につくり出すこと。たとえば，情報を自己概念に合うように歪めて解釈したり，自己概念を確証してくれる人との接触を好んで行ったりすることである。（坂本）

支持的精神療法【supportive psychotherapy】

精神療法の分類に，「支持的精神療法」と「洞察型精神療法」とに二分する仕方がある。前者は主に，自我機能を支持・強化し，外的環境や精神内界からの要求にうまく対処できるように援助することを主眼としたアプローチのことを言う。（前田）

システム論【system theory】

システム（系）とは，その諸部分同士が関係を維持しながら相互作用を営んで成立する，「秩序を持った集まり」のことを指す。そのような特徴を持つ多種多様なシステムを説明する理論である。心理臨床の領域にもシステムズ・アプローチとして登場し，有益な影響をもたらしている。（前田）

自尊心【self-esteem】

自分を大切に思う心であり，少なくとも他者と同等の価値を自分自身にも認めること。クライエントは何らかの形で自尊心が傷ついていることが多く，この回復が一つの目標になることがある。現在，治療関係や認知の修正から回復させる方法が用いられることが多い。社会心理学などの心理学研究でも操作的

に定義されて用いられることがあり，自分が他者や社会から受容されているかどうかのメーターとしての自尊心も注目されている。(杉山)

実証主義【positivism】

哲学や歴史学，科学の分野で用いられる用語。形而上学的なものに依拠せず，経験的事実にのみ認識の根拠を求める立場とされる。心理療法の分野では，精神分析療法は実証不可能なものとして退けられ，行動療法は実験的事実に基づくものとして科学的な実証主義に耐え得るものとされる。(東)

社会的認知【social cognition】

人に関わる対象の認知のことであり，対人認知，原因帰属，態度といった従来からあるテーマに加え，自己過程，認知と動機づけ，社会的推論と判断，社会的相互作用なども含む。1970年代以降の認知心理学の発展を受けて社会心理学の領域で成立し，情報処理的アプローチを用いて研究を進めている。(坂本)

修正感情体験【corrective emotional experience】

クライエントが過去に経験してきた対人関係とは異なる新しい対人関係を治療者との間で現実に経験することによって，クライエントの問題になっている過去の対人関係の感じ方(認知や感情，自己像)が変化すること。(杉山)

自由連想法【free association】

精神分析療法の基本的な方法で，頭に浮かぶことを選択せずにそのまま言語化させること。自由連想を繰り返すことによって無意識的な防衛が次第に緩和され，無意識的な内容が意識の中に再生されることが期待される。(東)

自律訓練法【autogenic training】

自己催眠による心身調整法。筋と血管の緊張を緩め，心理的ストレスも解消できる。心身症や神経症などの治療に用いられる。方法は，静かな場所に横たわり，安静感，重量感，温感などの7つの公式にしたがって段階的に練習する。

(杉山)

侵入思考【intrusive thought】

意識に突然割り込んでくる考えで，自分の考え・信念と一致せず自我違和的と感じられるもの。強迫観念と同義で用いられることもあるが，強迫観念は精神医学的な症状であり，侵入思考が繰り返され統制できず，日常生活に支障が出るようになった場合に使われる。(坂本)

心理教育【psycho-education】

問題解決や症状の軽減，または予防に役立つ心理学的知識や問題の理解，状況における考え方，行動の様式，対人関係のスキルなどの習得を目指した教育的な働きかけ。問題の予防または再発防止を重視する場合が多い。集団へのアプローチも可能なので学級や企業研修でも活用できる。苦悩する個人だけでなく，その周りの重要な他者も対象とすることができる。(杉山)

随伴性マネジメント【contingency management】

人の行動を決定する環境の機能的随伴性を解析し，変化させるプログラム。これは行動が生起する先行条件，行動の結果，その行動を持続させる強化因子，その環境の分析を行い，計画的に先行条件や随伴性刺激のコントロールを用いて，望ましい行動を達成させる一連のプログラムである。(加藤)

スキーマ【schema】

物事についての一般化された認知構造のこと。たとえば大抵の人の「顔スキーマ」には，楕円形の輪郭の中に目が2つ，中央に鼻が1つ，鼻の下に口が1つ，輪郭の両外側にそれぞれ耳が1つずつ，といった情報が含まれているだろう。これは「人間の顔とはこういうものである」といった一般化された知識を我々が有していることを示している。スキーマは実体のある物だけでなく，たとえば「買い物スキーマ」といった行為に関するものや，「自己スキーマ（自分はこういう人間であるという構造化された認知）」といった個人に特異的なものなど，様々なものがあるが，いずれにせよスキーマは生活体験を通じて学

習されるものである。我々はスキーマに基づいてトップダウン式に情報を処理することで，不確実な状況においても物事を自分なりに判断し，問題解決を進めていくことができる反面，非機能的なスキーマによる推論によってむしろ判断が阻害されることもある。(伊藤)

スクリブル法【scribble method】

画題を意識しないで即興的になぐり描いた一続きの線から形やイメージが見つけられるかどうかを尋ね，見つかった形を絵に発展させようとする技法。パステルか絵筆を使って彩色完成させる。絵が苦手な人や子どもでも抵抗なくできる芸術療法。(杉山)

ステレオタイプ・偏見【stereotype ・ prejudice】

ある集団のメンバーに対して，その集団に属しているというだけである認知(信念や期待)を持つこと(例：血液型，人種などのステレオタイプ)。ステレオタイプの内容は肯定的，否定的の両面があり得る。偏見は，集団とそのメンバーに対する否定的な認知と感情の複合体である。(坂本)

ストレスモデル・コーピング【stress model ・ coping】

環境からの負担(ストレッサー)からストレス反応を呈するプロセスをストレスモデルと言う。認知的評価によって負担が脅威・障害と判断されると(一次的評価)，ストレス反応(抑うつ，不安，怒りなど)が生じる。さらにコントロール不可能と判断されると(二次的評価)，ストレス反応の強度が強まる。その際の対処行動(ストレスコーピング)が，負担の脅威性を低減すればストレス状態は緩和される。(杉山)

精神分析的心理療法【psychoanalytic psychotherapy】

精神分析療法の理論と基本原則を修正・応用したもの。精神分析療法では通常週4〜5回のセッションを組み，クライエントは寝椅子に横たわり自由連想を求められる。治療期間も1年以上〜数年でセッション回数も数百回に及ぶが，

精神分析的心理療法では週1～2回，対面式で厳密な自由連想の形式はとらず，期間も比較的短期となる。（東）

生態学的妥当性【ecological validity】

認知心理学で言えば，実験によって得られたデータやそこから抽出されたモデルが，どれだけ日常世界を生きるわれわれ人間の認知構造や認知過程を正しく反映しているか，という判断基準のこと。生態学的妥当性の高い研究を直接的に目指すのが「日常認知研究」である。（伊藤）

セルフモニタリング【self monitoring】

クライエントの行動を自身で記録することにより，セルフコントロールを目指す方法。顕在的な反応（たとえば喫煙や過食）や潜在的な反応（たとえば思考や不安イメージ）が起こった時にそれを弁別し，その反応を系統的に記録し，観察したデータを自分で評価する，という3段階のステップを含む。（東）

宣言的知識【declarative knowledge】

様々な事実についての知識（すなわち「何かについての知識：knowing what」）のこと。宣言的知識は，意識的にアクセス可能で，言葉で表現することが比較的容易である。たとえば「はさみとは，紙や布を裁断するための道具である」という命題は，はさみについての宣言的知識である。（→手続き的知識）（伊藤）

潜在的記憶【implicit memory】

記憶の再現時に想起意識を伴わない記憶。反応速度やプライミング効果を測定するような自己報告を求めない方法で測定される。無意識との関連が考えられており，潜在的自尊心，潜在的態度など社会的認知心理学の文脈では心理臨床とも関わりが深いテーマも研究されている。（伊藤）

前進方略【forward strategy】

問題解決過程において用いられる方略（strategy）の一つ。現状や問題を理

解し，その理解に基づいて目標とそれをブレイクダウンした下位目標を設定し，下位目標を一つずつ達成していくことによって，最終的な目標に到達するというプロセスを狙うもの。（→後ろ向き方略）（伊藤）

創造的認知【creative cognition】

　新たな手段によって新たな結果（所産）を生み出すような認知過程のこと。問題や目標や手段が明確に定義され得ない状況における問題解決の試みが，創造的認知の実現には不可欠であると考えられている。効果的な方法としては川喜田二郎のKJ法などが挙げられる。（伊藤）

ソーシャルスキルトレーニング【Social Skills Training: SST】

　広義には行動療法の中の一技法であり，社会技能訓練とも言う。人が日常生活を普通に続けていくための様々な生活技能や力量を系統的に訓練し，生活においてよりよい成果を引き出すことを目的として行われる。（前田）

ソリューション・フォーカスト・アプローチ【solution focused approach】

　ブリーフセラピーの主要な3学派のうちの一つで，「問題」ではなく「解決」に焦点を合わせて援助（＝解決構築）を行うアプローチである。その特徴は，クライエントを最大限に尊重し，クライエントが既に持っている能力や強さ，リソースを有効活用しながら進めていくところにある。（前田）

対処イメージ法【coping imagery】

　イメージ技法の一つ。不安を感じる場面をイメージし，それに対処しているところを思い描くように励ます。その際，落ち着きはらって対処しているというよりも，たじろいではいるがなんとか対処しているところをイメージする方が有効であるとされる。（東）

対象恒常性【object consistency】

　外的対象（たとえば子供にとっての母親）の在・不在に関わらず，対象への一貫した信頼と愛情を抱く子どもの対象関係のあり方を示す概念。ハルトマン

(Hartmann, H.) が提起し，マーラー (Mahler, M. S.) が発展させた。(東)

対人恐怖【anthropophobia】

対人恐怖は，DSM によると日本で特異的に見られる恐怖症である（DSM の「文化に結びついた症候群の用語集」には，taijin kyofusho という語で紹介されている）。他者の視線を気にするだけでなく，自分の表情（視線，赤面の表情，顔つきなど）や外見，臭いなどが他者を不快にさせ自分が嫌われるという強い恐怖である。(坂本)

タイムアウト法【time out】

望ましくない行動が強化されている状態から，強化を取り去る方法の一種。具体的には教室内で問題行動を起こしたときに，他の部屋へ移動させたりと環境を変える。これは負の強化である。これを行うときは患者との取決めと了承を得て行う倫理的手続きが必要である。(加藤)

チック【tic】

本来は随意的に動く筋肉が突然，不随意的，反復的に動くもので，顔面，首など上体に多いが，身体のどの部分にも起こりうる。運動性チックと音声チックとに大別される。原因としては錐体外路系症状（不随意運動）の原因となる大脳基底核，大脳辺縁系の関与や，神経伝達物質の異常が考えられている。ストレスによって症状が左右されやすい。(加藤)

注意欠陥多動性障害【Attention Deficit／Hyperactivity Disorder: AD／HD】

年齢や発達に不釣合いな注意力，衝動性，多動性を特徴とする行動の障害が社会的生活に支障をきたす発達障害のことを示す。原因は不明であるが中枢神経系の機能不全が想定されている。薬物療法，心理治療，教育的アプローチなど多岐にわたる連携治療・教育が必要となる発達障害である。なお多動性は年齢が上がるにつれ治まり，注意障害が持続すると言われている。(加藤)

直面化【confrontation】

精神分析療法または精神分析的心理療法の技法の一つである。面接の中で現れてくるクライエントの言葉や態度の中でより意識に近いところを指摘し,問題や矛盾点に注意を向けさせることが目的である。直面化によって無意識の内容を感情を伴って意識化することが可能になっていく。(東)

治療抵抗【therapeutic resistance】

精神分析療法では「頭に浮かんだことは何でも話すように」と自由連想を求められるが,そもそも症状に関連した無意識過程は意識化することを避けるために抑えられているので,想起することを防衛的に避けようとする。これを治療抵抗と呼ぶ。単に「抵抗」と表現されることもある。(東)

TA・ゲシュタルト療法【TA・gestalt therapy】

グールディング夫妻(Goulding, M. & Goulding, R.)が交流分析(TA)とゲシュタルト療法を統合して開発した心理療法。主にグループの中での個人療法という形をとり,交流分析で言う人生早期に決断された脚本を,ゲシュタルト療法の技法であるエンプティチェアーなどの体験を通して再決断して新しい脚本に書き換える。(東)

DSM【Diagnostic and Statistical Manual of Mental Disorders】

アメリカ精神医学会が作った診断基準で,精神疾患の診断・統計マニュアル。1952年に第1版(DSM-I)が作成され,現在の最新版はDSM-IV-TR(2000)である。DSMの特徴の一つは多軸診断システムである。すなわち,Ⅰ軸=臨床症候群,Ⅱ軸=人格障害・精神遅滞,Ⅲ軸=一般身体疾患,Ⅳ軸=心理的社会的・環境的問題,Ⅴ軸=その人の機能の全体的評価,の5つの軸で患者の状態を評価する点である。診断が単なるラベル貼りに終わることなく治療に役立つよう,総合的に評価するための工夫である。(坂本)

手続き的知識【procedural knowledge】

ある活動を実行するための知識(すなわち「いかにについての知識:knowing how」) のこと。手続き的知識は自動化されているため，意識的なアクセスや言語的な表現が困難であることが多い。たとえば「はさみの使い方」という手続き的知識を獲得している人は，意識的な努力をせずに，スムーズにはさみを使うことができるだろう。(→宣言的知識) (伊藤)

徹底操作【working through】

精神分析療法の技法の一つ。自由連想により患者の無意識が治療者に解釈される。治療関係の深まりとともに治療者に向ける親イメージの投影や治療者に対する抵抗感情などを話し合うことから，自己に対する気付きや洞察が深まる。洞察から得た知見を日常生活に生かし，症状からの解放を目指す。そうした知見と日常生活での内省との徹底的な照合を治療者とともに行うことを徹底操作と言う。(加藤)

転移・逆転移【transference・counter transference】

クライエントが他の人に向けるべき感情や態度を治療者に向けることを転移と言う。転移からクライエントの葛藤や願望が明らかになる。治療者が役割以上の感情や態度をクライエントに向けることを逆転移と言う。逆転移は治療者の葛藤を表す場合も，治療的に作用する場合もある。(杉山)

投映法【projective technique】

一般に，投映法とは質問紙法や作業検査法と並んで，パーソナリティをアセスメントするための心理検査の一形式を指す。投映法の代表的な心理検査にはロールシャッハや絵画統覚検査 (TAT) などがあり，クライエント理解と治療に役立つ多くの情報が得られる。(前田)

統合失調症の認知障害研究【studies of cognitive disorder in schizophrenia】

統合失調症は幻覚・妄想という陽性症状の他に，日常生活機能における認知機能障害も呈する。これまでの研究では陽性症状の背景にある認知障害と日常生活における認知障害とは別個のものであることがわかっている。認知機能の研究は主に，言語性記憶，ワーキングメモリー，運動速度，言語流暢性，注

意・情報処理速度，実行機能などの領域から行われており，統合失調症は情報の入力から行動の出力までの認知過程に障害があると言われている。(加藤)

トークンエコノミー【token economy】
　オペラント技法の一種。望ましい行動に対して正の強化子を随伴させるもので，それをトークン（シール，得点，コイン等）で代用させる。トークンが貯まれば好きなものと交換することができる。正の強化子としては強力なものであり，望ましい行動の持続に有効と言われる。(加藤)

内観療法【Naikan therapy】
　浄土宗の修行法である「身しらべ」を一般の人も実施できる心理療法にしたもの。特定の人に，特定の時期に「お世話になったこと」「迷惑をかけたこと」「して返したこと」を集中して考える。母親について考えると「お世話」や「迷惑」に比べて「返したこと」があまりに少ないことに気づき，愛されていた自分を発見する。この情緒体験から様々な治療的効果が生まれやすいが，日常的に継続できるとさらに効果的とされている。(杉山)

認知行動分析システム精神療法【Cognitive Behavior Analysis System of Psychotherapy: CBASP】
　慢性うつ病に対してスキナー的な行動療法的介入をベースに精神分析の洞察的方法，認知療法の認知の修正法，心理療法の治療関係などを駆使して対処する方法。薬物療法と同等の治療効果が実証されている。(杉山)

認知修正法【cognitive correction】
　認知療法で用いる技法の一つ。ネガティブな気分・感情と関連する考えやイメージを，主に図表などのツールを使用して修正・再構成する。図表は「DTR（非機能的思考記録）」と呼ばれ，認知療法の中心的な技法となる。「認知再構成法」とも呼ばれる。(東)

箱庭療法【sandplay therapy】

　表現療法の一つ。木箱に入れた砂の上にミニチュア玩具（アイテム）を置いて，自分の心の世界を自由に表現する。木箱の底面は水色で，砂を掘ると水を表現できる。成人も子どもも実施できるが，砂の手触りが退行を促す場合もあるので，精神疾患や退行過剰な子どもへの適用は検討を要する。（杉山）

パニック発作・パニック障害【panic attack ・ panic disorder】

　パニック発作とは，突然強い恐怖または不快を感じる発作で，10分以内にその頂点に達する。動悸，発汗，ふるえ，息切れ感，窒息感，胸痛，吐き気，めまいなどの症状を伴う。パニック障害は診断名であり，反復するパニック発作と，発作に対する予期不安による行動の変化をその特徴とする。（坂本）

反芻【rumination】

　抑うつ気分への考え込み型反応。抑うつ気分が長期化する場合は嫌な出来事ではなく自分の抑うつ感情や抑うつ状態について繰り返し考える傾向があることが知られており，このために実効性のある問題解決を考えられないと言われている。（杉山）

ピアジェ理論【Piaget's Theory】

　ピアジェ（Piaget, J.）によると子どもの認知の発達には段階性がある。感覚運動期（2歳まで）では感覚によって外界について学び，やがて対象物の永続性に気づく。前操作期（7歳まで）では複数の対象を1つの特徴（色など）で分類し，イメージや単語で物を象徴することを学ぶ。他者の視点の理解も徐々にできるようになる。具体的操作期（11歳まで）では数の保存，量の保存，重さの保存の概念を理解し，複数の特徴から対象を分類できるようになる。11歳以上の「形成的操作期」では抽象命題や仮説を系統的に検証する論理性を身につける。また，道徳的判断も幼児は行為の善悪を行為の結果で判断するが，9歳以後は行為の意図で判断するようになるという。また遊びのルールも，ルールを真似る段階（6歳以前），与えられたルールに縛られる段階（8歳まで），ルールを目的に応じて自由に変更できる段階（8歳以降）へと発達していく。

ピアジェは認知の枠組みを図式（シェマ）といい，出来事を既知の図式で理解する同化と，図式を出来事に合わせて修正する調節を通して，子どもの図式から大人の図式へと発達するとした。（杉山）

被受容感【sense of acceptance】
　自分は他者から大切にされているという認識と情緒。人間の気分を肯定的にすることが知られており，治療関係からの被受容感が向上すると適応的で建設的な思考が促される。また，抑うつ的な自己注目を軽減する効果がある。（杉山）

ヒューリスティックス【heuristics】
　ある手順に従えば必ず解が得られるような手続きを「アルゴリズム」と呼び，過去の経験から「おそらくこうすれば解決できるだろう」といった見通しに基づく手続きを「ヒューリスティックス」と呼ぶ。人間の思考は，そのほとんどがヒューリスティックスである。（伊藤）

不安管理訓練【anxiety management training】
　弛緩を導入することによって不安に対処する技法。筋弛緩を習得した後，不安場面をイメージさせ，筋弛緩を導いて不安をコントロールする。最初は治療者が不安をコントロールする手助けをするが，徐々にクライエント自身がコントロールできるように持っていく。系統的脱感作やエクスポージャーと違って，漠然としたヒエラルキーが作りにくい不安に用いることができる。（東）

フェルトセンス【felt sense】
　フォーカシング（別項参照）の治療プロセスにおいて重視されている，微妙なからだの感覚を言う。自分自身の身体に注意を向けた時に感じられる，意味を含んだ（漠然としていて，説明がしにくい，微妙な）身体感覚である。（前田）

フォーカシング【focusing】
　ジェンドリン（Gendlin, E. T.）が創始した心理療法。基本的に，自分自身の

身体に注意を向け，フェルトセンス（別項参照）と称される微妙なからだの感じに気づき，その気づきを通して自己理解を促進させる方法である。その背景には体験過程理論（theory of experiencing）がある。（前田）

分裂【splitting】

乳幼児期の人に対する認識に伴う不安の防衛形式。特にこの時期の不安防衛を原始的防衛と呼び，分裂（分割）は生後3から4ヶ月を頂点として起こるとクライン（Klein, M.）は述べる。主に対象（人・母親イメージ）が良い対象（満足を与える乳房）と悪い対象（欲求不満を与える乳房）とに分裂して認識されており，これらが統合されることで現実的な対象認識が生まれてくる。（加藤）

弁証法的行動療法【dialectic behavior therapy】

認知行動療法と東洋的な禅思想から生まれた統合的な心理療法である。クライエントのあるがままの受容を基本として，効果的な対人関係技法や情動コントロール技法，ストレス耐性技法からなる。個人療法，グループ療法で適用可能で，境界性パーソナリティーの治療技法として注目されている。（東）

傍観者効果【bystander effect】

援助が必要とされる状況において，自分以外の他者が存在することを認知した結果，援助行動が抑制される現象。（坂本）

ホールディング機能【holding function】

独立学派の精神分析家であるウィニコット（Winnicott, D. W.）が提唱した用語。母親または母親代理者が子どもを腕の中に抱きかかえ，一貫して支える機能のこと。精神分析治療においては，退行したクライエントの存在を抱えることにより，治療環境を提供し支持的な対応を行うという治療的意味を持つ。（東）

見立て【assessment】

治療的な関わりを通して，クライエントが抱えている問題の原因や維持のメカニズム，治療的介入の可能性，経過，予後など，クライエントの全体性に関わる見通しを持った仮説を立てること。いわゆる診断的行為と似ているが，診断よりも幅の広い概念である。（前田）

未来ショック拮抗イメージ【anti-future shock imagery】

イメージ技法の一つ。将来起こりうる変化（たとえば子どもを産んで親になる，子どもが巣立って夫婦二人になる，仕事で昇進したり異動したり解雇されたりするといった出来事）を思い浮かべ，その変化に対処しているところをイメージさせることにより，その不可避の状況を受け入れやすくする。（東）

ミラクル・クエスチョン【miracle question】

ソリューション・フォーカスト・アプローチ面接における代表的な質問法の一つ。「夜，眠っている間に奇跡が起こって問題が解決したとすると，どんな違いから奇跡が起こって問題が解決したと分かりますか」などと尋ね，クライエントの解決像を明確にする援助を行う。（前田）

メタ認知【metacognition】

「認知についての認知」のこと。認知についての宣言的知識（認知構造や認知過程についての知識，認知機能と諸機能との相互作用についての知識）と，認知についての手続き的知識（自分の認知をモニターし，コントロールするやり方）の2つの側面が含まれる。認知行動療法は，認知についてクライエントに心理教育し，クライエントが認知やそれに関わる諸要因（行動，気分，身体，環境）をモニターし，適度にコントロールできるようなることを目指すセラピーであり，その意味ではむしろ「メタ認知療法」と呼ぶべきかもしれない。（伊藤）

抑うつ【depression】

(1)抑うつ気分，(2)抑うつ症状（抑うつ気分とともに生じやすい心身の不調）

のまとまりとしての抑うつ症候群，(3)疾病単位としてのうつ病，の3つの意味で使われる。抑うつ症状には，抑うつ気分，興味喪失，体重・食欲の変化，睡眠の変化，精神運動性障害，易疲労性，罪責感，集中困難，自殺念慮・企図などがある。これらの症状はうつ病以外の心身の不調によっても生じることがあるので，それらの可能性を排除し持続期間なども考慮してうつ病という診断を下すことになる。(坂本)

抑うつの3段階理論【the three-phase model of depression】

坂本（1997）＊による抑うつの発症・維持を説明する理論。自己注目と抑うつに類似の現象が見られたことから抑うつの自己注目理論が複数発表されたが，この理論では，自己注目の始発，作動，持続の3つの段階に分けて検討している点が特徴的である。社会心理学の知見を活用して，抑うつの認知的メカニズムを明解に説明し実証的に検討しており，臨床的な示唆も含んでいる。(坂本)
＊坂本真士　1997　自己注目と抑うつの社会心理学．東京大学出版会．

リフレーミング【reframing】

ブリーフセラピーのMRI学派のワツラウィック（Watzlawick, P.）らによると，リフレーミングとは，ある具体的な状況への概念的，情緒的な脈絡（すなわち，構えや見方）を変化させることで，状況に帰属していた意味を変えてしまうことである。(前田)

リラクゼーション訓練【relaxation training】

心身のリラックスした状態を段階的に得るための訓練を指し，代表的なものではシュルツ（Schultz, J. H.）の自律訓練法，ジェイコブソン（Jacobson, E.）の漸進的弛緩法がある。ストレスによる自律神経の失調は心理的緊張を生み出すと同時に筋肉の緊張を誘発する。一方筋肉の緊張は覚醒水準を上げ，心理的緊張を高めるという悪循環がある。これらの訓練法は暗示や脱力を段階的に行いリラックス状態を作るものである。(加藤)

ロールプレイ【role play】

　元々はモレノ（Moreno, J. L.）が開発したサイコドラマ（心理劇）と呼ばれる集団療法の技法の一つとして開発されたものである。様々な社会的位置に応じた行動内容を演じることで，自分や他者に関する新たな気づきや行動変化が得られるなど，治療効果が認められる。（前田）

論理情動療法【rational emotive therapy】

　エリス（Ellis, A.）が提唱した心理療法。通称RETと呼ばれる。障害された情動や行動はクライエントの持つ非合理的信念によるものであり，それを論駁することによって治癒に導く。認知療法・認知行動療法のさきがけと言われる。近年エリスは行動的要因も取り入れ，論理情動行動療法（REBT）と改称している。（東）

事項索引

あ

愛着関係　*201*
アウトカム・クエスチョン（outcome question）　*142*
アセスメント　*3, 70, 118, 172*
アセスメントツール　*71, 72*
甘えを断念　*159*
誤った関連づけ　*48*
アレキシサイミア　*156, 176,* **201**
イメージ技法　*118, 121*
イメージ療法　*129,* **201**
癒しの儀式　*144*
因子分析　*4*
印象維持帰属バイアス　*48*
インフォームド・コンセント　*201*
ウェルフォームド・ゴール（well formed goal）　*143*
後ろ向き方略　*202*
うつ状態　*37*
エキスパート　*8, 64*
　——研究　*64*
エクスポージャー　*85, 89,* **202**
SRS（Session-Rating-Scale）　*146*
エンプティーチェアー法　*118, 120*
ORS（Outcome-Rating-Scale）　*146*
オペラント法　*79,* **202**
音楽療法　*202*

か

解決の構築　*202*
解決のための面接技法　*146,* **203**
解決法の探索　*64*
外在化　*72*
解釈　*105, 146,* **203**
科学者　*1*
　——-実践家モデル　*22, 60, 182*
学習障害児　*3*

学習理論　*116, 119*
学術的な根拠　*27*
仮説の立案　*31*
家族療法　*81, 88, 92, 116, 122*
価値観　*35*
活動スケジュール　*111,* **203**
過敏性腸症候群　*99,* **203**
感覚焦点訓練　*203*
技法的折衷　*11*
記述モデル　*62, 69*
基礎医学　*26*
基礎学　*3*
帰属　*182*
基礎研究　*5*
基礎心理学　*8*
規範モデル　*62, 183*
気分一致効果（ムード一致効果）　*40,* **204**
技法折衷アプローチ　*85-87, 116-118, 122-124, 128-130*
技法要因　*136*
逆説的戦略　*120, 122,* **204**
客観的学習　*28*
強化　*35*
共感（empathy）　*141, 158*
　——的学習　*28*
　——的理解　*104*
教師期待効果（ピグマリオン効果）　*204*
共通治癒要因（common therapeutic factor）　*133*
共通要因アプローチ　*83, 86-88, 118*
共通要因の抽出　*11*
協働（collaboration）　*141*
協同的経験主義　*104*
協同的問題解決　*65, 68, 70, 72*
強迫観念　*37*
強迫性障害　*37*
強迫性パーソナリティ　*159*

——障害　*159*
筋弛緩法　*204*
client-directed, outcome-informed clinical practice（クライエントが主導で，セラピーの結果に関する情報に基づいて行う臨床実践）　*146*
クライエント中心療法　*79-81, 86, 87, 89, 92, 129, 205*
クライエントの期待（プラセボ効果など）　*136*
クライン派　*205*
傾聴　*104*
系統的脱感作法　*79, 116, 118, 205*
ケース・フォーミュレーション　*172*
ゲシュタルト療法　*81, 129, 170, 205*
原因帰属　*206*
研修　*24*
原始的防衛機制　*206*
現象学　*26*
——的心理学　*30*
効果研究　*27*
高機能広汎性発達障害（HFPDD）　*206*
構造化　*162*
構造プロフィール表　*126*
行動主義　*35*
行動スケジュール法　*125-127*
行動リハーサル　*206*
行動療法　*25, 80, 81, 86, 88, 90, 92, 93, 118, 120, 122, 127, 129, 170, 206*
行動理論　*119*
光背効果　*48*
広汎性発達障害（PDD）　*207*
交流分析　*116*
——療法　*81, 93, 207*
心の異常　*34*
心の構造と機能　*34*
心の理論　*207*
心への介入と作用　*34*
コネクショニスト・モデル　*208*
コミュニケーション論　*208*
雇用形態　*23*
コンプリメント　*208*
根本的帰属錯誤　*48, 53*

さ

再接近期危機　*208*
催眠　*98, 116, 118, 121, 209*
財務省　*22*
自我　*209*
自己一致　*209*
自己開示　*164, 167, 209*
自己概念　*210*
自己確証　*40, 210*
自己観察　*154*
自己効力感　*86*
自己成就的予言　*47, 48*
自己注目　*30*
自己呈示　*47, 48, 164, 209*
支持的精神療法　*210*
システム論　*210*
自尊心　*37, 210*
実験心理学　*3*
実社会　*24*
——のニーズ　*5*
実証検討　*5*
実証主義　*211*
実証的検討　*32*
実証的な臨床心理学（evidence based clinical psychology）　*134*
実証に基づく臨床心理学　*59, 61*
実践家　*2*
実践支援研究　*59*
社会心理学　*8, 40*
社会的手抜き　*42*
社会的認知　*211*
——心理学　*8*
視野狭窄　*182*
修正感情体験　*24, 211*
自由連想法　*211*
熟達化　*64, 65*
受容　*104, 158*
循環的心理力動論　*83, 84, 88, 97*
循環的力動心理療法　*88, 124*
純粋性（genuineness）　*141*
情緒　*35*
——的応答性・情動調律　*104*
情動過程　*25*
情報処理　*25*

索　引　229

職業的アイデンティティ　26
処方箋折衷療法　118, 123, 124
自律訓練法　98, 116, 125, 129, **211**
事例研究（case study）　134
新奇性としてのモデルと技法　144
人権問題　4
新行動主義　35
心身症　153
身体表現性障害　153
診断基準　158
診断無用論　98
侵入思考　**212**
心理教育　105, 158, 173, **212**
心理検査　27
心理発達的課題　174
心理療法　5
　──の効果研究　133
　──の統合　9
心理臨床家　5
随伴性マネジメント　109, **212**
推論の誤り　182
スキーマ　**212**
　──学習　73
スクリブル法（描画療法の一種）　109, **213**
ステレオタイプ的判断　48
ステレオタイプ・偏見　40, **213**
ストレス・コーピング　29
ストレス・モデル　29
ストレスモデル・コーピング　**213**
生活歴質問紙　128
精神医学　36
精神障害者　4
精神病　3
精神病理学　36
精神分析　86, 88
　──的心理療法　79, 93, **213**
　──療法　80, 81, 87, 89, 92, 129
精神保健運動　4
生態学的妥当性　59, **214**
正統派精神分析療法　80
積極的姿勢　158
折衷　3, 10
　──的心理療法　169, 170
　説明　105

──理論　26
セルフモニタリング　**214**
宣言的知識　**214**
潜在的記憶　**214**
　──（認知）研究　25
前進方略　**215**
専門技能　23
相関法　4
創造的認知　**215**
創造的問題解決　66
ソーシャルスキルトレーニング　86, 122, 123, 125, 126, **215**
ソクラテス式質問法　172, 173
ソリューション・フォーカスト・アプローチ　88, 89, 129, 133, 171, **215**
尊敬（respect）　141

た
体系的折衷療法　86, 88, 118, 122
対処イメージ法　**215**
対象恒常性　**215**
対処行動　175
対人援助サービス　4
対人関係　24
対人恐怖　24, **216**
対人認知　24, 182
タイムアウト法　108, **216**
他者関係　24
短期折衷療法（BET）　128, 129, 170, 172
チック　102, **216**
注意欠陥多動性障害（AD/HD）　**216**
中年期の危機　174
超理論的アプローチ　84
直面化　147, **217**
治療外変化　136
治療仮説　32
治療関係（共通）要因　136
治療技法　158
治療刺激　32
治療者の純粋性　104
治療態度　158
治療抵抗　**217**
治療的態度　32
治療同盟（therapeutic alliance）　24, 141

TA・ゲシュタルト療法　217
DSM　217
停泊効果　48
手続き的知識　217
徹底操作　218
転移・逆転移　218
統一言語アプローチ　139
投影　48
　　──法　27
投映法　218
同化的統合　11, 101
動機づけ　35
統合　10
統合失調症の認知障害研究　218
統合・折衷的心理療法　9
統合・折衷的立場　11
統合的心理療法　96
洞察の問題解決　66
同調行動　42
道徳性の発達　35
トークンエコノミー　219
　　──法　109
トリックスター　35

な

内閣府　23
内観療法　36, 219
内在化　73
日常生活の問題解決　67
日常認知研究　59
人間観　34, 67
認知科学　58
認知過程　8
認知行動システム療法　28
認知行動分析システム精神療法（CBASP）　219
認知行動療法　60, 68, 81, 98, 121, 153, 167, 173
認知再構成法　73
認知修正法　121, 219
認知心理学　8, 58
認知的再構成法　111
認知療法　81, 116, 117, 120, 121, 129, 130, 170

は

パーソナリティ　25
破局的な認知（侵入思考）　24
箱庭療法　220
発火順序　120, 122
発見を導く対話　156
発達心理学　28
発達の視点　178
パニック障害　24, 220
パニック発作　24, 220
反芻　37, 220
ピアジェ理論　220
被受容感　159, 221
ヒューリスティックス　221
不安管理訓練　221
フェルトセンス　221
フォーカシング　36, 81, 85, 118, 120, 121, 129, 221
　　──指向心理療法　88
福祉　4
不登校　112
ブリーフセラピー　81, 82, 98, 116, 117, 128, 133, 169-173
プロフィール調査表　122
分離個体化理論　102
分裂　108, 222
BASIC I. D.　119, 120, 127, 128
変化志向になること（becoming change-focused）　140
弁証法的行動療法　222
防衛機制　29
傍観者効果　42, 222
ホールディング機能　90, 222
ポストモダニズム　9

ま

マルチモード療法　83, 85, 88, 93, 118-120, 122-124, 127-129, 170
見立て　31, 223
未来ショック拮抗イメージ　223
ミラクル・クエスチョン　223
矛盾のない治療者　183
6つの変化の段階モデル　141
明確化　147

メタ認知　　68, 72, 73, **223**
モードプロフィール　　122, 125, 128
問題解決　　63, 64
　　――研究　　64
　　――法　　73, 155
　　――療法　　8, 62
問題の理解　　64

や

遊戯療法　　107
要因統制　　32
抑うつ　　**223**
　　――の3段階理論　　224
予測的妥当性　　27

ら

来談者中心的な受容　　162
リソース　　139
リフレーミング　　**224**
利用アプローチ（utilization）　　133

リラクゼーション　　105
　　――訓練　　90, 92, 121, 125, 126, 129, 171, **224**
理論化センス　　26
理論的統合　　11
理論統合アプローチ　　83, 86, 87, 118
理論の逆転移（theory countertransference）　　138
臨床（clinic）　　3
臨床家　　2
臨床社会心理学　　8
臨床心理学　　5
　　――の成立過程　　3
　　――の成立期　　4
臨床心理士　　8
臨床的妥当性　　11
臨床的なセンス　　30
練習としてのモデルと技法　　144
ロールプレイ　　225
論理情動療法　　81, 122, **225**

人名索引

A

Ackerman, S. J.　　138, 143
赤木　稔　　106
安藤清志　　40, 49, 56, 195, 196
安西祐一郎　　67, 196
Arkowitz, H.　　11
東　斉彰　　1, 2, 9, 12, 92, 128, 129, 172, 173, 182, 198

B

Bachelor, A.　　143
Bandura, A.　　86
Baron-Cohen, S.　　103

Bateson, G　　208
Beck, A. T　　55, 60-62, 72, 73, 105, 121
Bellack, A. S.　　109
Benson, N. C.　　34
Berg, I. K.　　105, 138, 143, 147, 199
Bergin, A. E.　　135
Berkley, R. A.　　103
Berne, E.　　81, 207
Beutler, L.　　85, 86, 88, 118, 122, 123
Bion, W.　　205
Blos, P.　　101, 102, 110
Bonime, W.　　129

C

Cattell, J. M. *3, 4*
Chan, C. K. K. *66, 72*
Chi, M. T. H. *64*
Clark, D. M. *61, 62, 69*
Consoli, A. *86, 88, 122, 123*
Crits-Christoph, P. *60*
Cullari, S. *6*

D

Davison, G. C. *11*
大坊郁夫 *196*
DeJong, P. *147*
de Shazer, S. *138*
DiClemente, C. *84, 85*
Dobson, K. S. *71*
Duncan, B. L. *133, 137-139, 143, 147, 200*
D'Zurilla, T. J. *62, 73, 197*

E

Egan, G. *33*
Ellis, A. *81, 121, 122, 225*
Erikson, E. H. *21, 100-102, 108, 110, 174*
Erikson, M. H. *133*
Eysenck, H. J. *135, 206*

F

Fairburn, C. G. *62, 69*
Ferenczi, S. *138*
Forsyth, D. R. *56*
Frank-McNeil, J *198, 200*
Freedheim, D. K. *198, 200*
Freud, S. *10, 29, 80, 91, 184, 206*
福島　章 *195*
古川壽亮 *59*

G

Galton, F. *3*
Garfield, S. *86*
Garfield, S. L. *137*
Gendlin, E. T. *88, 221*
Glass, G. V. *135*
Goldfried, M. *82*
後藤雅博 *105*

Goulding, M. *217*
Goulding, R. *217*
Greenberg, L. S. *100*

H

南風原朝和 *135*
花屋道子 *200*
Hartmann, H. *215, 216*
Harvey, P. D. *103*
Havens, L. *91, 197*
Hilsenroth, M. J. *138, 143*
堀　浩一 *59, 66*
Hubble, M. A. *138, 200*
Hyde, M. *185*

I

Ickes, W. *166*
井上　毅 *197*
乾　吉佑 *111*
石川哲也 *54*
Itard, J. M. G. *3, 4*
伊藤絵美 *1, 12, 55, 58, 63, 65, 67, 68-73, 155, 158, 159, 161, 164, 166, 169, 170, 172, 174-177, 182, 197*
岩壁　茂 *11, 79, 134, 137, 198, 200*
井沢功一郎 *159*
岩本隆茂 *199*

J

Johnson, A. M. *112*
Johnson, V. E. *203*
Jacobson, E. *224*
Jung, C. G. *185*

K

海保博之 *59*
金沢吉展 *134, 135*
神田橋條治 *148, 190*
Karasu, T. B. *9, 79*
加藤　敬 *1, 2, 9, 105, 177-179, 182*
河合隼雄 *22, 99, 174, 190, 191, 195*
河合俊雅 *104*
河合伊六 *109*
川喜田二郎 *215*

索　引　233

川島恵美　　198
Kernberg, O.　　103
北山　修　　111, 199
木村　敏　　190
Klein, M.　　205, 206, 222
Klerman, G. L.　　53, 55
小此木啓吾　　116, 174, 190
古宮　昇　　95, 96
Korchin, S. J.　　182
Kowalski, R. M.　　55, 195, 196
日下伴子　　146

L

Lazarus, A. A.　　12, 83, 85, 118, 121, 123, 147, 198, 207
Lazarus, R. S.　　29
Leary, M. R.　　47-49, 55, 195, 196
Lambert, M. J.　　135-137, 139, 141, 143
Linehan, M.　　90
Luborsky, L.　　135

M

前田泰宏　　1, 2, 9, 133, 147, 148, 182
Mahler, M. S　　100-102, 104, 108, 113, 216
Masters, W. H.　　203
Masterson, J. F.　　103
Mandler, G.　　58
Mann, J.　　82, 170
丸山　晋　　197
McCullough, J. P.　　28
McDougall, J.　　176
McGuinness, M.　　185
Meichenbaum, D.　　70, 121
Messer, S. B.　　11, 101
Meyer, A.　　3, 4
三川俊樹　　175
Miller, R. S.　　47-49, 196
Miller, S. D.　　11, 105, 133, 137, 146, 199, 200
Millon, T.　　159, 160
三宅なほみ　　65, 72
宮田敬一　　128
水島恵一　　106
Moreno, J. L.　　225
森野礼一　　22

森　昭三　　54
村瀬嘉代子　　95, 96, 198
村瀬孝雄　　8, 21, 25-29, 31, 33, 35, 37, 195

N

中釜洋子　　9, 101, 133
中井久夫　　159, 190
中西信男　　175
中村伸一　　145
成田善弘　　108, 176
成瀬悟策　　106
Neale, J. M.　　11
Newell, A.　　64, 70
Nezu, A. M.　　70
西園昌久　　176
野村総一郎　　110
野村芳子　　102
Norcross, J.　　82, 118, 123, 198, 200
野島一彦　　104

O

岡田　猛　　65
大橋英寿　　41
大野　裕　　69, 196, 199
Orlinsky, D. M.　　141
大塚美和子　　198
大塚義孝　　22, 26

P

Pearson, K.　　3
Peller, J. E　　200
Perls, F. S.　　4, 205
Piaget, J.　　29, 221
Pinel, P.　　3, 4
Prochaska, J. O.　　84, 85, 141

R

Rank, O.　　138, 148
Rogers, C. R.　　21, 80, 81, 88, 96-98, 102, 104, 117, 141, 183, 185, 205, 209, 210
Rosenfeld, H.　　205
Rosenzweig, S.　　137

S

斉藤　学　　*199*
坂本真士　　*1, 30, 56, 103, 159, 167, 168, 172, 196, 224*
坂野雄二　　*60, 99, 111, 199*
Salkovskis, P. M.　　*37*
佐々木雄二　　*106*
佐藤健二　　*196*
佐藤浩一　　*197*
Seguin, E. O.　　*3, 4*
下山晴彦　　*22, 26, 91, 102, 134, 197*
Shapiro, D.　　*135*
Shapiro, D. A.　　*135*
Schultz, J. H.　　*224*
Shirouzu, H.　　*65*
Sifneos, P. E.　　*175, 201*
Simon, H. A.　　*64, 70*
Skinner, B. F.　　*183, 202, 206*
Smith, M. L.　　*135*
Snyder, C. R.　　*56*
Steiner, J.　　*205*
Stern, D. N.　　*104, 113*
末武康弘　　*2, 193*
菅野泰蔵　　*104*
菅原靖子　　*200*
杉浦義典　　*27*
杉原保史　　*198, 199*
杉山　崇　　*1, 23, 30, 37, 159, 160, 162, 163, 182*
Sullivan, H. S.　　*32*
鈴木宏昭　　*59, 66, 72*
曽我昌祺　　*200*
園田順一　　*199*

T

高石　昇　　*198*
高山　巌　　*199*
鑪　幹八郎　　*129*
丹野義彦　　*55, 56, 59, 195, 196*
戸川行男　　*6, 7*
遠山宜哉　　*200*
冨田和巳　　*112, 198*
都築誉史　　*59*

U

植田一博　　*65*
内田由可里　　*146*
氏原　寛　　*98*

V

VandenBos, G. R.　　*100, 101, 123, 198, 200*

W

Walter, J. L.　　*200*
Wachtel, P.　　*83, 84, 95, 97, 100, 198, 199*
渡辺浪二　　*196*
Watzlawick, P.　　*224*
Winnicott, D. W.　　*90, 222*
Witmer, L.　　*3, 4*
Wolpe, J.　　*118, 205-207*
Wundt, W.　　*3, 4, 184*

Y

山松質文　　*98*
山本和郎　　*165*
山中康裕　　*109*

[執筆者一覧]（五十音順，＊は編者）

東　斉彰（あずま　なりあき）
現職：財団法人住友病院臨床心理科主任
担当：第2部1章，第2部3章，コメント3

伊藤絵美（いとう　えみ）
現職：洗足ストレスコーピング・サポートオフィス所長
担当：第1部3章，ケース提示，リコメント

加藤　敬（かとう　たかし）
現職：（社）こども心身医療研究所・診療所主任臨床心理士
担当：第2部2章，コメント4

坂本真士（さかもと　しんじ）＊
現職：日本大学文理学部教授
担当：序，第1部2章，コメント2，終章

杉山　崇（すぎやま　たかし）＊
現職：神奈川大学人間科学部准教授
担当：序，第1部1章，コメント1，終章

前田泰宏（まえだ　やすひろ）＊
現職：奈良大学社会学部教授
担当：序，第2部4章，終章

これからの心理臨床
基礎心理学と統合・折衷的心理療法のコラボレーション

2007年10月20日 初版第1刷発行	定価はカヴァーに表示してあります
2012年 4月25日 初版第2刷発行	

編 者 　杉山　崇
　　　　 前田泰宏
　　　　 坂本真士
発行者 　中西健夫
発行所 　株式会社ナカニシヤ出版
　　　　〒606-8161 京都市左京区一乗寺木ノ本町15番地
　　　　　　　　　　Telephone　075-723-0111
　　　　　　　　　　 Facsimile 　075-723-0095
　　　　　　　　　　 郵便振替　01030-0-13128
　　　　　　　Website　http://www.nakanishiya.co.jp/
　　　　　　　Email　iihon-ippai@nakanishiya.co.jp

装丁＝白沢　正／印刷・製本＝ファインワークス
Printed in Japan.
Copyright © 2007 by T. Sugiyama, Y. Maeda, & S. Sakamoto
ISBN978-4-7795-0179-1

◎本書のコピー，スキャン，デジタル化等の無断複製は著作権法上での例外を除き禁じられています．本書を代行業者等の第三者に依頼してスキャンやデジタル化することは，たとえ個人や家庭内での利用であっても著作権法上認められておりません．

心とかかわる臨床心理［第2版］
基礎・実際・方法

川瀬正裕・松本真理子・松本英夫 著

将来，人とかかわる立場に立とうとする学生が，臨床心理学に初めてふれる際にその全体像をとらえやすく，かつその現場でも生かせるようにまとめた。また，いろいろな専門家同士の連携のための間口も広げた。発達障害等最新トピックを充実させた第2版。

B5判　178頁　2310円

対話で学ぶ心理学シリーズ4
対話で学ぶ臨床心理学

塩見邦雄 編

人間の行動理解の基礎となる発達や社会という領域の解説をふまえ，臨床心理学の基盤となる内容やアセスメント，治療と援助の方法，コンサルテーションなどについて，A君と先生の対話を通して理解を深める。

A5判　176頁　2100円

研究論文で学ぶ臨床心理学

串崎真志・中田行重 編

臨床心理学のさまざまな理論・知見はどのように明らかにされてきたのか。古典的な重要研究から最新の論文まで，各領域の研究史・エッセンスがわかるよう紹介する。論文の読み方・まとめ方・その面白さを伝える臨床心理学への入門書。

B5判　144頁　2100円

臨床心理学キーワーズ

川崎医療福祉大学臨床心理学科 編／
三宅　進 監修

多様な展開を見せる臨床心理学の最前線を全面的にカバーした新しい心理学用語事典。臨床心理士を目指す人が使いやすいように工夫した。

B5判　186頁　2625円

鑪幹八郎著作集Ⅰ
アイデンティティとライフサイクル論

鑪　幹八郎 著

エリクソンのアイデンティティ論とライフサイクル論に関わる論考を中心に編纂。基礎概念の根底的追究から，各発達段階のアイデンティティのあり方，家族や男女の様相まで，縦横に論じる。

A5判　422頁　4410円

鑪幹八郎著作集Ⅱ
心理臨床と精神分析

鑪　幹八郎 著

フロイトやエリクソンをはじめ，心理臨床と精神分析に関する論考を中心に収録。日本における精神分析の展開や，心理臨床家の技法と訓練など，実際の心理臨床活動に基づく数多くの論文を集大成。

A5判　370頁　4200円

鑪幹八郎著作集Ⅲ
心理臨床と倫理・スーパーヴィジョン

鑪　幹八郎 著

心理臨床における倫理問題とは何か。長年にわたる臨床活動の中での経験をもとに，心理臨床の中での倫理とそれに連動する臨床教育，スーパーヴィジョンに関する論考を収録。心理臨床家の社会的役割を考える。

A5判　346頁　4200円

サイコセラピーの部屋
心理療法の理解と実践のために

忠井俊明 著

セラピーの成否はクライエントが良くなるか否かに懸かっている。＜エビデンス＝実証性＞のある良質なセラピーを行なうための理論と実践とはどのようなものか。パラダイム転換の時を迎えつつあるサイコセラピーの世界を精神科医が解き明かす。

A5判　216頁　2625円

実践・"受容的な"ゲシュタルトセラピー

岡田法悦 著

＜今・ここ＞の私を大切に生きること——近年注目されるゲシュタルト・セラピーの基本的な考え方を実践的に解説。

A5判　232頁　2625円

ゲシュタルト療法
その理論と実際

F. S. パールズ 著／倉戸ヨシヤ 監訳

地に埋没してしまいがちな図に気付かせる「気付き」の心理療法である。「今―ここで」「何」が大切なのかに気付かせ，自分自身で立ち治ろうとするセルフ・サポートの能力を養う。パールズの数少ない完訳。

A5判　256頁　2625円

樹木画によるパーソナリティの理解

K. ボーランダー 著／高橋依子 訳

ユングの分析心理学を基底に置きながら，樹木とその部分に関する膨大な種類・形態を詳細・包括的に分類することによって得られた，樹木画の分析・解釈のための構造的・客観的根拠。それらを随所に示しながら，人間の本能，情緒，精神の側面，そして無意識とその抑圧を読み解き，投影法の新しい展望を開く。

A5判　384頁　6300円

新版K式発達検査にもとづく
発達研究の方法
操作的定義による発達測定

中瀬　惇 著

取り扱う行動や概念の厳密な定義と確固たる方法論に裏打ちされた，新版K式発達検査をもとに子どもの発達過程を記述する。K式検査の使用者より，むしろ使用者でない研究者にとってもわかりやすいよう意を用いた。

B5判　256頁　3675円

福祉心理臨床学

十島雍蔵 編

＜福祉＞に焦点を当て，社会福祉に特化した臨床心理学の構築をめざす。心理臨床家として身につけておくべき基礎的内容を一通り学べる。

B5判　184頁　2310円

家族システム援助論

十島雍蔵 著

従来の家族療法からナラティヴ・セラピーまでをオートポイエーシス理論に基づいて捉え直し，独自の「空我のアプローチ」を詳述する。

A5判　192頁　2520円

臨床組織心理学入門
組織と臨床への架け橋

外島　裕・田中堅一郎 編

職場で問題となる臨床心理学的な知識はもちろん，組織の仕組みや職場の実態をも理解するためのバランスの取れたテキスト。従業員の精神的健康維持のために組織管理者が行うべき対応や制度についても解説する。

A5判　352頁　3360円

産業心理臨床入門

島田　修・中尾　忍・森下高治 編

年間自殺3万人時代に，企業社会の中で働く人々のメンタルヘルスを支える実践的入門書。近年その必要性が叫ばれる，職場でのメンタルヘルスの理論と実践について，産業場面の第一線で活躍する臨床心理士たちがわかりやすく解説する。

A5判　260頁　2940円

発達臨床心理学ハンドブック

大石史博・西川隆蔵・中村義行 編

様々な心の病・障害や対処・支援・治療法について網羅するハンドブック。乳児期〜高齢期まで各発達段階ごとに心理特徴やその段階に多い心の病と障害を概観し，発達臨床心理学のテクニックやそれを取り巻く文化・社会的背景まで解説する。

B5判　270頁　2730円

あなたへの社会構成主義

K. J. ガーゲン 著／東村知子 訳

より豊かな未来につながる＜対話＞のために世界の「常識」を問い直すガーゲンが，一般読者のために平易な言葉で社会構成主義を語る実践的入門。

A5判　376頁　3675円

価格は2012年4月現在の税込価格です。